Der Mundart-Struwwelpeter

Lustige Geschichten und drollige Bilder

Originalfassung von
Heinrich Hoffmann
und
Übertragungen
in
25 deutsche Mundarten

Herausgegeben von
WALTER SAUER

HVA

ISBN 3-8253-7044-5

Imprimé en Allemagne. Printed in Germany

Satz und Litho-Herstellung: OLD-Satz digital GbR, Neckarsteinach
Druck: HVA Grafische Betriebe, Heidelberg

Inhalt

Niederdeutsch

Vorwort

Der Struwwelpeter kann stolz von sich behaupten, das älteste ununterbrochen verlegte Kinderbuch der Welt zu sein. Seit über 150 Jahren geistern sein ungekämmter Titelheld, der böse Friederich, der Suppenkaspar und die anderen unfolgsamen Gesellen samt der bedauernswerten Pauline nun schon durch die Kinderstuben und erfreuen – oder erschrecken – ihre kleinen (und großen) Betrachter. Das Buch hat alle Moden der Kinderliteratur und Pädagogik unbeschadet überstanden und erfährt in jüngster Zeit – nach Jahren zumeist ideologisch bedingter Diskreditierung – von vielen Seiten wieder eine wohlwollende Neubewertung.

Entstanden ist das Buch eigentlich als Gelegenheitswerk in einem Frankfurter Bürgerhaus der Biedermeierzeit. Sein Schöpfer, der Arzt Dr. Heinrich Hoffmann (1809-1894), hatte in der Vorweihnachtszeit des Jahres 1844 in den Buchhandlungen nach einem passenden Kinderbuch für seinen kleinen Sohn Carl Philipp gesucht, keines gefunden, das ihm gefiel, und sich schließlich dazu entschlossen, selbst, wie er später sagte, ein »Bilderbüchler« zu werden. Er schrieb und zeichnete sechs gereimte Bildergeschichten in ein einfaches Schreibheft und legte dies seinem Sohn unter den Weihnachtsbaum. Im darauffolgenden Jahr bekam ein mit Hoffmann befreundeter Verleger, Zacharias Löwenthal (später Carl Friedrich Loening) das Weihnachtsgeschenk zu Gesicht und überredete ihn, es drucken zu lassen. So erschien im Jahre 1845 bei der Frankfurter »Literarischen Anstalt (J. Rütten)« eine erste Auflage der *Lustigen Geschichten und drolligen Bilder für Kinder von 3-6 Jahren*. Sie wurden sofort ein regelrechter Bestseller. Bis zur 5. Auflage von 1847 wurde das Buch durch insgesamt vier weitere Geschichten ergänzt und erhielt den Titel *Der Struwwelpeter*. Seit der 31. Auflage von 1861 weist es die uns heute bekannten Illustrationen auf (vgl. Sauer 1985).

Schon bald nach seinem ersten Erscheinen begann der Struwwelpeter mit zahlreichen fremdsprachigen Übersetzungen eine beachtliche internationale Karriere, so daß Heinrich Hoffmann in seinen Lebenserinnerungen zu Recht mit Stolz feststellen konnte: »Der Schlingel hat sich die Welt erobert, ganz friedlich, ohne Blutvergießen, und die bösen Buben sind weiter auf der Welt herumgekommen als ich; in ganz Europa sind sie heimisch geworden, ich habe gehört, daß man ihnen in Nord- und Südamerika, am Kap der guten Hoffnung, in Indien und Australien begegnet ist. Sie haben allerlei Sprachen gelernt, die ich selbst nicht verstehe ...« Mit Übersetzungen in rund 30 verschiedene Sprachen gibt es in der Tat wenige Kinderbücher des 19. Jahrhunderts, die es hinsichtlich der weltweiten Verbreitung mit dem Buch aufnehmen können. Der Struwwelpeter ist heute längst ein Weltbürger geworden (vgl. Sauer 1984b: 121-126 und Sauer 1995a).

Zu der unvermindert anhaltenden Konjunktur der Originalausgabe des *Struwwelpeter* und den zahlreichen fremdsprachigen Übertragungen kommen in letzter Zeit vermehrt neue Struwwelpeterfassungen in deutschen Dialekten. Sie tragen dazu bei, daß sich der »Schlingel« auch die eigene Heimat, in der er nun schon seit rund sechs Generationen bekannt ist, neu »erobert«. Er hat nicht nur viele Fremdsprachen gelernt, sondern spricht noch mehr deutsche Mundarten.

Die ersten Übertragungen des Buches in einen deutschen Dialekt verdanken wir bezeichnenderweise der deutschsprachigen Schweiz (vgl. Sauer 1995b), wo bereits 1926 eine Fassung erschien, die sich speziell an »Schwizerchind« wendet und ausdrücklich den Mangel einer eigenen schweizerdeutschen Ausgabe beklagt: »Nu die Chinde, wo schwizertütsch redet, die händ kein eigene Strubelpeter« (Formaigeat 1926). Es folgten, allerdings in beträchtlichem zeitlichen Abstand voneinander, weitere alemannische Übertragungen ins Berndeutsche (L. 1926) und Zürichdeutsche (Lienhard 1969).

Erst im Gefolge der »Mundartwelle« nahmen sich in größerem Stil Dialektautoren des Buches an und legten in den verschiedensten deutschsprachigen Regionen eine beachtliche Anzahl mundartlicher Übertragungen vor. Den Anstoß dazu gab zunächst der *Pälzer Schdruwwelpeder* (Sauer 1984a), der – selbst von den damals zahlreich entstehenden (und seither weiter vermehrten) Mundartfassungen von Wilhelm Buschs *Max und Moritz* inspiriert (vgl. Görlach 1982, 1990, 1995) – mehrere andere Dialektversionen nach sich zog. Während es in der Folgezeit manchen Übersetzern gelang, einen Verlag zur Herausgabe ihrer Version zu bewegen, blieben andere veröffentlichenswerte Mundartstruwwelpeter in den Schubladen ihrer Verfasser, weil eine Drucklegung trotz intensiver Bemühungen nicht möglich war. Diese Tatsache und der Wunsch, manche bisher »weißen Flecke« auf der dialektalen Struwwelpeterlandkarte zu erschließen, bewegten den Herausgeber zur Planung eines Sammelbandes mit Mundartfassungen des *Struwwelpeter*. Erfreulicherweise gelang es, in vielen deutschsprachigen Gegenden Autoren zu finden, die sich der Aufgabe, den *Struwwelpeter* in ihren heimischen Dialekt zu übertragen, gerne – oder sogar mit Begeisterung – widmeten. Das Ergebnis ist die hier vorgelegte Anthologie, ein gemeinsamer Struwwelpeter- und Dialektspaß von Herausgeber und Verfassern.

Die hier aufgenommenen mundartlich verkleideten *Struwwelpeter* kommen natürlich nicht mehr nur zu den »artigen Kindern«. Zum großen Teil sind sie sogar der Gattung »Kinderbuch« entwachsen und wenden sich eher an den erwachsenen Mundartfreund. Mit ihren parodistischen Elementen dürften sie darüberhinaus auch den Liebhaber literarischer Parodien interessieren. Im engeren Sinne wissenschaftliche Absichten verfolgt die Anthologie nicht, doch wurde Wert darauf gelegt, daß jede Version eine originale, in sich stimmige und idiomatische Mundart eines bestimmten Ortes wiedergibt. Diese Zielvorstellungen haben die einzelnen Übersetzer mit erfreulicher Konsequenz und Kompetenz verwirklicht. Man kann daher zugleich davon ausgehen, daß der Band auch eine seriöse Dokumentation der vertretenen Dialekte darstellt.

Das Buch beginnt mit dem Text und den Bildern des Original-*Struwwelpeter*. Daran schließen sich, angereichert mit den einzelnen Struwwelpetergeschichten entnommenen Bildvignetten, auf jeweils sechs Seiten insgesamt 25 Mundartfassungen an, von denen die große Mehrheit vom Herausgeber angeregt wurde und hier zum ersten Mal das Licht der gedruckten Welt erblickt. Nur bei der niederbayerischen, Berlinischen, Markgräfler, münsterländischen, saarländischen, Solinger und Zürcher Version handelt es sich um Übertragungen, die bereits in veröffentlichter Form vorlagen. Die regionale Verteilung der einzelnen Fassungen ergibt sich aus der beigefügten Karte.

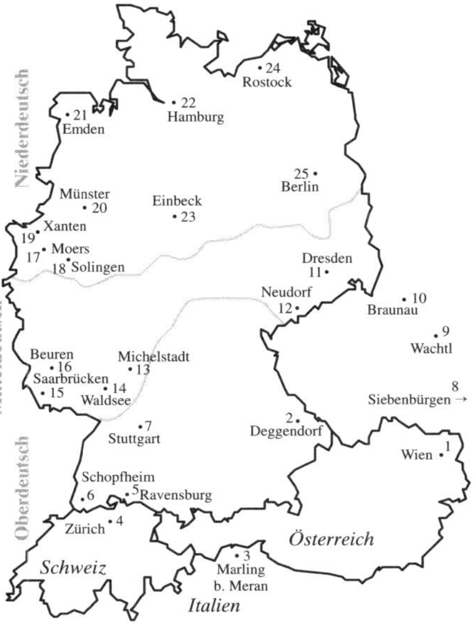

Angeordnet sind sie nach den – angesichts mancher Übergangsmundarten nicht immer ganz eindeutigen – Kriterien der Zugehörigkeit zu ober-, mittel- oder niederdeutschen Dialekten. Abweichend von der in Mundartanthologien meist üblichen Einteilung von Norden nach Süden wurde hier eine grobe Süd-Nord-Gliederung gewählt und die Reihenfolge, sofern sie sich nicht mit der geographischen Nachbarschaft erklärt, ansonsten dem Zufall überlassen. Wenn so das Buch im Falle des *Weaner Struwwelpeter* mit einer Mundart beginnt, die in der Bewertung deutscher Dialekte an erster Stelle der Beliebtheit steht (vgl. Bausinger 1984: 21), so ist dies ein interessantes Zusammentreffen. Demgegenüber gehören die das Buch beschließenden Mundarten jedoch keineswegs zu denen, denen allgemein ein geringeres Prestige zukommt, wie man etwa an der Fassung in Hamburger Platt erkennt, das auf der Beliebtheitsskala an zweiter Stelle rangiert (Bausinger 1984: 21). Erfreulicherweise war es möglich, auch Mitarbeiter in deutschsprachigen Regionen dreier Nachbarländer Deutschlands zu finden, so in Österreich (Wien), Italien (Südtirol) und der Schweiz (Zürich); und die Aufnahme von weiteren drei deutschen Dialekten aus Vertreibungs- und Aussiedlungsgebieten (Ostsudeten, Mähren, Siebenbürgen) bietet die willkommene Gelegenheit, diese mit ihren letzten Sprechern aussterbenden Sprachformen hier festzuhalten.

Der fortlaufende Abdruck aller Geschichten in einem Dialekt ermöglicht die Lektüre jeder Fassung für sich. Darüberhinaus bietet das Buch aber auch die faszinierende Möglichkeit, Gemeinsamkeiten und Unterschiede zwischen den einzelnen Dialekten aufzuspüren, die in den verschiedenen Mundartlandschaften üblichen Ausdrucksweisen zu entdecken sowie die unterschiedlichen Formulierungskünste und den jedem Übersetzer eigenen Sinn für Humor miteinander zu vergleichen. Dabei ist es sicher interessant zu wissen, daß – soweit bekannt – keiner der Beiträger die Arbeit des anderen kannte und sich von ihr beeinflussen lassen konnte. Eine mögliche (jedoch nicht unterstellte!) Ausnahme stellen freilich die bereits veröffentlichten Fassungen dar (vgl. die Bibliographie) sowie gelegentliche Anregungen durch den Herausgeber. Das Buch lädt also zu einer Art sprachlicher Struwwelpeterreise durch insgesamt 25 deutschsprachige Regionen ein.

Am Ende jeder Version findet sich ein kurz gehaltenes, alphabetisches Glossar. Von der Erläuterung ausgenommen sind solche Mundartwörter, die sich unschwer aus dem Textzusammenhang erschließen lassen. Die Anzahl der glossierten Wörter erlaubt dabei sowohl Rückschlüsse auf die relative Standardnähe (vgl. etwa die Dresdner oder Pfälzer Version) oder Standardferne (wie z.B. bei der ostfriesischen oder siebenbürgisch-sächsischen Übertragung) des entsprechenden regionalen Dialekts als auch auf die Entscheidung des jeweiligen Übersetzers, sich in seiner Wortwahl mehr oder weniger weit vom Original zu entfernen.

Im übrigen bietet neben den vielfachen Variationen der Lautung (und Schreibung) gerade der Wortschatz auch für den Laien interessante Möglichkeiten des Vergleichs, wie man – um nur zwei Beispiele zu nennen – etwa an den unterschiedlichen regionalen und von den Übersetzern verwendeten Bezeichnungen für Friederichs »Peitsche« oder für Paulinchens »Streichhölzer« sehen kann, die interessanterweise – freilich ohne Struwwelpeterbezug! – auch bei den wissenschaftlichen Erhebungen für den deutschen Sprachatlas eine Rolle spielten. Die beiden beigefügten Karten der von den einzelnen Übersetzern gebrauchten Wörter können exemplarisch als Wegweiser auf solchen Entdeckungsreisen dienen.

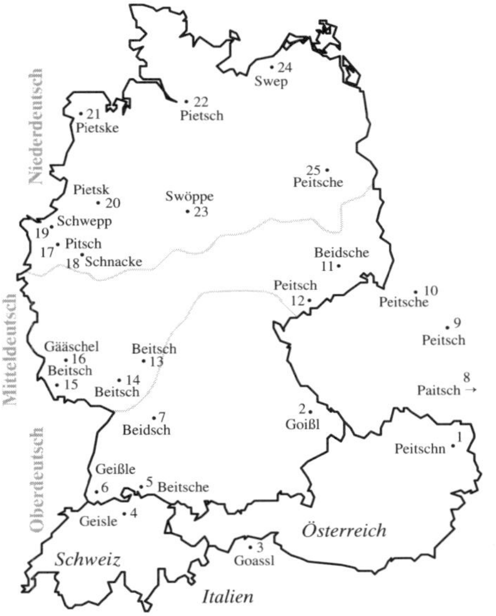

Für ähnliche Vergleiche böten sich u.a. die Dialektwörter für »Brezel«, »zappeln«, »Geschichte«, »Tinte(nfaß)«, »Buben«, »Hund«, »Hase« und »schreien« an, ebenso wie die unterschiedlichen Formulierungen des Untertitels »Lustige Geschichten und drollige Bilder«.

Für die Beurteilung der einzelnen Versionen und – verbunden damit – der individuellen Leistung der Übersetzer mag es interessant sein, die »Zielvorgaben« zu kennen, die den Verfassern der vom Herausgeber angeregten Fassungen gestellt wurden. Dazu gehörten weitgehende inhaltliche und formale Treue zum Originaltext, bei größtmöglicher Selbstständigkeit der Formulierung und konsequentem Gebrauch der Mundart – nicht nur in der Lautung, sondern auch im Bereich des Wortschatzes, des Satzbaus, der grammatischen Formen und der Idiomatik. Weiter wurde den Übersetzern ein guter Schuß Humor und Kreativität bei der Nachdichtung anempfohlen. Daß bei einer dichterischen Vorlage die allgemeinen Regeln der deutschen Verskunst zu berücksichtigen waren, verstand sich von selbst. Wieweit die einzelnen Autoren diesen Zielen gerecht wurden, kann der kompetente Leser von Fall zu Fall selbst entscheiden. Er wird dabei allerdings nicht außer Acht lassen, daß alle Mitarbeiter an diesem Band – bei aller Ernsthaftigkeit der Bemühung – ihre Arbeit als einen sprachspielerischen Spaß verstanden, der sich als solcher auch manche Freiheit erlauben darf. Außerdem ist zu berücksichtigen, daß Zwänge des Metrums und des Reimes bei der Übertragung Grenzen setzen und Kompromisse erfordern, und daß es für jeden Übersetzer stets eine besondere Herausforderung darstellt, zwischen der gebotenen Treue zum Original und dem Wunsch nach eigener Originalität abzuwägen.

Durchaus im Sinne einer regionalen Umsetzung der Vorlage (und ausdrücklich »erlaubt«) war in diesem Zusammenhang die Einbeziehung bestimmter landschaftlicher Merkmale in die mundartlichen Neufassungen. Von dieser Möglichkeit, den Texten über die sprachliche Form hinaus ein gewisses Lokalkolorit zu verleihen, haben mehrere Autoren Gebrauch gemacht. Nahe lag dies zum Beispiel bei »Hans Guck-in-die-Luft«, der etwa in Ostfriesland an der »Waterskant« und in Hamburg am Quai entlangspaziert, in Einbeck »koppover« in die Peine, in Südbaden, der Pfalz und in Xanten in den Rhein, in Berlin in die Havel, in Stuttgart in den Neckar, im Odenwald in die Mümling, in Saarbrücken in die Saar, in Niederbayern in die Donau, in Radolfzell in den (Boden-)See oder im ländlichen Erzgebirge in den Mühlgraben fällt. Genauso verständlich ist es, daß die Übersetzer der pfälzischen und der Wachtler Version unabhängig voneinander den Wein auf »Friedrichs Tischchen« jeweils mit einem »Bombetrebbbel aus de Palz« bzw. mit »Siedmehrer Wein« assoziieren, wenn der Schwabe seinen Suppenkaspar nach »Schbätzla« schreien läßt und der rabenschwarze Mohr in Berlin vor dem Brandenburger Tor herumspaziert. Eine besondere Note schlägt schließlich die erzgebirgische Fassung an, die, noch zu DDR-Zeiten entstanden, sich bei der letzten Geschichte fragt, ob Robert vielleicht über den Fichtelberg bis nach Prag geflogen sei.

Durchaus zu Recht lassen sich manche Übersetzer auch von den Bildern der Geschichten inspirieren, die ja mit den Versen eine künstlerische Einheit bilden. Sie entdecken für den Leser dabei nicht nur von Version zu Version die roten Socken des Suppenkaspar, die rote Schulmappe von Hans und die roten Schuhe Paulinchens sondern auch die Kommode, auf der es das »Feuerzeug« findet, das Lorgnon von Philipps Mutter, das Kirchlein, über das Robert dahinfliegt, und viele andere interessante Details mehr. Weitergehende künstlerische Freiheit, jedoch keineswegs unangebracht, erkennen wir etwa in den Formulierungen, die den Inhalt des Vorspruches erweitern. Hier bringt das Christkind den artigen Kindern neben dem schönen Bilderbuch nicht nur »Gut's genug«, sondern – in der Regel wohl von den Reimen angeregt – in Bayern auch »Zuckazöitl«, in Xanten »'nen dekke Kuuk«, in Moers »vööl Schnupperej«, in Wien »Schal und Schuah«, in Südtirol »Keks«, in Mähren »Strimp un Schuh«, im Braunauer Ländchen einen »Chrestbaam met viel Lichtlan« und im Markgräflerland »Zuckerbrötli … und e Chinderspiel«. Die moderne Hamburger Version wartet gar mit einem Zugeständnis an den Zeitgeist auf, wenn sie die »Öllern« einen »Gameboy« schenken läßt. Zu ähnlich interessanten Entdeckungen fordern die Übersetzungen an vielen Stellen heraus.

Erfreulicherweise kann man feststellen, daß es vielen der hier vertretenen Autoren gelingt, die eher spröde und gestelzte Diktion Hoffmanns mit natürlichen, lebensnahen Formulierungen zu übertreffen und den mundartlichen Text über das Hoffmannsche Maß hinaus mit Witz anzureichern. Als Beispiel sei auf die zahlreichen gelungenen Versuche verwiesen, die sicher auch in der Mitte des 19. Jahrhunderts nicht gerade idiomatisch klingende Ermahnung von Zappel-Philipps Vater (»Philipp, das mißfällt mir sehr!«) originell und überzeugend umgangssprachlich im Dialekt wiederzugeben. Auch in den vielen Variationen von Kaspars Suppenverweigerung (»Ich esse meine Suppe nicht …«) erkennt man Zeugnisse gekonnter mundartlicher Formulierungskunst. Es lohnt sich, die einzelnen Texte gerade auf solche Merkmale hin zu untersuchen und die Leistung der Übersetzer zu würdigen.

Die Schreibung der einzelnen Fassungen richtet sich im großen und ganzen nach der schon anderweitig geübten Praxis der Übersetzer. Daß die Verschriftung von Mundart in jedem Fall kontrovers ist und immer einen Kompromiß darstellt, liegt in der Natur der Sache. Jedenfalls wird das eigene Lesen der Texte keineswegs das Vorlesen durch einen guten muttersprachlichen Dialektsprecher ersetzen können.

Wer als interessierter Leser seinen eigenen Dialekt in dieser auf 25 Mundartversionen beschränkten Sammlung vermißt, sei entweder auf die Bibliographie aller mir bisher bekanntgewordenen Mundartstruwwelpeter am Ende des Buches verwiesen oder – bei Fehlanzeige – dazu ermutigt, eine eigene Struwwelpeterübertragung zu versuchen. Er wird mit allen an diesem Buch beteiligten Autoren – und hoffentlich auch mit vielen Lesern – feststellen, daß sich der kleine, langmähnige »Schlingel« mit den ungeschnittenen Fingernägeln in jeder deutschsprachigen Region zuhause fühlt.

Als Herausgeber bleibt mir noch die angenehme Aufgabe, allen, die zum Zustandekommen dieses Buches beigetragen haben, herzlich zu danken. Allen voran seien selbstverständlich die Übersetzer selbst genannt, mit denen mich eine fruchtbare Zusammenarbeit verbindet. Nach meinem Urteil verdienen ihre schönen Übertragungen allesamt Einzelausgaben in regionalen Verlagen! Mehrere Freunde haben Kontakte mit hier vertretenen Autoren hergestellt: Wolfgang Brenneisen (Warthausen), Bernd Jörg Diebner (Heidelberg), Manfred Görlach (Köln), Ursula Heiertz (Neuss), Rudolf Lehr (Sandhausen), Jürgen Pump (Kirchdorf/Insel Pöl) und Beate Zekorn-von Bebenburg (Frankfurt). Den Verlagen bereits veröffentlichter Versionen und deren Verfasser bin ich für die Überlassung der Abdrucksrechte verpflichtet. Nicht zuletzt danke ich Herrn Eilert Erfling vom Universitätsverlag C. Winter für die Aufnahme des Buches in das Programm »Heidelberger Verlagsanstalt«.

Walter Sauer

Erwähnte Literatur

Bausinger, Hermann. 1972. *Deutsch für Deutsche. Dialekte, Sprachbarrieren, Sondersprachen.* Frankfurt am Main: Fischer (aktualisierte Neuausgabe 1984).

Böhme, Hasso (Hrsg.). 1995. *150 Jahre Struwwelpeter. Das ewig junge Kinderbuch.* Stäfa: Rothenhäusler.

F[ormaigeat], E[mil]. 1926. *De Strubelpeter, oder luschtigi Bildli mit glungne Gschichte derzue, vom Heinrich Hoffmann, für Schwizerchind vo 3-6 Jahre in iri Mueterspräch übersetzt vom Dr. E.F.* Winterthur: Vogel, o.J.

Görlach, Manfred (Hrsg.). 1982. *Max und Moritz in deutschen Dialekten, Mittelhochdeutsch und Jiddisch.* Hamburg: Buske.

Görlach, Manfred (Hrsg.). 1990. *Max und Moritz. Die sieben Lausbubenstreiche in 21 deutschen Mundarten.* Krefeld: van Acken.

Görlach, Manfred (Hrsg.). 1995. *Max und Moritz von A bis Z in deutschen Mundarten von Aachen bis zur Zips.* Heidelberg: Winter.

Lienhard, Fredy. 1969. *De Strubelpeter. Schwizerdütsch vom F.L.* Zürich: Ex Libris, o.J.

M., L. 1926. *Dr Schtrubelpeter oder luschtigi Gschichte und fröhlechi Bilder für Chinder vo 3-6 Jahr vom Dr. Heinrich Hoffmann i ds bärndütsche übersetzt vom L. M.* Biel und Bern: Kuhn.

Sauer, Walter. 1984a. *De Pälzer Schdruwwelpeder.* Neustadt an der Weinstraße: Meininger.

Sauer, Walter (Hrsg.). 1984b. *Heinrich Hoffmann. Der Struwwelpeter polyglott.* München: dtv (^{4}1995).

Sauer, Walter. 1985. »Der *Struwwelpeter* und *Stepka Rastrepka*«. Zur Ikonographie der 2. *Struwwelpeter*fassung *Schiefertafel* 8, S. 20-34.

Sauer, Walter. 1995a. »Der Struwwelpeter als Weltbürger. (*Struwwelpeter*-Übersetzungen).« In: Böhme 1995, S. 67-68.

Sauer, Walter. 1995b. »Petrulus Helveticus. (*Der Struwwelpeter* in der Schweiz).« In: Böhme 1995, S. 71-74.

Heinrich Hoffmann

Der Struwwelpeter

Lustige Geschichten
und
drollige Bilder

– Originalfassung –

Der Struwwelpeter
Lustige Geschichten
und
drollige Bilder
Wenn die Kinder artig sind,
Kommt zu ihnen das Christkind;
Wenn sie ihre Suppe essen
Und das Brot auch nicht vergessen,
Wenn sie, ohne Lärm zu machen,
Still sind bei den Siebensachen,
Beim Spaziergehn auf den Gassen
Von Mama sich führen lassen,
Bringt es ihnen Gut's genug
Und ein schönes Bilderbuch.

Sieh einmal, hier steht er,
Pfui! der Struwwelpeter!
An den Händen beiden
Ließ er sich nicht schneiden
Seine Nägel fast ein Jahr;
Kämmen ließ er nicht sein Haar.
»Pfui!« ruft da ein jeder:
»Garst'ger Struwwelpeter!«

Die Geschichte vom bösen Friederich

Am Brunnen ſtand ein großer Hund,
Trank Waſſer dort mit ſeinem Mund.
Da mit der Peitſch herzu ſich ſchlich
Der bitterböſe Friederich;
Und ſchlug den Hund, der heulte ſehr,
Und trat und ſchlug ihn immer mehr.
Da biß der Hund ihn in das Bein,
Recht tief bis in das Blut hinein.
Der bitterböſe Friederich,
Der ſchrie und weinte bitterlich. –
Jedoch nach Hauſe lief der Hund
Und trug die Peitſche in dem Mund.

Ins Bett muß Friedrich nun hinein,
Litt vielen Schmerz an seinem Bein;
Und der Herr Doktor sitzt dabei
Und gibt ihm bittre Arzenei.

Der Hund an Friedrichs Tischchen saß,
Wo er den großen Kuchen aß;
Aß auch die gute Leberwurst
Und trank den Wein für seinen Durst.
Die Peitsche hat er mitgebracht
Und nimmt sie sorglich sehr in acht.

Die gar traurige Geschichte mit dem Feuerzeug

Paulinchen war allein zu Haus,
Die Eltern waren beide aus.
Als sie nun durch das Zimmer sprang
Mit leichtem Mut und Sing und Sang,
Da sah sie plötzlich vor sich stehn
Ein Feuerzeug, nett anzusehn.
»Ei«, sprach sie, »ei, wie schön und fein,
Das muß ein trefflich Spielzeug sein.
Ich zünde mir ein Hölzchen an,
Wie's oft die Mutter hat getan.«

Und Minz und Maunz, die Katzen,
Erheben ihre Tatzen.
Sie drohen mit den Pfoten:
»Der Vater hat's verboten!
Miau! Mio! Miau! Mio!
Laß stehn! Sonst brennst du lichterloh!«

Paulinchen hört die Katzen nicht!
Das Hölzchen brennt gar hell und licht,
Das flackert lustig, knistert laut,
Grad wie ihr's auf dem Bilde schaut.
Paulinchen aber freut sich sehr
Und sprang im Zimmer hin und her.

Doch Minz und Maunz, die Katzen,
Erheben ihre Tatzen.
Sie drohen mit den Pfoten:
»Die Mutter hat's verboten!
Miau! Mio! Miau! Mio!
Wirf's weg! Sonst brennst du lichterloh!«

Doch, weh! die Flamme faßt das Kleid,
Die Schürze brennt; es leuchtet weit.
Es brennt die Hand, es brennt das Haar,
Es brennt das ganze Kind ſogar.

Und Minz und Maunz, die ſchreien
Gar jämmerlich zu zweien:
»Herbei! Herbei! Wer hilft geſchwind?
In Feuer ſteht das ganze Kind!
Miau! Mio! Miau! Mio!
Zu Hilf! Das Kind brennt lichterloh!«

Verbrannt iſt alles ganz und gar,
Das arme Kind mit Haut und Haar;
Ein Häuflein Aſche bleibt allein
Und beide Schuh, ſo hübſch und fein.

Und Minz und Maunz, die kleinen,
Die ſitzen da und weinen:
»Miau! Mio! Miau! Mio!
Wo ſind die armen Eltern? Wo?«
Und ihre Tränen fließen
Wie's Bächlein auf den Wieſen.

Die Geschichte von den schwarzen Buben

Es ging spazieren vor dem Tor
Ein kohlpechrabenschwarzer Mohr.
Die Sonne schien ihm aufs Gehirn,
Da nahm er seinen Sonnenschirm.
Da kam der Ludwig hergerannt
Und trug sein Fähnchen in der Hand.
Der Kaspar kam mit schnellem Schritt
Und brachte seine Brezel mit;
Und auch der Wilhelm war nicht steif
Und brachte seinen runden Reif.
Die schrien und lachten alle drei,
Als dort das Mohrchen ging vorbei,
Weil es so schwarz wie Tinte sei!

Da kam der große Nikolas
Mit seinem großen Tintenfaß.
Der sprach: »Ihr Kinder, hört mir zu,
Und laßt den Mohren hübsch in Ruh!
Was kann denn dieser Mohr dafür,
Daß er so weiß nicht ist wie ihr?«
Die Buben aber folgten nicht
Und lachten ihm ins Angesicht
Und lachten ärger als zuvor
über den armen schwarzen Mohr.

Der Niklas wurde bös und wild, –
Du siehst es hier auf diesem Bild!
Er packte gleich die Buben fest,
Beim Arm, beim Kopf, bei Rock und West,
Den Wilhelm und den Ludewig,
Den Kaspar auch, der wehrte sich.
Er tunkt sie in die Tinte tief,
Wie auch der Kaspar: »Feuer!« rief.
Bis übern Kopf ins Tintenfaß
Tunkt sie der große Nikolas.

Du siehst sie hier, wie schwarz sie sind,
Viel schwärzer als das Mohrenkind!
Der Mohr voraus im Sonnenschein,
Die Tintenbuben hintendrein;
Und hätten sie nicht so gelacht,
Hätt' Niklas sie nicht schwarz gemacht.

Die Geschichte vom wilden Jäger

Es zog der wilde Jägersmann
Sein grasgrün neues Röcklein an;
Nahm Ranzen, Pulverhorn und Flint
Und lief hinaus ins Feld geschwind.

Er trug die Brille auf der Nas
Und wollte schießen tot den Has.

Das Häschen sitzt im Blätterhaus
Und lacht den blinden Jäger aus.

Jetzt schien die Sonne gar zu sehr,
Da ward ihm sein Gewehr zu schwer.
Er legte sich ins grüne Gras;
Das alles sah der kleine Has.
Und als der Jäger schnarcht' und schlief,
Der Has ganz heimlich zu ihm lief
Und nahm die Flint und auch die Brill
Und schlich davon ganz leis und still.

Die Brille hat das Häschen jetzt
Sich selber auf die Nas gesetzt,
Und schießen will's aus dem Gewehr.
Der Jäger aber fürcht' sich sehr.
Er läuft davon und springt und schreit:
»Zu Hilf, ihr Leut! Zu Hilf, ihr Leut!«

Da kommt der wilde Jägersmann
Zuletzt beim tiefen Brünnchen an.
Er springt hinein. Die Not war groß;
Es schießt der Has die Flinte los.

Des Jägers Frau am Fenster saß
Und trank aus ihrer Kaffeetass'.
Die schoß das Häschen ganz entzwei;
Da rief die Frau: »O wei! O wei!«
Doch bei dem Brünnchen heimlich saß
Des Häschens Kind, der kleine Has.
Der hockte da im grünen Gras;
Dem floß der Kaffee auf die Nas.
Er schrie: »Wer hat mich da verbrannt?«
Und hielt den Löffel in der Hand.

Die Geschichte vom Daumenlutscher

»Konrad!« sprach die Frau Mama,
»Ich geh aus und du bleibst da.
Sei hübsch ordentlich und fromm,
Bis nach Haus ich wieder komm.
Und vor allem, Konrad, hör!
Lutsche nicht am Daumen mehr;
Denn der Schneider mit der Scher
Kommt sonst ganz geschwind daher,
Und die Daumen schneidet er
Ab, als ob Papier es wär.«

Fort geht nun die Mutter, und
Wupp! den Daumen in den Mund.

Bautz! da geht die Türe auf,
Und herein in schnellem Lauf
Springt der Schneider in die Stub
Zu dem Daumen-Lutscher-Bub.
Weh! jetzt geht es klipp und klapp
Mit der Scher die Daumen ab,
Mit der großen scharfen Scher!
Hei! da schreit der Konrad sehr.

Als die Mutter kommt nach Haus,
Sieht der Konrad traurig aus.
Ohne Daumen steht er dort,
Die sind alle beide fort.

Die Geschichte vom Suppen-Kaspar

Der Kaspar, der war kerngesund,
Ein dicker Bub und kugelrund,
Er hatte Backen rot und frisch;
Die Suppe aß er hübsch bei Tisch.
Doch einmal fing er an zu schrein:
»Ich esse keine Suppe! Nein!
Ich esse meine Suppe nicht!
Nein, meine Suppe eß ich nicht!«

Am nächsten Tag, – ja sieh nur her!
Da war er schon viel magerer.
Da fing er wieder an zu schrein:
»Ich esse keine Suppe! Nein!
Ich esse meine Suppe nicht!
Nein, meine Suppe eß ich nicht!«

Am dritten Tag, o weh und ach!
Wie ist der Kaspar dünn und schwach!
Doch als die Suppe kam herein,
Gleich fing er wieder an zu schrein:
»Ich esse keine Suppe! Nein!
Ich esse meine Suppe nicht!
Nein, meine Suppe eß ich nicht!«

Am vierten Tage endlich gar
Der Kaspar wie ein Fädchen war.
Er wog vielleicht ein halbes Lot –
Und war am fünften Tage tot.

Die Geschichte vom Zappel-Philipp

»Ob der Philipp heute still
Wohl bei Tische sitzen will?«
Also sprach in ernstem Ton
Der Papa zu seinem Sohn,
Und die Mutter blickte stumm
Auf dem ganzen Tisch herum.
Doch der Philipp hörte nicht,
Was zu ihm der Vater spricht.
Er gaukelt
Und schaukelt,
Er trappelt
Und zappelt
Auf dem Stuhle hin und her.
»Philipp, das mißfällt mir sehr!«

Seht, ihr lieben Kinder, seht,
Wie's dem Philipp weiter geht!
Oben steht es auf dem Bild.
Seht! Er schaukelt gar zu wild,
Bis der Stuhl nach hinten fällt;
Da ist nichts mehr, was ihn hält;
Nach dem Tischtuch greift er, schreit.
Doch was hilft's? Zu gleicher Zeit
Fallen Teller, Flasch' und Brot,
Vater ist in großer Not,
Und die Mutter blicket stumm
Auf dem ganzen Tisch herum.

Nun ist Philipp ganz versteckt,
Und der Tisch ist abgedeckt.
Was der Vater essen wollt,
Unten auf der Erde rollt;
Suppe, Brot und alle Bissen,
Alles ist herabgerissen;
Suppenschüssel ist entzwei,
Und die Eltern stehn dabei.
Beide sind gar zornig sehr,
Haben nichts zu essen mehr.

Die Geschichte vom Hans Guck-in-die-Luft

Wenn der Hans zur Schule ging,
Stets sein Blick am Himmel hing.
Nach den Dächern, Wolken, Schwalben
Schaut er aufwärts, allenthalben.
Vor die eignen Füße dicht,
Ja, da sah der Bursche nicht,
Also daß ein jeder ruft:
»Seht den Hans Guck-in-die-Luft!«

Kam ein Hund dahergerannt;
Hänslein blickte unverwandt
In die Luft.
Niemand ruft:
»Hans! gib acht, der Hund ist nah!«
Was geschah?
Pauz! Perdauz! – da liegen zwei!
Hund und Hänschen nebenbei.

Einst ging er an Ufers Rand
Mit der Mappe in der Hand.
Nach dem blauen Himmel hoch
Sah er, wo die Schwalbe flog,
Also daß er kerzengrad
Immer mehr zum Flusse trat.
Und die Fischlein in der Reih
Sind erstaunt sehr, alle drei.

Noch ein Schritt! und plumps! der Hans
Stürzt hinab kopfüber ganz! –
Die drei Fischlein sehr erschreckt
Haben sich sogleich versteckt.

Doch zum Glück da kommen zwei
Männer aus der Näh herbei,
Und die haben ihn mit Stangen
Aus dem Wasser aufgefangen.

Seht! Nun steht er triefend naß!
Ei! das ist ein schlechter Spaß!
Wasser läuft dem armen Wicht
Aus den Haaren ins Gesicht,
Aus den Kleidern, von den Armen;
Und es friert ihn zum Erbarmen.

Doch die Fischlein alle drei
Schwimmen hurtig gleich herbei;
Strecken 's Köpflein aus der Flut,
Lachen, daß man's hören tut,
Lachen fort noch lange Zeit;
Und die Mappe schwimmt schon weit.

Die Geschichte vom fliegenden Robert

Wenn der Regen niederbraust,
Wenn der Sturm das Feld durchsaust,
Bleiben Mädchen oder Buben
Hübsch daheim in ihren Stuben.
Robert aber dachte: »Nein!
Das muß draußen herrlich sein!«
Und im Felde patschet er
Mit dem Regenschirm umher.

Hui, wie pfeift der Sturm und keucht,
Daß der Baum sich niederbeugt!
Seht! den Schirm erfaßt der Wind,
Und der Robert fliegt geschwind
Durch die Luft so hoch, so weit;
Niemand hört ihn, wenn er schreit.
An die Wolken stößt er schon,
Und der Hut fliegt auch davon.

Schirm und Robert fliegen dort
Durch die Wolken immer fort.
Und der Hut fliegt weit voran,
Stößt zuletzt am Himmel an.
Wo der Wind sie hingetragen,
Ja! das weiß kein Mensch zu sagen.

Der Struwwelpeter

Lustige Geschichten
und
drollige Bilder

– in 25 deutschen Mundarten –

Hans Werner Sokop

Der Weaner Struwwepeter
Urige Gschichtn und gspaßige Büder

Vurbemerkung

San de Kinder net verzogn,
Kummt zu eana s Chriskind gflogn;
Und waun s eana Suppn eßn,
Waun s aa net aufs Brot vergeßn,
Ohne daß s an Wirbe mochn,
Stü san bei de Siebmsochn,
Beim Spazierngeh auf der Goßn
Si beim Handerl nehma loßn,
Daun bringt's außer Schal und Schuach
No a schenes Büderbuach.

Der Struwwepeter

Do schauts her, do steht er!
Bwä! der Struwwepeter!
Er loßt si net zwinga,
D Nägln auf de Finga
Schneidn z loßn, fost a Joa;
Kampen loßt er si net d Hoa.
»Bwä!«, ruaft do a jeder,
»Schiacher Struwwepeter!«

De Gschicht vom besn Friederich

Der Friederich, der Friederich,
Des woar a oages Luaderviech.
Er faungt si d Fliagn zsaum im Haus,
Reißt eana glott die Fliegln aus,
Drischt Seßln zsaum, bringt Vegln um,
Quöt Kotzn, frog mi net warum.
Und huach, wos fir a Gfraßt er woa,
Sei Gretl birnt und peitscht er goa.

Am Brunnan steht a Hundemischung
Und schlempert Wosser zur Erfrischung.
Do schleicht si zuwe zu dem Viech
Der Peitschenraudi Friederich
Und zischt eam ane, daß er jault.
Drauf wird er no mehr gschlogn und gfault.
Do beißt der Hund eam wiar a Flaxn,
Daß nur des Bluat so spritzt, in Haxn.
Der Friederich, des schiache Gfrieß,
Der platzt und plärrt jetzt wiar am Spieß.
Des liabe Hunderl hamzua rennt,
De gfleuchte Peitschn zwischn d Zähnd.

Ins Betterl muaß der Friedrich rein,
Der Haxn tuat eam weh zum Schrein,
Und der Dokta sitzt danebm,
Um eam a scheißlichs Trankl z gebm.

Zum Tisch vom Friedrich happt der Hund
Und steßt am Guglhupf si gsund,
Vardruckt de guate Leberwurscht
Und sauft in Wei von z wegn an Durscht.

De Peitschn hot er aa hergschleift,
Daß kaner mehr si so vergreift.

De furchtboa traurige Gschicht mit de Zindhözln

Paulinchen woar allanich zaus,
Weu beide Oitn de woan aus.
Wia sie durchs Zimmer taunzt und springt
Und gaunz leger und locker singt,
Do siecht s auf amoi vur sich steh
A Strafhoizschochtl, nett und sche.
»Ha,« sogt sa si, »wia liab des is,
Des gibt a leiwaunds Spüzeig gwiß.
I zind ma so a Hözl au,
Genauso wia's de Mama kau.«

Und Minz und Maunz, de Katzerln,
De strecken eanre Pratzerln.
Se drohn mit de Pfotn:
»Dar Voter hot's verbotn!
Miau! Mio! Miau! Mio!
Gib's auf! sunst brennst na amoi o!«

Paulinchen loßt de Kotzn plärrn.
Des Hözl leicht so wiar a Stern,
Des flockert gspaßig, knistert laut,
Ma merkt's am Büdl, waun ma schaut.
Paulinchen außer Raund und Baund
Hupft bled im Zimmer umanaund.

Doch Minz und Maunz, de Katzerln,
De strecken eanre Pratzerln.
Se drohn mit de Pfotn:
»Heast, d Muatter hot's verbotn!
Miau! Mio! Miau! Mio!
Hau's weg! sunst brennst no wiar a Stroh!«

O Schreck! de Flaumman frißt is Klad,
De Schirzn brennt, wia voi aufdraht.
Es brennan d Kleben, brennan d Hoa,
Es brennt is gaunze Kind sogoa.

Und Minz und Maunz, de Vieacha,
Schrein immer firchterlicher:
»Kummts her! Kummts her! Wer hüft jetz gschwind?
In Flaumman steht scho s gaunze Kind!
Miau! Mio! Miau! Mio!
Hüffeee! des Kind brennt lichterloh!«

Verbrennt is olles gaunz und goa,
Des oame Kind mit Haut und Hoa;
Wos bleibt is nur an Oschnluach
Und de zwa liabm rotn Schuach.

Und Minz und Maunz, de klanan,
Tan wia zwa Schloßhund wanen:
»Miau! Mio! Miau! Mio!
Wo san de gstroftn Ötern? Wo?«
Und rean ihr Rotz und Wosser noch
So wiar a klaner Hoiterboch.

De Gschicht von de schwoazn Buam

Vurs Haus hot an Spaziergaung gmocht
A Negerbua, so schwoaz wia d Nocht.
De Sunn de brennert eam aufs Hirn;
Mi'n Sunnanschirm tuat er's net spirn.
Der Ludwig kummt um d Eckn braust
Und hoit a Fahnl in der Faust.

Der Kosper schurlt aa daher
Und gfreit si aun sein Brezl sehr.
Und aa der Willi is schon do
Und plogt si mit sein Rafn o.
De drei zarnegern si wia d Noan,
Wia s nebm dem schwoazn Murl woan;
So schwoaz wia Tintn is ka Schmoan.

Do is der große Nikolo
Mi'n großn Tintnfaßl do.
Der sogt: »Es Gschroppm herts ma zua,
Und loßts den Neger sche in Ruah!
Is's denn sei Schuid, jetz sogts ma des,
Daß er net kasweiß is wiar es?«
De Frotzn ober foign net
Und lochn eam ins Gsicht nur bled,
Und immer ärger heanzn d Buam
Des Negerkind, den oaman Wurm.

Drauf geht's der Niklo gaunz schiach au,
Wia ma's am Büdl segn kau.
Er packt glei wiar a Noandattl
Am Schopf den Willi, am Krawattl
Den Ludwig, der si gaunz verkraumpft,
Und schnappt in Kosper, der fest straumpft.
Er tunkt s in d Tintn ei wia wüd,
Waun aa der Kosper »Feier!« brüt,
Tunkt s ei bis ibern Schädl scho,
Der große oite Nikolo.

Du siechst jetzt eanan schwoazn Grind,
Vü schwärzer wia des Negerkind.
Vuraus dar Neger in der Sunn,
Hintnoch de Tintinger, vergunn
I eana, hättn s net so glocht,
Hätt s ka Niklo so pechschwoaz gmocht.

De Gschicht vom wüdn Jager

Der Jager, a gaunz wüder Mau,
Ziagt sei grosgrins neichs Gwandl au,
Schnappt Raunzn, Puiverhorn und Gwehr
Und rennt im Ocker hin und her.

De Glasln trogt er auf der Nosn,
Den Hosn wüll er s Licht ausblosn.

Im Grinzeig sitzt a Hos versteckt,
Der ibern Jager si zerpeckt.

Wia d Sunn so richtig owehatzt,
Der Jager si im Rosn baatzt,
Weu so a Gwehr hot scho a Gwicht;
Der klane Hos des olles siecht.
Und wia der Jager schnoacht und keicht,
Des Haserl hamlich zuweschleicht
Und steßt de Glasln und is Gwehr.
Daun foart's glei o, ois ob nix wär.

De Glosscherbm hot si s Haserl jetzt
Natirlich auf sei Naserl gsetzt;
Und mechat ois mi'n Gwehr zsaumpuffn.
Do geht in Jager glei de Muffn.
Er nimmt Reißaus und springt und schreit:
»Hü-Hüfe, höfts ma doch, ihr Leit!«

Do kummt der wüde Jager zletzt
Zu an gaunz tiafn Brunnan ghetzt
Und happt varzweifet in den Schocht.
Der Hos schiaßt los, daß's nur so krocht.

De Frau vom Jager sitzt am Fenster
Mit ihrn Kaffee und glaubt aun Gspenster,
Wia s Heferl z reißt vom Hosnschuß,
Und neverlt: »Aufhern! Gnade! Schluß!«
Beim Brunnan sitzt seit in der Fruah
Dem Hosn sei gaunz klaner Bua
De gaunze Zeit im grinan Rosn;
Dem rinnt jetz der Kaffee auf d Nosn.
Er schreit: »Verbrennts mi net, es Weh!«
Und hoit is Lefferl in die Heh.

De Gschicht vom Daumanlutscher

»Konrad,« bitt si d Muatter aus,
»I geh fuat und du bleibst zaus.
Moch kan Bledsinn, sei net dumm,
Bis i später wieder kumm.
Ans no, Konrad! Bitte sehr,
Lutschl jo kan Dauman mehr,
Denn der Schneider mit der Scher
Kummt sunst wia der Blitz daher,
Und de Dauman stutzt dar der,
Wia waun's a Papierl wär.«

Draußn is de Muatter und –
Schlupp! den Daumen in den Mund.

Na, do mocht die Haustir »Wopp!«
Und daher im Schweinsgalopp
Prescht der Schneider vü zu gschwind
Zu dem Daumanlutscher-Kind.
Au! Des geht auf klipp und klopp
Mit der Scher de Dauman ob,
Mit der großn schoafn Scher!
Hau! do platzt der Konrad sehr.

Endlich kummt de Muatter zaus;
Traurig schaut ihr Konrad aus.
Ohne Dauman steht er durt,
Weu de zwa, de zwa san furt.

De Gschicht vom Suppm-Kosper

Der Kosper, der woa pumperlgsund,
A blader Bua und kugelrund,
Mit rote Backerln, rein zum Freßn;
Er hot aa brav sei Supperl geßn.
Auf amoi faungt er au des Gschra:
»I friß ka Suppm mehr! Na, na!
Foarts o, i friß mei Suppn net!
Na, furt, mei Suppm friß i net!«

Am nächsten Tog – jo, tats nur glurn! –
Hot er scho vü aun Gwicht verlurn.
Und wiederum sei lautes Gschra:
»I friß ka Suppm mehr! Na, na!
Foarts o, i friß mei Suppm net!
Na, furt, mei Suppm friß i net!«

Am drittn Tog, pfiat Gott beinaund,
Do is der Kosper scho am Saund!
Wia d Suppm eifoart, faungt er da
Scho wieder au sei depperts Gschra:
»I friß ka Suppm mehr! Na, na!
Foarts o, i friß mei Suppm net!
Na, furt, mei Suppm friß i net!«

Am viertn Tog von dem Sich-Ziern
Do is der Kosper wiar a Zwirn.
Er hot vielleicht no siebm, ocht Gramm.
Am fünftn Tog do draht's eam ham.

De Gschicht von Zoppe-Philipp

»Ob der Philipp amoi stü
Auf sein Seßl sitzn wü?«
Sogt der Voter zu sein Sohn
Mit an Grant im Unterton,
Und de Muatter schaut nur stumm
Auf'm Eßtisch umadum.
Doch der Philipp wü net hern,
Denkt si, Voter, hob mi gern,
Muaß rutschen
Und hutschen,

Muaß haumpen
Und straumpen
Auf'm Seßl her und hi.
»Philipp, huach, du ärgerst mi!«

Schauts, ihr Kinder, 's geht wia gschmiert,
Wos dem Philipp weiter bliaht!
Obn siecht ma's auf dem Büd.
Sechts! er geiglt goa zu wüd,
Bis der Seßl hintre foit.
Do gibt's nix mehr, wos eam hoit.
Noch'm Tischtuach faßt er, schreit.
Nur, wos hüft's? Zur söbm Zeit
Purzeln Töller, Floschn, Brot.
Na, der Voter siecht scho rot,
Und de Muatter schaut nur stumm
Auf'm Eßtisch umadum.

Philipp, jetz bist zuapaniert,
Und der Tisch is oserviert.
Wos der Voter habern woit,
Hot si auf der Erd varroit.
Suppn, Brot und Leckerbißn,
Alles weg und owegrißn.
D Suppnschißl is zarbrochn.
D Ötern stengan do und kochen
Voller Wut wegn dem Malher,
Denn se haum nix z eßn mehr.

De Gschicht vom Hauns Guck-in-d-Luft

Muaß der Hauns in Schuiweg geh,
Glotzt er dauernd in de Heh.
Raupfaung, Woikn, Robnviecher
Siecht er ois do drobm sicher.
Ober vur de eignan Sprudler
Siecht er nix, der klane Hudler.
Wos ma ruaft, geht eam net noh:
»Der Hauns Guck-in-d-Luft ist do!«

Neilich kummt a Hund hergwetzt;
No, der Bua stiert unausgsetzt
Net auf d Erd.
Kaner plärrt:
»Hauns! A Hund! Kaunst eam net segn?!«
Wos is gschegn?
Prack, do liegn olle zwa,
Hund und Hauns, am Trottoir.

Geht er net am Kai, am Raund,
D rote Mappm in der Haund.
D Augn zum blaun Himme fliagn,
Durthi, wo grod Schwoibn ziagn,
Und so stiefet afoch schnur-
Grod sei Schriat aufs Wosser zua.
Drei so Fisch in aner Reih,
Völlig baff san s, olle drei.

No a Schriat! und platsch! dar Hauns
Mocht an Kepfler, hot ka Chance! –
De drei Fisch haum gaunz verschreckt
Si sofurt am Grund versteckt.

So a Masl: Ohne Schmäh
San zwa Männer in der Näh,
De des Kind mit eanre Staungan
Aus'm Wosser außefaungan.

Sechts! do steht er pudlnoß!
Gaunz a mieser Witz is dos!
's Wosser rinnt dem Wurm auf zack
Aus de Hoa ins Gsicht, ins Gnack,
Ausm Gwandl, von de Oam,
Und er friert, daß's Gott erboam.

Ober d Fischerln, olle drei,
De san schwanzlnd glei dabei;
Streckn d Schädln aus de Wön,
Tan eam durch ihr Lochn quön,
Kirn, solaung s as hoit no gfreit.
Na, de Mappm schwimmt scho weit.

De Gschicht vom fliagatn Robert

Waun der Regn niederbraust,
Waun der Sturm durch d Föder saust,
Bleibm de Maderln wia de Birscherln
Hibsch daham in eanre Nirscherln.
Nur de Robert denkt si: Nie!
Draußn is's jetz klaß fir mir!
Und so latscht er ibers Laund
Mit sein Regnschirm umanaund.

Hui! der Sturm pfeift wia varruckt,
Daß's de Baam glei owedruckt!
Schauts! den Schirm, den packt der Wind,
Und der Robert seglt gschwind
Durch de Luft so hoch, so weit.
Kaner hert eam, waun er schreit.
Aun de Woikn krotzt er scho,
Und sei Huat fliagt aa davo.

Schirm und Robert fliagn durt
Durch de Woikn weg und furt.
Und sei Huat fliagt weit vurau,
Steßt boid aun an Himme au.
Wo der Wind se higwaht hot,
Waß ka Mensch, und des is schod.

Glossar

Ans no: eines noch; **b**irnt: schlägt (auf die Birne); blader: dicker; **F**laxn: Sehne; foart's o: verschwindet; **g**eht's schiach au: handelt übelwollend; gfleuchte: entwendete; glurn: glotzen; Grant: Mißmut; Gschroppm: kleine Kinder; **h**eanzn: hänseln; Hoiterboch: Halterbach (Bächlein in Wien-Hütteldorf); **k**irn: lachen laut auf; Kleben: Finger; **l**eiwaunds: sehr gutes; **M**asl: Glück; Oschnluach: Aschenstaub; **p**fiat Gott beinaund: o du meine Güte (›Gott behüte alle‹); **R**aupfaung: ›Rauchfang‹, Schornstein; **s** as hoit no gfreit: solange es sie noch freut; scho am Saund: fast am Ende (›am Sand‹); stengan: stehen; **T**intinger: Benachteiligten (›Eingetunkten‹); **z**arnegern: machen sich lustig; zerpeckt: lustig macht.

Meinrad Spinner & Walter Sauer

Da Struwwepeta aaf Boarisch vozöit
Gspaaßige Gschichtn und lustige Böidl

Zum Ofang

A Kind wenn brav is, wia ses ghert,
Kimmt zu eam 's Christkindl aaf d'Erd;
's Brot wenns ohne Anständ ißt
Und aa d'Suppn net vogißt,
Spöin wenns tuat mit dem, wos kriagt,
Aafraamt aa, wos viaraziagt,
Aaf da Straß se weisn loußt,
Daß net an an Stoa hiestoußt,
Bringts eam siaße Zuckazöitl
Und a Biachl volla Böidl.

Da Struwwepeta

Schautsn o, do steht a,
Pfui, da Struwwepeta!
Neegl hot a beianand,
Na, dees is a wahre Schand,
Wenns a Johr net gschnittn wern.
Aa de Hoar loußt a net schern.
»Schaam de!« sogt do jeda,
»So a Struwwepeta!«

Dees Gschichterl vom besn Friedrich

Da Friedrich war, wia soi i sogn,
A Kerl, der gherat glei daschlogn.
De Taubn und Katzn hot a gschundn,
De Fliagn de Fliegl zammabundn.
– Oft sans dann ohne weitakrocha. –
Er hot de Stuin goa d'Haxn brocha
Und hot an bsondas schlimme Togn
Sei Gretl mit da Goißl gschlogn.

Am Brunna war a groußa Hund,
Der hot an Mords an Durscht ghabt, und
Da bese Fritz hot dees glei gsegn
Und kimmt scho mit da Goißl zwegn.
Er hotn tretn und einidroschn
Am Buckl, Bauch und aa in d'Goschn.
Da Hund der winslt wia voruckt.
Do is da Friedrich zammazuckt:
In Haxn hot da Hund eam bissn.
Da Fritz hot d'Goißl weggagschmissn,
Hot gschrian und gjammat wia net gscheit.
Da Hund is gwappet, liabe Leit.
Er lafft öitz hoam mit grouße Schritt,
An Fritz sei Goißl nimmt a mit.

Ins Bett muaß öitz da Friedrich geh.
Da Haxn tuat eam sakkrisch weh,
De Medizin, de wou a kriagt,
Is bitta, daß eam 's Mai voziagt.

Da Hund hockt öitz am Fritz sein Stui
Und broudlt griawig, wos a wui:

An Guglhupf und d'Lewawurscht,
A Flascherl Wein safft a fürn Durscht.
De Goißl hot a aa dabei
Und hengts sched iwan Stui dawei.

Dees furchtbar traurige Gschichterl mit de Zindhöizl

Dees Linerl is a lustigs Kind.
Sie hupft durch d'Stubn grod wia da Wind,
Weils ganz alloa dahoam is heit,
Und singt und pfeift so volla Freid.
Do siegts vor ihr am Kastn steh
A Zindhoizschachtl – oh wia schee!
»Ui«, denkt sa se, »dees trifft se guat,
I zind oans o, wias d'Muadda tuat.«

Und d'Minz und d'Maunz, de Katzn,
De hebn de voadan Tatzn.
Sie drouhn ihr mit de Pfotn:
»Da Vadda hots vobotn!
Miau! Mio! Miau! Mio!
Louß steh, sunst brennst boid lichtaloh!«

Dees Deandl wöi nix hern davo,
Dees Liachtl gfallt eam goar a so,
Wias springt und tanzt und ummablitzt.
Schau, 's Linerl is scho ganz dahitzt!
Sie juchatzt auf voa lauta Freid
Und hupft und springt als wia net gscheit.

Und d'Minz und d'Maunz, de Katzn,
De hebn de voadan Tatzn.
Sie drouhn ihr mit de Pfotn:
»Du! D'Muadda hots vobotn!
Miau! Mio! Miau! Mio!
Wirfs hie, sunst brennst boid lichtaloh!«

O wei, öitz brennt as Kleidl scho
Und 's Schürzl aa, des host davo!
Scho brennan d'Hoar und d'Oam und d'Hend.
Dees ganze liabe Kind vobrennt.

Und d'Minz und d'Maunz, de oama,
De schrein zum Gottdaboama:
»St. Florian höif, so höif doch gschwind,
Oa Feia is dees ganze Kind!
Miau! Mio! Miau! Mio!
So höifts, dees Kind brennt lichtaloh!«

Vobrennt is 's Kind mit Haut und Hoar.
Ma konns net glaubn und is doch woar.
A Haiferl Ascha liegt no rum,
Und de zwoa Schuah ganz staad und stumm.

Und d'Minz und d'Maunz, de kloana,
De hockan do und woana:
»Miau! Mio! Miau! Mio!
Wo san denn bloß de Eltern? Wo?«
Und d'Tränen schiaßn rauß
Wias Bacherl newan Haus.

Dees Gschichterl vo de schwoazn Buam

A Nega is voam Tor rumgloffa,
So schwoaz host söitn no oan troffa.
Und weil eam d'Sunn naufbrennt aufs Hirn,
Hoit a se glei sein Sunnaschirm.
Do kimmt aa scho da Luggi grennt
Und hoit sei Fahnerl in da Hend.
Schau, aa da Kaschpa is scho do
Und beißt vo seina Brezn o.
Und aa da Willi is net faul,
Sei Reifn springt als wiar a Gaul.
De plärrn und lachan unscheniert
Den Nega aus, der rumspaziert,
Koihrapperlschwoaz als wia poliert.

Do kimmt da oite Nikolo
Mitm groußn Tintnfaßl o.
Er sogt: »Den schwoazn Negabua,
Den laßts ma gfälligst öitz in Ruah.
Wos konn der oama Kerl dafia,

Daß a so weiß net is wia mia.«
De drei, de ham se nix draus gmocht
Und grod mit Fleiß no nascha glocht.
Se ham den Negabua dableckt,
De hot da Nikolo net gschreckt.

Do is da Niklo narrisch worn.
Am Böidl segt ma ja sein Zorn.
Er packt am Kopf, am Oam und Gnack
Dees ganze freche Lumpnpack.

De erstn zwoa hot a beim Krogn.
Da Kaschpa, der woit noch eam schlogn.
Bis iwan Kopf werns einitaucht
In d'Tintn! De hots zammagstaucht!
Da Kaschpa, der schreit: »Feurio!«
Dees stert na net, an Nikolo.

Koihschwoaz sans öitz, ees kinntses segn,
Der Mohr is direkt hell dagegn.
Er geht voraus mitm Sunnaschirm,
De Tintnbuam hintnochmarschiern.
Da Niklo het ea goa nix do.
Hens net dableckt den schwoazn Mo.

Dees Gschichterl vom wöidn Jaaga

Es war a wöida Jaagasmo,
Der ziagt sei grosgreans Gwandl o.
Dann packt a 's Puiva und an Stutzn –
Er woit an Hosn weggaputzn.
Sei Bröin, de nimmt a aa no mit
Wei ohne Augnglos siegt a nit.

Dees Haserl hockt durt in da Staudn
Und konn vor Lacha fast net schaun.

De Sunn brennt owa wia net gscheit,
Do hotn 's Gwehrtrogn nimma gfreit.
So legt a se ins weiche Gros.
Dees siegt a ois, der kloane Hos.
Da Jaaga schnarcht öitz tiaf und fest
Do kimmt dees Haserl aus seim Nest,
Stöit eam de Bröin und aa de Flintn
Und tuat mucksmaiserlstaad voschwindn.

De Bröin, de paßt dem kloana Hosn,
Drum setzt as söiwa aaf sei Nosn
Und legt dees Gwehr am Jaaga o.
Dem grausts, er schreit und springt davo.
Er rennt als wia a gstutzta Hund:
»So höifts, ihr Leit, sunst geh i z'grund!«

Er schaffts no bis zum Brunnarand
Und stiazt se eini zammtn Gwand.
Do schiaßt da Hos, da Stutzn kracht!
Du wöida Jaaga, guate Nacht!

Sei Wei is grod am Fensta gsessn
Und hot zum Kaffee Köichal gessn.
De Tass, de foit ihr aus da Hand.
Da Hos, der schiaßts glatt ausanand.
Beim Brunna owa hockt no oana
Im Gros vosteckt, dem Hos sei Kloana.
Den hot da Kaffee pfeigrod troffa
Und is eam iwas Naserl gloffa.
Er schreit: »Wer hot mi do vobrennt!«
Und hoit an Löffe in da Hend.

Dees Gschichterl vom Dammalutscha

»Konrad!« sagt sei Mamma, »herst,
Daß d'ma net lang nacheplärrst,
Wenn i öitz zum Nachba geh.
Bleib dahoam und spöi di schee.
Und daß d'aafpaßt«, sogt die Mamma,
»Lutsch ma ja net an de Damma,
Weil da Schneida mit da Scher
Kimmt sunst wia da Blitz daher,
Springt do rei beim Goatntürl,
Schneidt da d'Daam ob wiara Schnierl.«

Kaam is draußt beim Türl die Mamma
Schwupp! da Konrad lutscht am Damma.

D'Tür geht auf, am Konrad graust,
Wia da Schneida einasaust.
D'Scher, de hot a aa dabei.
Öitz gehts lous, o wei, o wei!
Schnipp und schnapp, so macht de Scher,
Und er hot koan Damma mehr.
Sakkrisch tuats dem Konrad weh,
Und er schreit und springt in d'Höh.

Wia de Mamma wieda kimmt,
Siegts glei, daß do wos net stimmt.
Vor ihr steht da Bua und flennt
Ohne Damma an de Hend.

Dees Gschichterl vom Suppnkaschpa

Da Kaschpa, der war kugelrund
Und foast als wiar a Metzgahund.
De Backan, de warn rout und frisch,
Und gessn hot a ois am Tisch.

Bloß oamoi hot a 's Schrein ogfangt:
»I mog koa Suppn mehr, dees langt!
Raamts ma sofort de Suppn wegga,
I konn de Suppn nimma schmecka.«

Am nextn Tog, ja schautsn o,
Do war scho wenga an eam dro.
Und er hot wieda 's Schrein ogfangt:
»I mog koa Suppn mehr, dees langt!
Raamts ma sofort de Suppn wegga,
I konn de Suppn nimma schmecka.«

Am drittn Tog, ma glaubts ja kaam,
Do ziagts an Kaschpa ganz schee zamm.
Und wieda hot a nix oglangt,
Er hot bloß wieda 's Schrein ogfangt:
»I mog koa Suppn mehr, dees langt!
Raamts ma sofort de Suppn wegga,
I konn de Suppn nimma schmecka.«

Am vierten Tog wars fast scho goa,
Do war a bloß no Haut und Boa.
Drei Pfund hot a am fünftn gwogn.
So hammsn dann am Friedhof trogn.

Dees Gschichterl vom Zappl–Philipp

»Philipp«, sagt da Pappa, »herst!
Daß d'net wieda dauernd sterst!
Bleib beim Essn ja gscheit sitzn,
Sunst muaß i da oane blitzn.«
D'Muadda sagt nix, schaut bloß stumm
Aafm ganzn Tisch rundum.
Da Philipp denkt se: »Du redst guat.«
Und tuat wos a hoit oiwei tuat.
Er gaukelt
Und schaukelt,

Tuat rutschn
Und hutschn
Aaf seim Stui in oana Dua.
»Bua, lang schau i nimma zua!«

Kinda, schauts es enk bloß o,
Wos da Philipp alles ko!
Wia mas aafm Böidl segt,
Hot a se zweit hintre glegt,
Und öitz konn na nix mehr hoitn.
Schauts, er packt de Tischdeckfoitn,
Konns im Foin grod no dahaschn,
Zammt de Glaasl, Tella, Flaschn,
Allm wos aafm Tisch drobn woar –
Und da Vadda rauft se d'Hoar.
D'Muadda sagt nix, schaut bloß stumm
Aafm ganzn Tisch rundum.

Da Philipp, der is ganz voschwundn,
Da Tisch is laar, de Tischdeck druntn.
Wos da Vadda essn woit,
Is am Bodn obigroit.
D'Suppn, 's Brot, dees ganze Essn
Konnst am bestn glei vogessn.
Da Suppnhefa is fei brocha.
Mit wos soi denn öitz d'Muadda kocha?
Und de zwoa san volla Zorn.
Aus dem Essn is nix worn.

Dees Gschichterl vom Hans–Schau–in–d'Luft

Aafm Schuiweg hot da Hans
Jedn Tog so voll und ganz
Bloß in Himmi aufigstarrt,
War in d'Vögl ganz vonarrt.

Aafn Bodn, do schaut a net,
Siegt net, wo a geht und steht.
Wenna kimmt, schreit jeda scho:
»Da Hans Schau–in–d'Luft is do!«

Kimmt a Hund in vollm Lauf.
's Hanserl starrt in Himmi nauf.
Koana schreit:
»Hans sei gscheit!
Schau, du muaßt den Hund doch segn!«
Wos is gschegn?
Bums! Do kuglns iwranand
Alle zwoa am Straßnrand.

An da Donau siegstn tappn,
Unterm Oam sei route Mappn.
»Am Bodn«, denkt a, »bin i eh,
Drum schau i liaba nauf in d'Höh.«
Und so geht der dumme Bua
Oiwei mehr aafs Wassa zua.
D'Fischerl stengan in ara Reih
Und schaun eam zua, so Stuckra drei.

No oan Schritt, und scho wars gschegn!
Da Hansl is im Wassa glegn.
De drei Fischerl, ganz voschreckt,
Ham se hintam Stoa vosteckt.

Zum Glick war a durt net alloa.
Zwoa Manna kemman aaf sei Gschroa.
Mit Stangan hamsn no dawischt
Und hamman wieda außagfischt.

Schauts, öitz steht a do – tropfnoß!
Naa, dees waar ma aa no wos!
's Wassa lafft dem oama Wicht
Aus de Hoar und iwas Gsicht.

Beidln tuatsn wiar an Hund.
So a Kneippkur is net gsund.

Und de Fischerl alle drei
Schaun aa wieda durt vobei,
Steckan d'Köpf vom Wassa raus,
Lachan unsan Hansl aus,
Lachan, daß ea d'Tränen kumma.
D'Mappn is scho weitagschwumma.

Dees Gschichterl vom fliagadn Robert

Wenns schitt und wedert, wos grod konn,
Und d'Baam sich biagn fast bis zum Bodn,
Ja, dann bleibn d'Kinda schee im Haus
Und schaun ganz brav zum Fensta naus.
Da Robert denkt se: »So is schee!
Grod öitzat muaß i außigeh.«
Er nimmt no schnöi an Regnschirm mit,
Dann ziagt a lous mit lange Schritt.

Da Wind is schier no schlimma worn,
Und d'Baam, de biagn se wiar as Korn.
Schauts, den Schirm, den packt da Wind,
Und er hebt den Robert gschwind
Nauf in d'Höh und furt so weit –
Koana hertn, wiara schreit.
Boid steßt a an d'Wolkn o,
Und sei Hiatl fliagt davo.

D'Wolkn liegn scho hinta eana.
's Kircherl, dees wird oiwei kleana,
Und da Huat fliagt weit voaro,
Zletzt steßt a am Himmi o.
Wou de zwoa san hietrogn worn,
Hot nia mehr a Mensch dafohrn.

Glossar

beidln: schütteln; broudlt: macht Brotzeit; **d**ableckt: verspottet; Deandl: Mädchen; **e**es: ihr; enk: euch; **g**riawig: gemütlich; gstutzta **H**und: Hund, dem der Schwanz abgeschnitten wurde; gwappet: schlau; hoit: ›halt‹, eben; **K**astn: Schrank; Köichal: Fastnachtsgebäck; **M**ai: Maul; Mords an Durscht: Mordsdurst; **n**ascha: närrischer; **ö**itzat: jetzt; oiwei: immer; **p**feigrod: direkt; **s**pöi di schee: spiel schön; **u**mmablitzt: hin- und herflackert; **v**iaraziagt: hervorzieht; **Z**uckazöitl: Plätzchen; zwegn: herbei.

Maridl Innerhofer

Dr burggräfler Stroublpeatr
Gspassige Gschichtn und hetzige Bildr

A Wertl vorun

Sein die Kindr wia si s gheart,
Zemm aa s Christkind kemmen weart;
Wenn sie ihre Supp ausessn
Und aa s Broat nit gonz vergessn,
Wenn sie riawig und in Stilln
Mitn oagnen Spielzuig spieln,
Wenn sie si schian fihrn lossn
Va dr Muattr in die Gossn,
Bringg nor s Christkind Keks genua
Und a Bildrbuach drzua.

Dr Stroublpeatr

Schaug krod her, do steahtr,
Pfui! Dr Stroublpeatr!
Hot dr sture Héigl
Wogsn glott die Néigl,
Nit gekamplt seine Hoor
Sichr schier a gonzes Johr.
Schaugg lei her, do steahtr,
Pfui! Dr Stroublpeatr!

Die Gschicht van beasn Friedl

Wos isch dr Friedl fir a Bua!
Er lott gor niamat nit in Ruah.
Er focht die Fluign drin in Haus
Und reißt in de die Fligl aus.
Die Stiahl, die Véigl mochtr hin,
Die Kotzn leidn aa durch ihm.
Und lous lei, wos er si nou wogg:
Die Greatl mit dr Goassl schlogg.

A groaßr Hund ban Brunnen steaht,
Trinkt Wossr, daß dr Durst vergeaht.
Des sigg dr Friedl und kimmp grennt,
Hot seine Goassl in die Hend;
Er haut in Hund, der schreit va Weah,
Er hautn olleweil nou meahr.
Dr Hund – nit faul – er beißt iatz zua,
Beißt bis afs Bluat in Hax van Bua.
Dr znichte wilde Friedl schreit
Und reahrt va Weahtig wia nit gscheit.
Des Hundsviech obr laaft iatz huam,
In Maul die Goassl wia a Buan.

In Bett dr Friedl liegn muaß,
Weil er org leidet mit sein Fuaß;
Dr Doktr kimmp, er huckt ban ihm
Und gibb ihm bittre Medizin.

Drweil huckt si dr Hund zan Tisch,
Wou Guglhupf und Hauswurst isch;
Er frißt olls au, des dunktn fein,
In Durst lescht er nor nou mit Wein.
Die Goassl bringgr mit in Haus,
Diesell lott er woll nimmr aus.

Die gonz traurige Gschicht va die Zindhelzlen

Die Liesl bleip alluan in Haus,
Die Eltrn giahn mitnondr aus.
Sie isch guat auglegg, vollr Freid,
Und tonzt und singg die gonze Zeit.
Sie sigg a Zindholzschochtl stiahn,
De gfollt ihr, de isch bsundrs schian.
»O mei«, sogg sie, »wia war des fein,
Wenn de do kannt mein Spielzuig sein.
I zind mr iatz e Helzl un,
Sou wia s die Muattr hot getun.«

Die Mizzi und dr Maxl
De héibm au ihr Haxl.
Sie wachtln mit die Totzn:
»Dr Votr gibb dir Potzn!
Miau! Miau! Miau! Miau!
Loß stiahn, susch brinnsch du au und au!«

Af Kotzn lousts holt nit, des Kind!
Wia liacht und schian des Zindholz brinnt,
Es floggezt hetzig, knastrt laut,
Es sechts es afn Bildl drau.
Die Liesl obr – mei wia tumm –
Hupft mitn Fuier dumadum.

Die Mizzi und dr Maxl
De héibm au ihr Haxl.
Sie wachtln mit die Totzn:
»Die Muattr gibb dir Potzn!
Miau! Miau! Miau! Miau!
Schmeiß weck, susch brinnsch du au und au!«

Au weah, des Flamml pockt ihr Gwond,
Ihr Schirzl brinnt, s isch ollrhond.
Die Hantlen brinnen und die Hoor,
Es brinnt schun s gonze Kind sogor.

Die beadn Kotzn lormen
Und schreidn zan Drbormen:
»Kemmp her, kemmp her, wer hilft denn
gschwind,
Es brinnt jo schun des gonze Kind!
Miau! Miau! Miau! Miau!
Za Hilf, des Kind brinnt au und au!«

Iatz isch woll olls verbrunnen gor,
Des orme Kind mit Haut und Hoor;
An Aschnheifl bleip zalescht
Und beade Schiachlen nou ols Rest.

Und de zwoa ormen Kotzn
De huckn do und rotzn.
»Miau! Miau! Miau! Miau!
Wou holtn si die Eltrn au?«
Die Liesl is verbrunnen,
Wia sein die Zachrn grunnen!

Die Gschicht va die schworzn Buabm

Wer geaht spaziern vourn Haus?
Es isch a Mohr, schaugg kohlschworz aus.
Und weil die Sunn ihm brennt afs Hiern,
Trogg er a Sunnendoch spaziern.
Do kimmp dr Ludl zuergrennt,
Er hepp a Fahnl in die Hend.
Und aa dr Kaspr fahlt do nit,
Er bringg a siaßes Brezl mit.
Woll aa dr Willi kimmp drzua,
An Faßlroaf hot mit dr Bua.
De drei, de schreidn laut in Chor
Weil er do virgeaht krod, dr Mohr,
Der schworz wie Tintn isch sogor.

Und iatz dr groaße Niklas kimmp,
Sein endstrumm Tintnfaßl nimmp.
Er sogg lei: »Kindr, loust mr zua
Und lott des Mohrnkind in Ruah!
Es konn jo dechtrsch nicht drfir,
Daß es nit weiß isch sou wia mir!«
Die Buabm obr folgn nicht

Und lochn ihm gonz frech in Gsicht,
Sie lochnen aus, den schworzn Mohr
Und lochn meahr nou wia drvor.

Dr Niklas weard iatz beas und wild,
Du siggsch es deitlich af den Bild!
Er pockt die Riffl mit dr Hond
Ban Kopf, ban Ellbougn und ban Gwond;
In Willi und in Ludl hotr,
Drwischt in Kaspr banan Flottr.
Er tunkt sie in die Tintn, weit,
Bis daß dr Kaspr »Fuier« schreit.
Dr Niklas tunkt bis ibrn Kopf
Die Lausr in den Tintntopf.

Viel schwerzr ols dr kluane Mohr
Sein iatz die Buabm, sell isch wohr!
Dr Mohr geaht in dr Sunn drhin,
Die Tintnbuabm hintr ihm;
Und hattn sie nit sovl glocht,
Hatt sie nit schworz dr Niklas gmocht.

Die Gschicht van wildn Jagr

Schaugg lei den wildn Jagr un,
A grosgrians Jeppl leggr un;
Nimmp Sock, Patronen und die Pigs
Und geaht van Haus in seinr Wigs.
Er hot die Glaslen af dr Nos
Und schiaßn will er glei an Hos.
S Hasl obr huckt in Gros,
In Jagr mochts a longe Nos.

Die Sunn brinnt iatz van Himml niedr,
Do weard die Pigs in Jagr zwidr.
Er suacht an Plotz in Schotn au,
Dr Hos, der sigg des gonz genau.
Und wia dr Jagr schnorcht und traamp,
Do hot dr Hos es nit versaamp,
Za nemmen Pigs und Augnglos.
Er schleicht drvun gonz stat in Gros.

Dr Hos, der setzt des Augnglasl
Iatz af sein oagnes Hosnnasl,
Und schiaßn willr mit dr Pigs.
Dr Jagr obr, der hot Schiß.
Er rennt drvun, er riaft und schreit:
»Kemmp mr za Hilf! jo, helft mr, Leit!«

Dr Jagr isch valautr Rennen
Zalescht zan tiafn Brunnen kemmen.
Do hupftr inni in dr Noat,
Und s Hasl schiaßt drweil mit Schroat.

Ban Kuchlfenstr huckt die Frau
Und trinkt gemiatlich in Kakau.
Dr Hos trifft pfeilkrod ihre Schol.
Sie schreit: »Daß di dr Tuifl hol!«
Nebmen Brunnen gonz drschreckt
Do hot a Hasl si versteckt,
Es isch dr Bua van groaßn Hos;
Den tropft Kakau iatz af dr Nos.
Er schreit: »Wer hot mi denn verbrennt?«
Und hepp in Leffl in die Hend.

Die Gschicht van Daumenzuzler

»Konrad, du bleibsch iatz in Haus«,
Sogg die Mamma, »i geah aus!
Weret i aweck bin, Bua,
Sei lei brav und gib a Ruah.
Und wos i di aa nou bitt:

Zuzl deine Daumen nit;
Weil dr Schneidr wortet schun,
Mit dr Schar kimmp er nor un
Schneidet beade Daumen dir
Weck, ols warn sie Papier.«

Kam alluan, isch er nit faul,
Hot in Daumen schun in Maul.

Durch dr Haustir – sapprment! –
Kimmp akkrat dr Schneidr grennt,
Wou er in dr Stub gonz gschwint
Fintet s Daumenzuzlerkind.
Zigg und zagg! o Gott! o Schreck!
Sein die beadn Daumen weck
Mit dr Schar, sell tuat genua.
Mei, wia schreit und brillt dr Bua.

Bol die Muattr wiedr kimmp,
Isch dr Konrad traurig gstimmp.
Uhne Daumen isch dr Suhn,
De sein beade nimmr drun.

Die Gschicht van Suppm-Kaspr

Dr Kaspr, der isch kearngsund
Und foast und dick und kuglrund.
Die Wangelen sein frisch und roat,
Weil er brav Supp ißt und aa Broat.
Af uamol kimmps ihm nor in Sinn:
»Die Suppmzeit isch iatz drhin!
Die Supp, de iß i gonz gwieß nit!
Na, meine Supp, de iß i nit!«

Und uan Tog drau – jo loust lei zua –
Schun méigrer gwortn isch dr Bua.
Do mochtr wiedr a Geplear:
»I mog holt kuane Supp nit meahr!
Die Supp, de iß i gonz gwieß nit!
Na, meine Supp, de iß i nit!«

In drittn Tog, o weah und och!
Do isch dr Kaspr dinn und schwoch.
Und wia die Supp nor kemmen isch,
Hot er schun wiedr gschriern frisch:
»I iß die Supp nit afn Tisch!
Die Supp, de iß i gonz gwieß nit!
Na, meine Supp, de iß i nit!«

In viertn Tog – es geaht sou gschwind –
Isch wia a Fadele des Kind.
Drei Kilo weggs iatz nou zar Noat.
In fimftn Tog isch es schun toat.

Die Gschicht van Zoppl-Philipp

»Ob dr Philipp heint ban Tisch
Amol stat und riawig isch?«
Mit an Eernst dr Votr sogg
Sou zan Suhn, der sell nit mogg,
Und die Muattr de schaugg stumm
Afn Tisch rundumadum.
Wos dr Votr sogg zan Kind
Sell isch gredt aswia in Wind.
Er nogglg
Und wogglg,
Er tropplt
Und zopplt
Afaniedr af sein Sitz.
»Philipp, i moch kuane Witz!«

Schaugg lei, Kindr, schaugg lei guat,
Wos dr Philipp weitr tuat.
Recht guat sigg man s afn Bild.

Schaugg, er hutscht woll gor za wild,
Bis dr Stuahl hintnibr follt.
Nindrst fintet er an Holt.
Er foßt s Tischtuach nor und schreit,
Obr schun zar gleichn Zeit
Kugln Tallr, Glesr, Broat.
Mei, dr Votr isch in Noat,
Und die Muattr de schaugg stumm
Afn Tisch rundumadum.

Iatz dr Philipp isch versteckt
Und dr Tisch gonz ogedeckt.
Wos die Eltrn essn gsollt,
Untn afn Boudn rollt;
Supp und Broat und olls mitnond
Ligg iatz untn umanond;
Suppmschissl isch za Brockn
Und die Eltrn sein drschrockn.
Klor, daß beade wiatig sein:
Aus mit Essn und mit Wein!

Die Gschicht van Luftgugg-Hiasl

Wennr afn Schualweg isch
Schaugg dr Hias noch oubm frisch.
Za die Welkelen in Himml,
Af die Véigl schaugg dr Limml:
Lei wos vour die oagnen Fiaß,
Sell drsigg er nit, dr Hias,
Und man ibroll vernimmp:
»Schaugg, dr Luftgugg-Hiasl kimmp!«

Wie a Hund zaweg kimmp grennt,
Schaugg dr Hias in Firmament
Ai gonz weit.
Niamat schreit:
»Hias, paß au, a Hund isch do!«
Und wos nou?
Sapprment! – Zwoa liegn schun,
Gleim ban Hund dr Hiasl drun.

Er geaht nebmen Boch, ban Rond,
Mit dr Schualtasch in dr Hond.
Wiedr schaugg dr guate Bua
In die flinggn Schwolbm zua,
Und sou weard er nit gewor,
Daß er schun ban Boch isch gor.
Und die Fischlen frogn, prum
Isch dr Hiasl denn sou tumm?

Nou an Schritt und Kopf vourun
Ligg dr Hias in Wossr schun! –
Die drei Fischlen, org drschreckt,
Hom si iatz gonz gschwingg versteckt.

Gottseidonk hom in dr Nechn
Zwoa sou Manndr des glei gsechn.
Und de hom in Hias drwischt,
Mit zwoa Stongen außrgfischt.

Schaugg, do steahtr, noß und letz!
Na, des isch woll kuane Hetz!
Wossr rinnt ihm iatz sogor
Afn Gsicht as seine Hoor.
Bachlweis rinnts van ihm o,
Holbs drfrourn steahtr do.

Und die Fischlen olle drei
Kemmen zuergschwummen glei!
Héibm in dr Heach in Kopf,
Lochn ibrn Hias, den Tropf,
Lochn sou nou longe Zeit;
Und die Schualtasch schwimmp schun weit.

Die Gschicht van fliagatn Robert

Wenn dr Regn niedrbraust
Und dr Sturm gor s Feld drzaust,
Bleibm olle bravn Kindr
In dr Stub, weil sell isch gsindr.
Lei dr Robert hot in Sinn:
Schian ischs draußn, nit herinn!
Nimmp sein Regndoch zar Hond,
Hatscht mit ihm durchs nosse Lond.

Au, dr Sturm wahnt sou verruckt,
Daß in Paam er niedrdruckt!
Schaugg, in Schirm pockt iatz dr Wind
Und so fliagg des orme Kind
Durch dr Luft, sou hoach und weit;
Niamat heartn wennr schreit.

Schun stoaßt er die Wolkn un
Und dr Huat fliagg aa drvun.

Schirm und Robert fliagn weit
Durch die Wolkn longe Zeit.
Weit vourun dr Huat schun roast,
Bis er anen Himml stoaßt.
Wou dr Wind sie hingetrogn,
Sell konn uan woll niamat sogn.

Glossar

afaniedr: auf und nieder; ai: hinauf; akkrat: akkurat; auglegg: aufgelegt; **b**ol: sobald; Buan: ›Bein‹, Knochen; **d**echtrsch: doch; dunktn: deucht ihn, kommt ihm vor; **e**ndstrumm: sehr groß; **f**loggezt: flackert; Flottr: Flügel, Teil des Gewandes; **g**leim: nahe; glott: gelassen; **H**ax: Bein; Héigl: Kerl, Bursche; hepp: hält; Hetz: Vergnügen; Hies: Mathias; **J**eppl: kleine Joppe; **K**uchlfenstr: Küchenfenster; kugln: fallen; **l**ei: nur; letz: schlecht beisammen; lormen: Jammern; lott: läßt; loust: hört; **n**iamet: niemand; nor: dann; **P**igs: Gewehr, ›Büchse‹; Potzn: ein leichter Schlag (auf d. Hand); prum: warum; **r**eehrt: weint; riawig: ruhig, still; Riffl: Lausbub; rotzn: weinen; **s**chaug: schau (Einzahl); schaugg: schaut (Mehrzahl); Schol: Schale, Tasse; sell: das, dasselbe; sell tuat genua: das geht leicht; sigg: sieht; stat: still; **t**raamp: träumt; **u**an: einem; **w**ahnt: weht; wechtln: geben ein Zeichen, winken; Weehtig: Weh, Schmerz; weret: während; wiatig: voll Wut; wogg: wagt; Wigs: besonderes, besseres Kleid; **Z**achrn: Tränen; zemm: dann; znichte: böse.

Fredy Lienhard

De Strubelpeter züritüütsch
Luschtigi Gschichte und glatti Bilder

Iileitig

Wänn d Chind brav und artig sind,
Dann chunnt s Chrischtchind amix gschwind;
Wänn si ihri Suppe ässed
Und debii nöd s Brot vergässed,
Wänns mit ihrne Siebesache
Chönd es ordligs Spiili mache,
Ohne alles umezrüere
Und en Heidekrach z verfüere,
Wänns chönd nett sii mit em Bsuech,
Gits als Gschänk es Bilderbuech.

De Strubelpeter

Lueg emal, da staht er,
D Mähne wachse laht er!
Lueg die Fingernegelränd,
Wo dä hät a beedne Händ –
Meinsch dä Kärli seig in Truur!
Lueg emal die toll Frisur,
Chuum zun Auge use gseht er –
Pfui, das isch de Strubelpeter!

D Gschicht vom bööse Friedrich

Das isch e ganz en übli Gschicht
Vom Friedrich, vo dem Böösewicht.
Dä hät am liebschte Stuelbei gschlisse,
Mit allem Gügger um sich gschmisse
Und Flüüge a de Flügel grisse,
Hät andri Buebe gchratzt und bisse,
Und s Gretli hät er däwäg ghaue,
Bis das es pfnuuchset hät und gschraue.

De Friedrich isch zum Brune gloffe
Und hät en Hund, de Fido, troffe.
Da hät er sini Geisle zückt
Und hät em Fido eini zwickt.
Er hät en gginget mit de Bei,
De Fido, dä hät ghüült, o wei!
Doch plötzli schnappt de Fido zue
Und biisst em Friedrich dur de Schueh
Mit siner grosse Hundeschnure
Durs zäächi Oberläder dure.
De Friedrich blüetet us em Bei,
De Fido, dä treit d Geisle hei.

»Du Friedrich«, seit dihei de Bappe,
»Gasch sofort undere id Chlappe!« –
Tüüf in de Chüssi ine hockt er,
Und näbetzue sitzt de Herr Tockter.

De Fido aber nimmt en Satz
Und höcklet schnäll uf Friedrichs Platz.
Er hät e Läberwurscht vertruckt,
En ganze Gugelupf verschluckt,

Und trotz dem wunderbare Znacht
Hät er au d Geisle scharf bewacht.

Die gfürchig truurig Gschicht mit de Zündhölzli

S Paulinchen isch ellei diheime,
Und d Eltere sind irgendneime.
Es singt und tanzet überglückli,
Und – plötzli gsehts es Zündholztrückli.
Es fangt im Trückli afa neusle
Und nur zum Gspass es bitzli zeusle.
Wie luschtig sones Fünkli springt,
Wämer die Hölzli umeschwingt,
Und wies eim i de Finger juckt,
Wänn sones Blitzli umezuckt!

De Minz, de Maunz, die beede Chatze,
Die lupfet beedi ihri Tatze
Und rüefed: »Ach, du tummi Chrott,
Tänk doch am Vatter sis Verbott!
Legg d Schachtle wider uf de Tisch,
Du weisch doch, wie das gföörli isch!«

S Paulinchen hät kei Musigghör,
S tänkt nöd im Traum an es Malör,
Es kümmeret sich gar keis Bitzli,
S gseht numena die glatte Blitzli
Und springt ganz usser Rand und Band
Im ganze Zimmer umenand.

De Minz, de Maunz, die beede Chatze,
Die tüend und winked mit de Tatze.
»Paulinchen«, rüefeds, »mach kei Pflänz
Und legg das Spiilzüg weg, susch brännts!
Au d Mueter hät ders doch verbotte!«
Jetzt fangts schon neume afa motte.

Da, plötzli fangt s ganz Chleid a bräne.
S Paulinchen möcht zum Huus us räne.
Jetzt bräned d Mäschli und jetzt d Haar,
Und jetzt brännt s ganzi Chind sogar.

De Minz, de Maunz, die hüüled bloos
Und jammered ganz hoffnigslos:
»Alarm, Alarm – und hälfed gschwind,
Es brännt es Chind, es brännt es Chind!
S Paulinchen brännt, es brännt wie Stroh,
Alarm, Alarm und Füürio!«

S hätt nüüt meh gnützt, dass' brüelet händ,
S Paulinchen isch total verbrännt.
Es Päärli Schueh – nöd übertribe –
Und Äsche isch no übrig blibe.

De Minz, de Maunz, sind abeghuuret
Und händ vo ganzem Herze truuret.
Si händ nach Vatter, Mueter gschroue,
S Paulinchen hät si däwäg groue,
Und d Träne sind ne abegschosse.
Si händ en ganze See vergosse.

D Gschicht vo de schwarze Buebe

En cholerabeschwarze Ma
Hät Luscht uf en Spaziergang gha.
Jetzt hät verusse aber d Sune
Ganz gfürchig obenabe gschune.
Drum hät dä Neger, will das nützt,
Sich mit me Suneschirmli gschützt.
Do isch de Ludwig z räne cho
Und hät sis Fähnli mit sich gno.
De Chaschper hät sin Bretzel bracht,
De Willi hät sin Reuf zwäggmacht.

Die Purschte sind nöd ganz integer,
Und all drei rüefed: »Jeeger, jeeger,
De Tinteneger, Tinteneger!«

Da chunnt der grossi Nikolas
Mit some Risetintefass
Und seit: »Jetzt losed zue, ihr Bängel,
Ihr Grööflibuebe, Galgeschwängel!
Jetzt lönd dä Neger det in Rueh,
Susch stell ich eu drei dänn id Schueh!
Was chan dä Neger dänn defür,
Das er vill tünkler isch als ihr?«
Die Schlingel händ luut useglacht
Und wiiter ihri Sprüchli gmacht.

Do häts de Nikolas verblaase,
Jetzt hät er richtig afa raase
Und hät mit sine ellelange
Und starche Ärm die Buebe gfange.
O jee, jetzt gahts ne aber übel,
Er tünklet alli drei in Chübel.

Er packt sie alli drei bim Schopf
Und truckt si ine bis zum Chopf.
Er tünklet die drei Heldegspäänli
Mitsamt em Bretzel, Reuf und Fähnli.

Jetzt chömeds use us em Fass,
Ganz cholerabeschwarz und nass
Und ganz verschmiert, es isch en Gruus.
De Neger tipplet schön vorus.
Und jetzt sind die drei Toorebuebe
No schwärzer als drei Mohrebuebe.

D Gschicht vom wilde Jäger

En Jäger mitme Jägergwand
Und mit de Flinte i der Hand,
Mit Pulverhorn und Jägerhuet
Und mit vill Muet und Übermuet
Und mit de Brüle uf de Nase,
Dä isch emal uf d Jagd uf Hase.

Doch s Häsli im Gebüsch hät glacht
Und hät e langi Nase gmacht.

Jetzt hät de Jäger afa schwitze
Und gseit: »Ich muess es bitzli sitze.«

Chuum hät ers vor sich ane gseit
Und d Flinte näbet ane gleit,
So hät er au schon zfride pfuuset,
Und s Häsli hät em d Flinte gmuuset,
Und s hät em sini Brüle gno
Und isch ganz still dur d Büsch devo.

Das Häsli hät die Brüle jetzt
Uf sini eige Nase gsetzt,
Es hät debii nöd lang verwiilet
Und bolzgrad uf de Jäger ziilet.
Mei, dä hät gchräht und isch devo
Mit: »Hilfio, he, hilfio!«

De Jäger, mit me Risespurt,
Was gisch was häsch, isch uf und furt
Und mitme Satz und ohni z bsine
Grad zmittst in tüüfe Brune ine.

D Frau hät no zfride Kafi trunke
Und grad em Ma zum Hus us gwunke,
Da isch de Gwehrschuss grad in d Muur
Und zumittst dur d Kafitasse dur.
Momoll – dem seit mer aber troffe!
Jetzt isch de Kafi abegloffe
Und isch em alte Has sim Häsli
Grad über d Löffel ie ufs Näsli.
Und s Häsli rüeft: »Hee, sappermänt,
Wer hät mir jetzt min Schnauz verbrännt?«

D Gschicht vom Tuumelutscher

»Koni«, hät em d Mueter gseit,
»Los, ich hamers überleit:

Ich gahn furt und du blibsch da,
Aber las die nöd la gah!
Las mer s Tuumelutsche sii,
Susch chunnt – jedi Garantie –
Grad en Schniider und haut – schnapp –
Rätschdibätsch beed Tüüme ab!«
So hät d Mueter prediget
Und gmeint, s sei erlediget.

D Mueter hauts – de Bueb nöd fuul,
Hät de Tuume scho im Muul.

Und im gliiche Augeblick
Machts scho a de Tüüre »klick«,
D Tüür springt uf, de Schniider ine,
Und scho haut ers, ohne z bsine,
Ohni en Momänt z versuume
Mit de Scher los uf de Tuume
Und haut »klipp« und nachher »klapp«
Nachenand beed Tüüme ab.

Wien am Spiess, so chräht und tuet er,
Und so findt en siini Mueter,
Ohne Tüüme a de Händ.
Isch das nöd es bitters Änd?

D Gschicht vom Suppechaschper

De Chaschper isch zerscht chugelrund
Und puurlimunter gsi und gsund
Und keck und käch und feiss und frisch,
Woner no gässe hät am Tisch.
Zmal aber hät er zwängelet,
De Löffel abebängelet
Und grüeft: »Die Suppe iss ich nöd,
Ich iss si nöd, si isch mer z blöd!«

Am Tag druf wird er hägerer,
Vill dünner und vill mägerer,
Und doch – zum Zmorge, Zmittag, Znacht,
Da hät er Stämpeneie gmacht:
»Ich isse miini Suppe nöd,
Ich iss si nöd, si isch mer z blöd!«

Am dritte Tag, o weh und ach,
Isch er brandmager gsi und schwach,
Alls hät vor siine Auge dräht,
Und trotzdem hät er immer gchräht:
»Ich isse miini Suppe nöd,
Ich iss si nöd, si isch mer z blöd,
Nei, mini Suppe iss ich nöd!«

Am vierte Tag, o jeeminee,
Da häsch en fascht scho nüme gseh,
Am feufte isch er umeglungeret
Und schliessli ganz und gar verhungeret.

D Gschicht vom Zappelphilipp

»Sitzt de Philipp hüt ächt still
Uf sim Stuel, so wien ichs will?«
Ase hät de Vatter gfraget.
D Mame hät ganz schüüch und plaget,
Ganz verstört und ganz verläge
Glueget, ohni öppis z säge.

Doch de Philipp git kei Rueh
Und tänkt: ›Blased mir id Schueh!‹
Und er gaagelet
Und strablet,
Und er gaagelet
Und zablet
Uf sim Sässel hin und her.
»Philipp, isch das jetzt so schwer?«

Plötzli, woner ase zablet
Und mit siine Füesse strablet
Und uf siine Stuelbei wippet,
Nimmt de Stuel en Gump und kippet,
Und de Philipp jammeret,
Hebt si fescht und chlammeret
Sich as Tischtuech i de Not.
Täller, Fläsche, Schüssle, Brot,
Alles chunnt im hööche Boge
Mit em Tischtuech abegfloge.
D Mueter lueget ganz verläge,
Ohni nur es Müggsli z säge.

Lueg, jetzt isch er ganz versteckt
Und vom Tischtuech ganz verteckt,
Und vom Philipp gsesch ellei
Numena zwee Buebebei!
Alls isch obenabe grisse,
S Bsteck isch dune, s Gschirr isch gschlisse
Und liit dune, chrüz und quer,
Nur de hölzig Tisch isch leer.
D Eltere cha das nöd freue,
Si händ beidi nüüt mee z cheue.

D Gschicht vom Hans Lueg-id-Luft

De Hans hät gern in Himmel gstuunet
Und uf em Schuelwäg halbe gschluunet,
Mit Obsiblick – s Aug halbe offe –
So isch er amix umegloffe.
Er hät die eigne Füess nöd gsee,
Und d Lüüt händ tänkt: O weh, o weh,
Händ glacht und sich id Rippli pufft:
»Hans Lueg-id-Luft! Hans Lueg-id-Luft!«

Emale isch er ase hei,
Da rännt em zwüschet siini Bei
Uf sim verträumte Heiwägwaggel
Im Schuss en chliine bruune Daggel.
S hät keine grüeft: »Hee, Hans, pass uf!«
Er hett au gar nöd gloset druf.
De Daggel fahrt em zmittst id Chnode –
Scho ligged alli zwee am Bode.

Emale isch er nach de Viere
Am Fluss es bitzli go spaziere.
Er hät an Himmel ufeglaaret
Und gluegt, wie d Wülchli umefahret,
Und – plötzli isch er bolzegrad
Is Wasser gfloge zume Bad.
Hei, die drei Fischli sind verschrocke
Ab siine schöne rote Socke!

De Schuelerthek mitsamt em Hans
Isch – plumps – is Wasser, und zwar ganz.
Und d Fischli sind im Hui verstobe,
Wos plumps macht a de Tilli obe.

Zum Glück sind grad zwee starchi Mane,
Wo zuegluegt händ, zum Ufer ane.
Chuum isch de Hans is Wasser gfloge,
So händs en au scho usezoge.

Esones Bad, das isch kän Gspass!
Da isch er gstande, pudelnass,
Hät mit de Zähne gchlapperet
Und mit de Chnüüne gschnapperet,
Hät vo de Füess bis zu den Ohre
Wie Pudding zitteret und gfrore.

Drü Fischli sind zum Ufer gschwume
Und händ zum Hans uegrüeft: »Du Tumme!«
– De Hans hät nüüt ghört, Fisch sind drum,
Au wänn si redet, stockfischstumm.
Em Hans sin Thek isch ganz wiit hine
De Fluss durab und ab de Schine.

D Gschicht vom flüügende Robert

Wänns so rägnet, das es bschüüsst
Und so richtig abegüüsst,
Wänns so schüttet wie us Zaine,
Sött doch würkli eine meine,
Bliibid d Chinde gern dihei –
Sött mer meine – aber nei!

Häts so richtig abegosse,
Dänn, dänn häts de Robert gnosse.

Aber eimal, ohälätz,
Isch de Sturm i wilde Sätz
Über d Wise inegraaset
Und hät alls id Luft ue blaaset.
Robert, Schirm und Sunntigs-Chappe
Isch de Biiswind goge schnappe,
Alles isch im hööche Boge
Immer hööcher, hööcher gfloge.

Blaast und gchuutet häts wie gstobe
Und ganz hööch am Himmel obe
Häts de Robert obsi gluftet,
Und am Schluß isch er verduftet
Und verfloge und verschwunde,
Und mer hät en nie meh gfunde.

Glossar

abebängelt: runtergehauen; ageghuuret: niedergekauert; amix: jeweils; **B**iiswind: Bise, Nordostwind; bschüüsst: ergiebigt ist; **C**hlappe: Bett; Chnode: Knöchel, Beine; Chnüüne: Knien; cho: gekommen; Chüssi: Kissen; **d**äwäg: so; det: dort; **f**eiss: dicklich; **g**loset: gehört; groue: gereut; gschluunet: geschlafen; gstobe: verrückt (›gestoben‹); Gügger: Krimskrams; **H**eiwägwaggel: Heimwegspaziergang; **j**eeger: o weh; **k**äch: munter; **M**äschli: Mäschchen; motte: schwelen; Musigghör: (Musik)gehör; **n**ach de Viere: nach vier Uhr (Schulschluß); neume: irgendwo; neusle: herumstöbern; no: genommen; numena: nur noch; **O**bsiblick: aufwärts gerichtete Blick; öppis: etwas; **P**flänz: Dummheiten; pfnuuchset: geschluchzt; pfuuset: geschlafen; **s**tell … id Schueh: stelle … in den Senkel; **T**hek: Tornister; Tilli: Wasseroberfläche; tüend: gestikulieren; **u**e: hinauf; **v**erusse: draußen; **w**as gisch was häsch: Hals über Kopf; **Z**aine: Kübel; zmal: plötzlich; Znacht: Nachtessen.

Klaus-Dieter Reichert

De Strublpeter vum Bodesee
Gschichtle und Bilder vu luschdig bis wilder

Zeersch emool

S Grischkind kunnt zu sälle Kind,
Die wo s Johr durch gfällig sind;
Wenn se all Dag d Subbe essed
Und it s Brot debei vegessed,
Wenn se, wemmer rieft, glei kummed,
S Spilsach aastandslos ufrummed,
Lond se sich denn bim Spaziere
Vu de Mamme au no fiehre,
Bringts ne Guetsle, neie Schueh
Und e Bilderbuech dezue.

De Strublpeter

Sieht en on, denn seet er:
»Bä! De Strublpeter!«
A de Händ, a beide,
It mol d Nägl schneide –
Und des fascht e ganzes Johr;
Uukämmt loot er sine Hoor.
»Bä!« bläkt schließlich jeder,
»Bä! Du Strublpeter!«

S Gschichtle vum beesä Friderich

De Friderich, de Friderich,
Der Kog isch wiescht und liederlich!
Er fangt bald jede Mugg im Hus
Und reißt ere denn d Fligl us,
Haut Stiehl kabutt, macht Vegl hi,
Ko Katz ka vor em sicher si.
Du glaubsch it wa ner etz no duet!
Er beitscht si Gretle i de Wuet.

Am Brunne suuft en große Hund
Vum Wasser wo dert usi kunnt,
Do schleicht mit sinre Beitsche – wer?
De Fritz, der liedrig Siech, deher;
Und schleet der Hund, der jault vor Weh,
Und drotzdäm schleet ern immer meh.
Do beißt des Dier in Fueß vum Fritz,
Der blueded us me diefe Ritz.
Jo, Friderich, des hosch devu,
Etz wosch wis isch, etz blärsch au du.
Der Hund isch schnurstraggs homwärts grennt,
Im Mul die Beitsche, wo mer kennt.

De Fridrich, der moß nei is Bett,
Er hot dermaße Schmerze ghet;
De Dogder sitzt bim Fritz und guggt,
Daß der di biddre Dropfe schluggt.

Am Disch vum Fridrich hoggt de Hund
Und frißt de Guglhupf, de rund;
No schnabbt er noch de Läberwurscht

Und suuft de Wii, des lescht sin Durscht.
So Kerle moß mer Beitsche näe.
Ab sofort wird druf Obacht gäe.

Di furchbar druurig Gschicht vum Zinsle

D Pauline isch ällei dehom,
Und wer isch furt, in Griene Bom?
De Babbe, d Mamme bstelled Disch,
Wel bald e runde Feier isch. –
D Pauline stutzt: »Wa stoht au do?
E Streichholzschachtl! Laß mi goh!
Die wird etz glei mol uusbrobiert,
Denn woß i wi des funktioniert.
I reiß e Helzle rugg-zugg a
Und machs grad so wis d Mamme ka.«

Und Katze dond miaue,
Dond mit de Datze haue,
Hond Pfode ganz weit dobe:
»Din Vadder wird di lobe!
Miau! Mio! Miau! Mio!
Laß stoh! Sunsch brennsch wi drogge Stroh!«

Uf Katze lose? Jo, fer wa?
D Pauline zindet s Helzle a.
Und d Flamme danzt, will heller gäe,
Me kas do uf däm Bildle sähe.
D Pauline hot e Freid, s isch wohr.
Si juggd i d Heh, und s flieged d Hoor.

Bloß Katze dond miaue,
Dond mit de Datze haue,
Hond Pfode ganz weit dobe:
»Mon, d Modder wird di lobe!
Miau! Mio! Miau! Mio!
Keis furt! Sunsch brennsch wi drogge Stroh!«

Und zmol brennt s Gleid und druf de Schurz,
Bis d Erml brenned gohts nu kurz.
Do fressed d Flamme Hoor und Händ,
Ojee! Di ganz Pauline brennt.

Me heert de Katzejommer:
»Wa hilft do no? Wa dommer?
Stoht dert it Wasser uf em Disch?
Scho zspät, wos Kind e Faggl isch!
Miau! Mio! Miau! Mio!
S isch druurig und doch isches so!«

Mit Haut und Hoor isch alls vebrennt.
Di arm Pauline isch am End
E Hiifle Äsche. Jo, s isch wohr,
Und beide Schiele stond devor.

Und Katze, die zwei arme,
Die briegged zum vebarme:
»Miau! Mio! Miau! Mio!
Wo isch de Vadder, d Modder? Wo?«
Und s Wasser us de Auge,
Kännt zu me Bächle dauge.

S Gschichtle vu de schwarze Buebe

Do lauft durch Gass e Negerkind,
So schwarz wi Kämmifäger sind.
Däm gnallt so d Sunne uf de Dez,
Daß es en Schirm nimmt statt em Fez.
Si Fähnele wi sunsch debei
Kunnt grad de Luggi und denn glei
De Kaschber hindenoch; der nagt
Am Bretzele, daß s richdig gnaggt.
Und ganz zum Schluß rennt – froog it, wer –
De Willi mit sim Reife her.
Die drei, die lached wi veruggd,
Und uf des Negerkind wird gspuggd,
Wel die drei schwarze Haut halt juggd.

Zmol kunnt de alte Nik, de blaß,
Debei: e offes Eelfarbfaß.
Der schimpft: »Etz gänd emol e Rueh,

Und blooged it der Negerbue!
Wa isch denn schlimm a so me Kind,
Wo it so wiiß isch wi ihr sind?«
Wenn d monsch, des het en Iidrugg gmacht,
Denn hosch di deischt. S wird no meh glacht.
Und etz ersch räęt, bloß wieschter no
Wird weiter driizd; »zum Spaß«; »halt so«.

De alte Nik, der wird ganz närrsch,
Wis uf däm Bild do sähe därsch.
Er schnabbt sich, ganz egal wa s isch,
En Arm, en Fueß en Gleiderwisch
Vum Willi und vum Luggi au;
De Kaschber wehrt si no wi d Sau.
De Nik dunkt alle dief is Faß.
Si wärred vu de Eelfarb naß
Und sind etz schwarz vu Fueß bis Kopf,
De oo und ander arme Dropf.

Do siehsch etz grad wi schwarz se sind,
So schwarz isch itmol s Negerkind!
Des lauft voruus, mitsamt sim Schirm
Und hinderher: drei arme Wirm.
Etz ischs zum Jommere halt z spät,
S hilft »hett i« it und it »i dät«.

Di Gschicht vum wilde Jäger

En Jäger, stolz, frisch us de Lehr,
Mit neiem Dschoope, neiem Gwehr,
Au nei: de Ruggsagg, d Schueh, de Huet;
So uusstaffiert jagt sichs ganz guet.
E Brille, daß er besser sieht.
Wart, Häsle , wart, wa dir heit blieht!

Im Bosche dinne hoggd de Has
Und denkt, des wird vilicht en Spaß!
Wel d Sunne scheint, de Kiddl juggd
Und s Gwehr em all an Buggl druggd,
Leet sich de Jäger schnell mol na.
De Has luegt sichs e zeitlang aa.
Und wo de Jäger schlooft und ratzt,
Isch unser Has schnell zuenem gsatzt.
Er nimmt em s Gwehr und Brille weg
Und schlupft demit i si Vestegg.

Des Häsle setzt sich Brille uf,
Nimmt langsam s Gwehr zum Aaschlag nuf,
Daß es im Jäger oas vebaßt.
So wird er us em Wald naus gschaßt.
Der siehts, rennt wi e gstochne Sau,
Schreit wi am Spieß: »Ja, helfed au!«

Grad woner a de Brunne kunnt
Und mont, etz schleet si letschde Stund,
Do juggd er nei, is Brunneloch,
De Schuß goht fähl – und drifft denn doch.

Im Fenschder, iberm Muggefugg,
Do lähnt si Wiib. Zmol duets en Rugg!
Die Tasse – bis grad i de Hand –
Schleet Kugl durch und usenand.
Wi vu me Messer droffe schreit
Des Wiib: »O, helfed au ihr Leit!«
Froogt s Jung vum Has: »Wa isch au heit,
Wos Kaffe ränglet, leicht vebleit?«
Er schnupft: »Wa hot mi do vebrennt?«
Und fangt de Leffl mit de Händ.

S Gschichtle vum Dummeschlotzer

»Konni, los!« seet d Mamme do,
»Kani di älleinig loo?

I moß schnell zum Metzger num,
Sei mer brav und due it dumm.
Laß de Dumme us em Mul,
Des isch nämmich gar it cool
Und de Schneider, sieht er di,
Kunnt schnell rum vu visevii.
Dine Dumme schniidt er ab,
Wi e Bladd Babier, schnibb-schnabb!«

D Mamme furt, de Dumme nei!
Konrad, Konrad, moß des sei?

Batsch! Gnallt Dere of, a d Wand!
Und si Schär scho i de Hand,
Rennt de Schneider zu däm Bue:
»I gugg nimme länger zue!«
Mit de Schär gohts zibb und zabb,
Beide Dumme sind etz ab.
Und de Konni schreit vor Schmerz!
Wäm wirds do it eng ums Herz?

D Mamme findt des au it guet,
S Kind stoht inre Lache Bluet,
Dumme fähled alle zwei.
Uus mit schlotze! Nu no Gschrei.

S Gschichtle vum Subbe-Kaschber

De Kaschber, der stoht guet im Saft,
E so en Kerle strotzt vor Graft,
Hot rote Bagge, hot si Gwicht,
Bringt Subbe nab, s isch e Gedicht.
Uf oomol heert mern winer schreit:
»I will ko Subbe me, ab heit!
Mi Subbe iß i eifach it!
I will ko Subbe! Weg demit!«

En Dag druf – lueg etz nu doher!
Do isch er nimme ganz so schwer
Und drotzdäm heert mern winer schreit:
»I will ko Subbe, au it heit!
Mi Subbe iß i eifach it!
I will ko Subbe! Weg demit!«

Am dridde Dag, gugg, lueg ders aa,
Daß der Bue zmol so dirr si ka!
Und wos heißt: »D Subbe isch soweit!«
Do heert mern wider winer schreit:
»I will ko Subbe! Rum die Zeit!
Mi Subbe iß i eifach it!
I will ko Subbe! Weg demit!«

Noch vier Dag Subbestreik, s isch wohr,
Do isch de Kaschber wi e Hoor.
Er wigt nu no so guet wi nint –
Er stirbt. – Wer suecht, woß wo mern findt.

S Gschichtle vum Zabbl-Philipp

»Philipp, on Wunsch hett i heit:
Sitz an Disch wi ander Leit!«
Seet de Vadder zu sim Bue.
Wa mont d Mamme do dezue?
Die schwätzt nint, so wi en Fisch,
Glotzt nu vor sich uf de Disch.
Vadder, wa du all Dag wit,
Denkt de Bue und loset it.
S wird kibbled
Und gwibbled
Und gschuggled
Und gjuggled
Mit em Stuehl weit hindenum.
»Philip, wart, glei hauts di um!«

Obacht, Kinder, lueged na,
Wa debei bassiere ka!
Endlich isch de Punkt vewischt,
Wo de Stuehl am Kibbe ischt.
D Händ, die ruedred wa nu goht,
Nint do, wo sichs hebe loot.
S Dischduech isch sin ledschde Halt.
Bloß it lang, wels glei druf gnallt.
S Gschirr futsch, au de Wii, de guet
Und de Vadder rot vor Wuet,
D Mamme schwätzt nint, wi en Fisch,
Glotzt nu vor sich uf de Disch.

Underm Duech, do liit de Phil,
Wo gar nimme veri will.
Do dezue, do fählt de Mumm,
S Esse fahrt am Bode rum;
D Subbe, alls was gäe hett heit,
Hot de Philipp abi keit.
D Subbeschissl isch au hii.
Leet mern etz glei ibers Gnie? –
Glar isch, daß se schimpfe dond,
Wo se nint zum Esse hond.

Di Gschicht vum Hans Gugg-i-d-Luft

Wo de Hans spaziert und stoht,
Schaut er wa am Himml goht.
Indressiert sich fescht fer d Wolgge,
Weiße mol, mol schwarze Dolgge,
Dächer, Vegl, wa de wit,
Uf de Bode luegt er it.
Manchmol kas si, daß er mufft,
Heißt en on: »Hans Gugg-i-d-Luft«.

Neilich rennt en Hund deher,
Und de Hansi, wa macht der?
Aug und Herz
Himmlwärts.
Näemed weggd en: »Hans, baß uf!«
Und glei druf
Au! und Wau! – liit näbenand:
Hans und Hund am Stroßerand.

März ischs und it selli warm,
Goht er, d Mabbe underm Arm,
Nab an See; sieht – s isch it nei –
Bloß no d Schwalbefliegerei.
It e Wunder lauft der Bue
Schnurstraggs grad uf d Mole zue.
S denked d Laugele, zu dritt:
Merkt ers oder merkt ers it?

No en Schritt! Etz ischs soweit:
Pflatsch! isch er is Wasser keit,
Wa die Laugele veschreggd.
Wutsch! Scho hond se sich vesteggd.
Gligg im Uugligg: S kummed grad
Rentner gfahre mit em Rad.
Die, die hond en glei vewischt
Und mit Stange usigfischt.

Jo, do stoht er budlnaß,
Z Dod veschrogge, leicheblaß!
So wi us de Wäschmaschii,
Dropft er; zudäm schloddred Gnie,
S friert en au zum Goddserbarme.
Gaffer schimpfed mit däm Arme.

Und die Laugele, zu dritt,
Schwimmed her und gaffed mit,
Dauched uf; er heert wis gluggsd. –
Daß mi s Laugele no fugsd!
Denkt er. – Hom etz, s wird au Zeit.
Je, mi Mabbe triibt scho weit!

Di Gschicht wo de Robert furtfliegt!

A so Däg, wos stirmt und seicht,
Daß de Wald und s Feld ufweicht,
Sodded Mädle und au Buebe
It vors Hus; si sodded gruebe.
Bloß, de Robert, der denkt: Naa!
Daß s nu dusse schä si ka.
Mit de Stifl, underm Schirm,
Gnoozd er rum, zellt Rägewirm.

S bloost, daß s Zeig durch Gegend fliegt,
Daß es Bämle abibiegt.
Do! De Sturm schnabbd Schirm und Kind!
Robert, heb di! pfiift de Wind.
Zeersch ischs schä, er hot si Freid!
Denn kunnt d Angscht, er johlt, er schreit.
Bis a d Wolgge dreets en nuf,
Kabbe hot er nimme uf.

Siehsch es dert? De Schirm, de Bue,
Flieged etz im Himml zue!
Kabbe isch scho weiter weg,
Dert am Himml, der glä Flägg!
Wos de Robert anidreet,
Zeigt sich, wenn de Wind sich leet.

Glossar

abi: hinunter, runter; ani: hin, dort hin; **b**läke: hämisch schreien; Bosche: Busch, Gebüsch; briegget: weint; briglet: prügelt, geprügelt; **d**ärsch: darfst; Dez: Kopf; Dolgge: Kleckse; dommer: tun wir; dond: (sie) tun; dreet: trägt; Dschoope: Jacke; dusse: draußen; **f**ugsd: ärgert, neckt; **g**äe: geben, gegeben; Gleiderwisch: Zipfel, Ende eines Kleidungsstückes; gnoozd: stapft (mit saugendem Geräusch); Griene Bom: Grünen Baum (Restaurant); gruebe: (aus)ruhen; **h**ebe: halten ; hond: (sie) haben; **i**t: nicht; **K**ämmifäger: Kaminfeger; keis: wirfs; keit: gefallen; Kog: ungezogenes Kind, böser Kerl; kunnt: kommt; **L**augele: kleine Bodenseefische; loot: läßt; lose: hören; lueg: schau; **m**ont: meint; **n**a: hin, dort hin; näe: nehmen; nint: nichts; nab: hinunter; **s**älle: jene; seet: sagt; selli: besonders; Siech: verdorbener Kerl; sodded: sollten; **u**si: heraus; **v**eri: vor, hervor; **w**it: willst; wosch: weißt; woß: weiß; **z**eersch: zuerst; zmool: auf einmal.

Rosmarie Wiegand & Walter Sauer

De Alemannische Strubelpeter
Luschtige Gschichte un glungeni Bilder

Vorsprüchli

Wenn als d Chinder brav sin gsi,
Dann chunnts Wiehnechtschindli gli.
Wenn si fliißig d Suppe esse
Un au s Brot nit dien vergesse,
Wenn si sich deheim verwiile,
Schön mit Holzfigürli spiele,
In der Stadt biim Promeniere
Immer gattig sich lön fihre,
Dann bringts Zuckerbrötli viel,
Biechli un e Chinderspiel.

De Strubelpeter

Lueget nur, do hent ern,
Strubelpeter nennt mern
Siini Nägel schniide
Cha de Chaib nit liide.
S Strehle gfallt em au nit recht,
Un si Hoorheul isch nit schlecht.
Nei, wie sihsch bloß uus!
Schäm di! S isch e Gruus!

D Gschicht vom schlimme Friiderli

De Friiderli, de Friiderli,
Des isch e wieschte Kerli gsi.
Er fangt als d Fliege in sim Huus
Un rißt ene no d Flügel uus.
Au d Stiehl un d Vögel schlatt er dot,
Un d Chatze liide schweri Not.
Si Bäsli würd schwer drangsaliert
Un mit de Geißle gar traktiert.

E Hündli isch zum Trog hi cho
Un sufft e weng vom Wasser do.
Scho schliicht sich mit de Geißle schnell
De Friiderli an selli Stell.
Er haut un gingt en immer meh,
Do gäust de arme Siech: »Au weh!«
Uf eimol packt ern fescht am Fueß
Un bißt en, aß er brielle mueß.
Si Bei, des bluedet fürchterlich,
De schlimme Bueb vergruuset sich.
Druf rennt de chliine Hund, nit fuul,
Schnell heim, die Geißle in sim Muul.

Im Bett litt jetz de Friiderli,
Si Schmerz, de isch gar schrecklich gsi.
De Dokter hockt sich nebe ihn
Un gitt dem Chaib si Medizin.

Am Tisch vom Friider sitzt de Hund
Un frißt sich an dem Chueche rund.
E feini Wurscht probiert er glii,
Nimmt für de Durscht e Schöppli Wii.
Am Stuehl hängt d Geißle immer no,
Er will si sich nit abneh lo.

Die ganz truurigi Gschicht vom Maidli mit de Zündhölzli

S Paulinli isch hüt ganz allei,
S isch niemers do, jetz isch si frei.
Wie si dann so dur d Stube springt,
Ganz lut e luschtigs Liedli singt,
Do siht si uf emol ganz froh
E Büchs voll Zündhölzli dört stoh.
»He nei«, so seit si, »je, wie nett!
Wenn i die nur zum Spiele hätt!
Jetz chönnt i endlich au probiere,
Was d Muetter immer macht mit ihre«.

Und s Minz und s Maunz, zwei Chatze,
Die lüpfe ihri Tatze,
Si zeige ihri Chralle:
»Diim Vadder däts nit gfalle!
Miau! Mio! Miau! Mio!
Loß stoh, sunsch brennsch ball lichterloh!«

S Paulinli aber denkt nit dra
Un zündet glii e Hölzli aa.
Des glimslet schön un chnischteret guet.
Nei, lueget, wie des brenne duet!
S Paulinli tanzt vor Freud un lacht,
Wie des e schönis Füerwerk macht!

Un s Minz un s Maunz, zwei Chatze,
Die lüpfe ihri Tatze,
Si zeige ihri Chralle:
»De Muetter däts nit gfalle!
Miau! Mio! Miau! Mio!
Keis furt, sunsch brennsch ball lichterloh!«

O je, die Flamme gönn ans Gwand,
De Schurz brennt scho, un dann au d Hand,
Dann gohts an d Hoor ganz schnell un gschwind,
Un zletscht brennt hell des ganze Chind.

Un s Minz un s Maunz, die zwei
Die mache großis Gschrei:
»Zu Hilf, ihr Lüt, o chömmet gschwind
Un helfet doch dem arme Chind.
Miau! Mio! Miau! Mio!
Des Maidli brennt scho grad wie Stroh.«

Doch leider isch die Chrott am End
Mit Hut un Hoor total verbrennt.
Zwei Finke numme stöhn no do,
Die het des Füer zletscht übrig glo.

Un s Minz un s Maunz, die brielle
Un dien sich gruusig fiehle.
»Miau! Mio! Miau! Mio!
Wo bliibe bloß die Eltre? Wo?«
Die Träne aber fließe
Vom Huus scho bis an d Wiese.

D Gschicht vo de schwarze Lusbuebe

Spaziere goht hüt vor em Tor
E chliine rabeschwarze Mohr.
Si Paraplü, des spannt er uf,
Denn d Sunne schiint als druf un druf.
Scho chunnt de Ludi ane gsprunge
Un het si neuis Fähnli gschwunge.
De Chaschper het no Chohldampf gha,
Drum macht en au e Brezle aa.
Un au de Helmi isch parat,
Er schrittet mit em Reif zur Tat.
Si fuchse glii, s isch leider wohr,
De chliine, arme, schwarze Mohr,
Bloß weil nit hell sin Hut un Hoor.

Do chunnt de Nikelaus deher,
Si Tinteglas isch groß un schwer.
Er sait: »Ihr Buebe, loset mol!
Ich glaub, euch isch s hüt wider z wohl.
Sell Negerchind cha nüt defür,
Aß es nit hell isch so wie ihr.«
Die Sieche lache, s isch e Gruus,

De Nikineki aber uus
Un ziehn erscht recht nur immer mehr
Wiescht über s Mohrebiebli her.

De Pelsnikel würd gruusig wild,
Du chasch es seh do uffem Bild.
Er packt die schlimme Buebe glii
An Arm un Tschope hebt er si,
De Ludi un de Helmi scho,
De Chaschper briellt no Mordio
Un wäberet die ganze Zit.
De Nikelaus erbarmt sich nit.
Er nimmt die drei ganz gschwind bim Schopf
Un tunkt ins Glas si bis zum Chopf.

Do chasch si seh, die arme Tropfe,
Vor luter Tinte dien si tropfe.
De Mohr stolziert, wie wenn nüt wär,
Die schwarze Sieche hinterher.
Un wäre si nit garschtig gsi,
No chönnte si no wisser si.

D Gschicht vom wilde Jäger

Uf d Pirsch will hüt e Jägersma
Un zieht si griene Tschope a.
Er nimmt au Täsche un si Gwehr
Un lauft durch d Gegend chrüz un quer.
Er het si Brülle uf de Nase,
Damit er bschaue cha die Hase.

E Häsli hockt im Ghürscht dort ähne,
Lacht frech un duet sich sicher wähne.
Doch d Sunne brennt hüt läschterlich
Un s Gwehr, des druckt en fürchterlich.
Drum legt er sich ins grieni Gras;
Des alles bschaut de chliine Has.
Un wie de Jäger schnarcht un chiicht,
Des Häsli liislig zuenem schliicht,
Stibitzt em Zwicker un au d Flinte
Un luegt, aß es cha schnell verschwinde.

De Zwicker het des Häsli jetzt
Sich selber uf si Zinke gsetzt
Un nimmt de Jäger ins Visier.
De Jägersma vergruust sich schier,
Verdlauft un briellt, so lut er cha:
»Wer hilft denn bloß mir armem Ma?«

In sinre Not isch er dann do
Zum Brunneloch zletscht anecho.
Er gumpt schnell dri, si Furcht isch groß,
Un s Häsli schießt scho d Flinte los.

Si Frau, die duet grad z Vieri neh,
Trinkt Kaffi un het alles gseh.
Uf d Chachle schießt de Has ganz frech,
Do rieft d Frau lut: »Hüt han i Pech!«
E Hasechind duet gmietlich sitze
Am Brunnerand un d Ohre spitze.
Dem isch des Züüg uf d Nase tropft.
Es hüült, wie wemmers hätt verchlopft,
Un rieft, de Löffel in de Händ:
»Herrje, wer het mi so verbrennt?«

D Gschicht vom Duumelutscher

»Koni, los, mach keini Sache,
I gang grad e Bsorgig mache
Un bi au glii wider do«,
Sait si Muetter, mahnt en so.

»Un vor allem, bisch nit fuul,
Loß de Duume usem Muul!
Denn de Schniider mit de Scher
Chunnt sunscht ufdestell deher,
Schniidet d Duume ab, – oh jeh! –
Als wäre si us Pappmaschee«.

Doch chuum, aß er si siht vo hinde,
Dien die Duume s Muul scho finde.

Uf goht d Tür sperrwagewit,
Un so schnell, de sihsch en nit,
Springt de Schniider wie de Wind
Zue dem Duumelutscherchind.
Un, o weh!, mit Schnipp un Schnapp
Haut er schnell die Duume ab
Mit de Scher, si isch guet gwetzt.
Jeh! wie briellt de Koni jetzt.

Heim isch d Muetter wider cho.
Doch wie stoht de Koni do?
Mit acht Finger chammern seh –
Duume het er keini meh!

D Gschicht vom Suppe-Chaschper

De Chaschper, de war chernegsund,
E proschpre Bueb, ganz chäch un rund,
Mit dicke Backe, früsch un rot.
Er ißt gern d Suppe un au Brot.
Uf eimol aber briellt er los:
»Was soll i mit de Suppe bloß?
Mi Suppe iß i eifach nit!
He nei, die Suppe will i nit!«

Am nächschte Tag, lueg en nur aa,
Do het er scho weng abgno gha.
Uf eimol briellt er wider los:
»Was soll i mit de Suppe bloß?
Mi Suppe iß i eifach nit!
He nei, die Suppe will i nit!«

Am dritte Tag, jo wägerli,
Wie dünn isch do de Chaschper gsi.
Doch wie ner siht de Hafe bloß,
Do isch si Wuet glii riesegroß.
Er briellt uf eimol wider los:
»Mi Suppe iß i eifach nit!
He nei, die Suppe will i nit!«

Am vierte Tag, s isch fürchterlich,
Do isch der Bueb nur no e Strich.
Kei Mensch weiß für de Chaschper Rot.
Am fünfte Tag, do isch er dot.

D Gschicht vom Zabbel-Philipp

»Philipp, los, hüt wemmer seh,
Ob du di am Tisch chasch bneh!«
Des sait imme strenge Ton
Dört de Vadder zue sim Sohn.
Un si Muetter luegt dezue
Umenander ganz in Rueh.
Doch de Philipp git nit acht
Was de Vadder sait – un lacht.
Er hamblet
Un stramblet,
Er zapplet
Un gwacklet
Uf em Stuehl die ganzi Zit.
»Philipp, des vertrag i nit!«

Lueget nur, ihr Chinder, aa,
Was de Philipp alles cha.
Ufm Bild, do chönnt ihrs seh,
Wie ner guuglet immer meh.
Schließlich keit de Stuehl nach hinde,
Un de Philipp duet verschwinde.
Noch em Tischtuech längt er no,
Un dann keit enander no
D Buttle, Teller un au s Brot,
Un de Vadder isch in Not.
Un die Muetter luegt dezue
Umenander ganz in Rueh.

De Philipp isch jetz ganz verschwunde,
De Tisch isch leer un s Tischtuech dunde.
Was si hüt hen welle esse,
Chammer leider ganz vergesse.
D Suppe, s Brot un d Leckerbisse
Het de Philipp abegrisse.
S ganze Sunntigsgschirr isch hi,
D Eltre stön ganz baff debi,
Riefe: »Ach herrjemineh!
Us em Esse würd nüt meh!«

D Gschicht vom Hans Lueg-in-d-Luft

Wenn de Hans in d Schuel isch gange,
Isch si Aug am Himmel ghange.
Alles duet er dort betrachte,
Bloß nit uf de Bode achte.
Was es vor de Fieß no git,
Jo, des sieht de Luschaib nit.
Un so rieft em jede no:
»He, de Hans Lueg-in-d-Luft isch do!«

Eimol gumpt ne Hündli umme
S Hänsli luegt wie immer numme
Hoch in d Lüft.
Niemers rieft:
»Hans, paß uf, de Hund pressiert!«
Was passiert?
Sapperlot, do liege beidi,
Hund un Hänsli zapple weidli.

Mol spaziert er au zum Rhii
Un luegt bloß in d Höchi glii.
Mit em Täschli unterm Arm
Bschaut er dört e Vogelschwarm.
Un so isch er unscheniert
Grad ufs Wasser zuemarschiert.
Dunte dien drei Felche stoh,
Die duets Stuune übercho.

No ne Schritt, er pürzlet drii
Un versinkt im Vadder Rhii.
Die drei Fischli, ganz verschreckt,
Hän sich glii do druf versteckt.

Doch er het e Biistand gha,
S nemme sich zwei ummen a.
Mit Höge hen si ihn verwütscht
Un us de Welle uusegfischt.

Lueget hi, ganz pflätternaß
Stoht er do, des macht kei Spaß.
S Wasser rinnt dem arme Tropf
Jetz in Ströme us em Schopf
Über d Chleider bis uf d Schueh,
Un er schnatteret dezue.

Die drei Felche aber gschwind
Schwimme zue dem nasse Chind,
Hebe d Chöpfli schadefroh

Uuse, un si lache no,
Chiddere die ganzi Zit,
Un si Täschli tribt scho wit.

D Gschicht vom fliegende Robbi

Wenn s so recht in Ströme gießt
Un de Sturm durch d Felder schießt,
Bliibe bravi Chinder immer
Schön deheim in ihre Zimmer.
Bloß de Robbi, de isch stur,
S zieht en uuse in d Natur,
Nimmt de Paraplü in d Hand
Un lauft dusse umenand.

Hui, wie dien hüt d Wolge fliege,
Aß sich d Bäum un d Strücher biege.
S Paraplü würd packt vom Wind,
Rißt de Robbi mit sich gschwind.

In de Luft siht meren schwebe,
Niemers cha ihn dört meh hebe.

D Chappe blosts dem Chaib vom Schopf,
Un an d Wolke stoßt si Chopf.
Mit sim Schirmli in de Hand
Fliegt de Robbi übers Land.
S Hietli seglet vornedraa
Un chunnt zletscht bim Petrus aa.
Wo die zwei sin aanecho,
Weiß villicht de Ma im Mo.

Glossar

anecho: hinkommen; abgno: abgenommen; ane: dahin; ähne: drüben; **b**neh: benehmen; **c**häch: keck, frisch; Chachle: Tasse; Chaib: Bub; chittere: kichern; chiecht: schnauft; cho: gekommen; Chrott: kleines Mädchen; chunnt: kommt; **d**ien: tun; dusse: draußen; **F**inke: Hausschuhe; **g**attig: ordentlich, brav; gäust: jault; Ghürscht: Gebüsch; gingt: tritt; glimslet: leuchtet; gönn: (sie) gehen; gumpt: springt; **H**afe: (Suppen-)Schüssel; haut … ab: schneidet … ab; hebt: hält; Helmi: Helmut; hent: (ihr) habt; Hoorheul: wirres Haar; Hut: Haut; **k**eis: wirfs; keit: fällt; **l**iislig: leise; lön: lassen; loset: hört; Luschaib: Lausbub; **Ma** im Mo: Mann im Mond; macht en … aa: macht ihm Appetit; **n**umme: nur; **p**roschpre: sauberer; **R**hii: Rhein; **s**ell: diese; Siech: Kerl; sperrwagewit: sperrangelweit; Strehle: Kämmen; **T**schope: Jacke; **ü**bercho: überkommen; umme: umher; **v**erdlauft: läuft weg; vergruus(e)t: fürchtet; **w**äberet: zappelt; wägerli: wirklich; weidli: stark, lebhaft; Wiese: Fluß im Wiesental; **z** Vieri neh: Nachmittagskaffee trinken; zuenem: zu ihm.

Helmut Pfisterer

Dr Schdrubelpeder ens Schwäbische gschwädzd Schlemme Gschichda & aechd alde Bilder

Vorwerdle

Wenn dia Kender Schädzla send,
Kommd zu dene gern s Grischdkend.
Wenn se ihre Sibbla subfed,
S Brod neidongged, Beddle schlubfed,
Wenn se fleißich s Göschle halded,
D Händ schee wäsched, zammafalded;
Uff dr Gaß feschd d Mama heba –
Sausch uff d Schdroß, noo koschds de
s Leba! –
Send se so, noo kommd der Bsuach,
Brengd a Exdrabilderbuach.

Dr Schdrubelpeder

Gugged, den kennd jeder,
Desch dr Schdrubelpeder!
An de Händ dia Negel –
Siehsch en doch, den Flegel –
Läßd er wachsa seid ema Joahr,
Lang on schbeggich sen dia Hoar.
»Pfui!« schreid da en jeder,
»Drecksau Schdrubelpeder!«

Dui Gschichd vo dem saumäßich baisa Friederich

Dr Friederich, der Duanedguad,
Bloogd d Leid on d Dierla bis uffs Bluad.
Da fangd er d Mugga en dem Haus
On zubfden glei druff d Fliegel raus.
Noo machd er d Schdiahl on d Veegl hee,
De Kadza duad er exdra weh.
Der Blitz isch älles bloß ned fromm;
Jedz beidschd er au nooh s Gredle rom.

Am Bronna schdohd a großer Hond,
Drenggd Wasser dord, sei Durschd isch gsond.
Da schleichd mid seira Beidsch drzua
Dr Friederich, der Lombabua,
On haud uff sellen Hond dord nei,
Ganz arg, mer heerds am Hond seim Gschrei.
Jedz beißd en der bis uff dr Gnocha,
Der lengge Fuaß, der hangd wia brocha.
Dr Friedrich joomerd on grageeld,
Mer heerd scho dassem ebbes fehld.
Der Hond, nooh emmer voller Zoora,
Laufd weg on läßd den Kerle schmora.

Dr Friederich muaß jedz ens Bedd;
Soo Schmerza hod er gwieß nia ghedd,
On dr Herr Doggder gibd dem Schbidz
Die ällerdiggschd Granadaschbridz.

Dr Hond isch an dem Dischle ghoggd,
Ehn hod der scheene Kuacha gloggd,
Der Kuacha samd der Leberwurschd.
On noo nooh Rodwei fir dr Durschd.
Bloß s Beidschle noe, des griagd der nemme,
Der Friederich, der Donderschlemme.

Dui ooheimlich drauriche Gschichd mid dene Zendhelzla

S Pauleele en dr Schdub romrennd,
A wengle omananderschbennd;
Es isch alloe, des isch dui Gschichd.
S verledzed ihre Uffsichdsbflichd
Die Eldera, die schwanzed rom.
On da liegd s Zendholz, domm on schdomm,
On lachd se aa on sächd on duad:
»Ben gega d Langeweile guad!«
»Ha!« siehd se, »desch dui Glegaheid,
I zend ois aa, des gibd a Freid!«

On Minz & Maunz, die Kadza,
Dia wengged mid de Tadze
On schwädzed mid de Pfoda:
»Dr Vadder hods verboda!
Miau! Mio! Miau! Mio!
Duas ned, sonschd brennschd du lichderloh!«

S Pauleele hebd des Zendholz naa.
»I be scho groß, was i scho kaa!
So läbich brennds, als schwädzds mid oim.
Wann kommed au dia Eldera hoim?
Wo sen se denn? Worom? Worom?«
S Pauleele saud em Zemmmer rom.

On Minz & Maunz, die Kadza,
Dia schreied mid de Tadza,
Dia schreied mid de Pfoda:
»Au d Muader hods verboda!
Miau! Mio! Miau! Mio!
Dabbs aus, sonschd brennschd du lichderloh!«

O je, jedz gnischderds scho em Gleid,
S Pauleele brennd, es siehds on schreid;
On wia s au omananderrennd,
Em Nu vergloschded s ganze Kend.

On Minz & Maunz, ganz außer sich,
Die beide schreied fürchderlich:
»Ja gibds denn da koi Feierwehr?
Brenged doch endlich Wasser her!
Miau! Mio! Miau! Mio!
Des henner älle jedz drvo!«

S Pauleele isch zu Äscha worda.
Es brauchd nix meh, ned Kuacha, Dorda;
Zwor gibds da nooh dia rode Schuah,
S Pauleele will jedz bloß sei Ruah –

Och uffheerd älles bleed on schaurich.
Die Kädzla sen saumäßich draurich,
»Miaumiomiaumio,
Die Eldera wearn niah meh froh«.
Wia Rega ra vom Dächle
Heuld Minz & Maunz a Bächle.

Dui Gschichd von dene schwarze Buaba

Dord vor der Schdadt (weil s Door isch offa)
Isch zmol a donggler Kerle gloffa.
So kohlpechraben isch der ned,
Weil sonsch dui Gschichd ned schdemma däd.
Dr Ludwig siehd den Schirm on rennd,
Er hebd sei Fähnale en dr Wend.
Dr Kaschbar saud, solang er kaud,
Dui Brezel isch beim Bäcker klaud.
On au dr Wilhelm reifeld schwer.
»Was ischen des? Wo isch der her?«
Sie fanged aa zu dridd zom lacha,
Grad so, als wäre se ned bacha,
On könnd mer neamerd schwärzer macha.

Drodz Sommer kommd dr Nikolas
Mid ma saumäßga Dendafaß.
Der sächd: »Jedz horched amol her,
On mached dem ned s Leba schwer.
Der isch hald so on kaa s ned ändera,
Drom lassed eier bleedes Kendera.«
Da wearn dia drei erschd richdich frech.
Sie schreied rom on schwädzed Blech
On macheds schlemm, so schlemm mer kaa,
Weil der da laufd, der donggle Maa.

Du siehschd, wia narrd dr Niklas isch.
»Komm her, du Lomp, egal wo d bisch!«
Er packd dia Kerle, ois, zwoi, drei,
On kümmerd sich ned om ihr Gschrei.
Er donggd se en sei Dendabriah,
Dr Kaschbar hod nooh »Feier!« gschriea,
Noo gurgeld er bis Bläsla hod,
So zähe wia se s gibd beim Schbodd.

Jedz gugged her, wia schwarz se send,
Viel schwärzer wia des Kohlpechkend.
Der Grabbaschwarz em Sonnaschei,
Dia Duschebuaba hendadrei.
On hädds bei dene schneller gfonggd,
Hädd mer se ned en d Dusche donggd.

Dui Gschichd von dem ooheimlich wilda Jäger

Es ziagd der wilde Jägersmaa
Sein griena neia Aazug aa,
Packd Ranza, Horn on Donnerbix
On saud en d Felder naus wia nix.
Nadierlich drächd der Maa sei Brill,
Wenn er a Häsle schiaßa will.

Des Häsle sidzd em Blädderhaus
On lachd den bleeda Jäger aus.
Jedz isch dem au nooh d Sonna z heiß.
Er falld ens Gras – wassollderscheiß? –
Es isch em zviel. Er brauchd sei Ruah.
Des freud den Has, er guggd ruich zua.
Scho schnarchd dr Jäger on sägd laud.
Des Häsle dem sei Gwehrle klaud,
Nemmd au dui Brill, noo siehd er guad,
Doch läßd er ehm sein scheena Huad.

Dui Brill, dui hod des Häsle jedzd
Sich selber uff sei Nosa gsedzd.
Dem Jäger willer d Hos verbrenna;
Der merkds on woiß: da hilfd bloß renna.
Er saud drvo, schreid en oi Loch:
»Jedz helfed doch! Jedz helfed doch!«

So kommd der wilde Jägersmaa
Grad nooh beim diafa Bronna aa.
Da hopfd er nei mid ällam Muad,
S isch höchschde Zeid, dr Has zield guad.

Dui Jägersfrau, dui Jägerbas,
Drenggd grad aus ihrer Kaffeetaß.
Dui Kaffeetaß, dui driffd dr Has ,
Schreid d Kaffeebas: »O je! Ach was!«
Bloß bei dem Bronna hockd a Häsle,
A richdich glois, a Oschderhäsle,
Des griagd den Kaffee uff sei Näsle,
So heiß, daß schreid, on druggd au s Bläsle.
Der Jäger hod em Bronna dronda
Sein Silberleffl wiedergfonda.

Dui schrecklich Gschichd von dera Daumaabschneiderei

»Konrad!« sächd des domme Luader,
»I gang ford, i be dei Muader.

Dua jedz älles, was i will,
Reg de ned on bleib ganz schdill.
On vor ällem, Konrad, Bua,
Laß dia Dooma mir en Ruah.
Wenn dra ludschsch, noo gohd dr s schlechd,
Kommd dr Schneider, gschiehds dr rechd.
Deine Dooma schneided der
Ab, als ob Babier des wär.«

Ford gohd dui Muader, on grad drom
Beißd der Bua dia Dooma gromm.

Was jedz kommd isch zemlich schwer,
Weil der Seggel mid der Scher
Saud daher en d Schduba rei.
Därf denn der des? Heidanei!
Machd die Scher schnell glibb on glabb –
Scho sen beide Dooma ab –
Hod dr Konrad furchdbar glidda,
Ab sen seine Dooma gschnidda.

Wia dui Muader jedz kommd hoim
Schdohd se vis-à-vis von oim,
Den mer om zwoi Dooma bschissa.
Hod ers ra ens Gsichd neigschmissa!

Dui Gschichd vom Subbakaschber

Dr Kaschbar, richdich rond on gsond,
Sei Gsichd a voller scheener Mond.
Nia hod mern wegam Essa teffeld,
Äll Dag hod er sei Supp ausgleffeld.
Uff oimol aber schreid er los:
»I will ned emmer Subba bloß!
On dui Subb eß i ganz gwieß ned,
Da gange liaber so ens Bedd!«

Am nägschda Dag, da isch er scho
Von sich grad nooh en Deil drvo.
Scho gohd au s Schreia wieder los:
»I will ned emmer Subba bloß!
On dui Subb eß i ganz gwieß ned,
Da gange liaber so ens Bedd!«

Am dridda Dag, o Weh & Ach,
Wia isch der Kaschbar denn on schwach.
Er kaa grad nooh ganz schnädrich schreia:
»Dui Subb fend i zom Außekeia,
Will Schbätzla, Kotledd, Hembeersafd
On älles, was dr Maga schaffd,
Bloß dui Subb eß i ganz gwieß ned,
Da gange liaber so ens Bedd!«

Am vierda Dag dr Kaschbar isch
A Flädle nooh, an Flederawisch,
Isch leichd jedz wia a Drömledrom;
Am fenfda Dag, da badschds en om.

Dui Gschichd vom Zabbel-Philipp

»Philipp, horch, i schaff beim Bosch,
Drom hoggsch noo on hälsch dei Gosch!«
Sächd dr Vadder zu seim Bua,
Weil dr Vadder will sei Ruah.
Ja, on d Muader? Dui bleibd schdomm –
Schwädzd se, nemmds dr Vadder gromm.
Was den Philipp hin- on herreißt,
Wo dui Schdell wär, wo s oin omschmeißd.
Er hambeld
On gambeld,
Er gaugeld
On schaugeld,
Gaudschd sei Schdüahle rom on nom.
»Kerle, he, jedz wird mers z domm!«

Gugged, Kender, gugged noo,
Wianers ned verheeba kaa.
Gugged schnell den schlemma Donder,
Sages ned, jedz hauds en ronder.
Kennd er jedz sei Kibbmomend,
Hod ers Dischduach en de Händ.
Bloß hilfd jedz au s Schreia ned:
»Wenn i doch ned gambeld hädd!« –
Falled Deller, d Flasch on d Messer,
Häddeds älle jedz gern besser.
Aber d Muader isch zur Schdell,
Nemmd s Lornio on guggd hald schnell.

Zabbelphilipp erdaledz,
Älles uffam Boda jedz.
Wo mer ruich hädd essa kenna,
Muaß der omananderschbenna.
Subb on Brod, die beschde Bissa,
Rondergrissa, nondergschmissa.
Onderm Dischduach liegd koi Keenich,
Älles – au dr Bua – isch heenich.
Vadder frogd nooh, was des soll,
Schreid: »Heud griagsch dr Ranza voll!«

Dui Gschichd vom Hans, wo en Hemmel gugga wella häb

Wenn dr Hans zor Schual sei ganga,
Sei sei Nas am Hemmel ghanga.
Äls nach Wolga, Schwalba, Mugga,
Säh mer da den Kerle gugga.
Bloß ned graudaus, nachem Lehrer,
Nach dr Schual, des fall em schwerer.
Glar, daß da a jeder sächd,
Daß den bald uff d Erda schlächd.

Saud en Hond dr Buggel ronder,
Schiabed d Leid durch d Schdadt ihrn Blonder,
Siehd der Hond den Hannes ned,
Hod zmol au en d Lufd guggd ghedd.
Also haud se s beide nei,
Oifach so – ganz ohne Gschrei.

Oimol isch der jonge Schbond
Gloffa on da kommd koi Hond –
Hod er au koin Hond als Wegger.
Bloß – er laufd hald Richdong Negger!
Gugged, er isch faschd scho draa,
Heebd den Hans denn koiner aa?
On drei Fischla gugged zua,
Bläsled bloß: »Der arme Bua!«

Nooh oin Schridd, on au dr Näcker
Kaa rechd kald sei on hod Gschmäcker.
Dia drei Fischla sen des gwehnd,
Bloß dr Hans, der schdehnd on gurrgglld.

Isch er falsch rom grad nooh gschwomma,
Sen zom Gligg zwoi Männer komma,
Hennan mid zwoi lange Schdanga
Zu sich zoga, riebergfanga.

On noo hensen grad so naagschdelld,
Daß des Wasser ausem rausfälld.
Wia der arme Kerle schnadderd,
Glabberzidderd, anedadderd!
Hod so ned dr Negger kennd,
Isch hald gloffa on hod pennd.

On dia Fischla älle drei,
Lached sich kabudd drbei,
Lached, daß dr Negger schoddeld
Wegam Hans, wo ane droddeld.
D Hausuffgaba en dr Mabb –
Haued emmer nooh meeh ab.

Dui Gschichd vom Robert, wo drvoogflooga isch

Wenn dr Rega ronderbadschd,
D Äcker on au d Weg vermadschd,
Hogged doch die meischde Kender
En dr Schdub, als wärs nooh Wender.
Anders isch dr Robert gwä:
S kaa koi scheeners Wedder gä!
Wenns so richdich ronderflaizd,
Des isch was dr Robert reizd.

Wia der Wend dia Beimla biagd,
Älles omamanderfliagd!
Au em Robert packds dr Schirm,
Hebd en ieber älle Dirm.
Gugged, wia dr Robert schwebd,
Hod er so nooh nia verlebd.

An de Wolga siehd mern schoo,
On dr Huad fliagd au drvoo.

Schirm on Robert schdeiged nooh,
On sei Hüadle sowieso.
Isch er schdadd ma Exdrafromma
Heud glei en dr Hemmel komma.

Brauchsch en dr Hemmel du en Lifd,
Noo wardeschd hald bis schdirmd on schiffd.

Glossar

äls: stets; anedaddert: dahin ›tattert‹; **b**acha: ›gebacken‹, normal; bläsled: ›bläseln‹, in Blasen sprechen; Bosch: Stuttgarter Firma; **D**irm: Türme; Donderschlemme: besonders (›Donner‹-) Schlimme; Drömledrom: dünnes Ende (›Trumm‹); **e**n oi Loch: ununterbrochen; erdaletz: ganz verkehrt, schlecht; **F**lädle: dünner Fladen; Flederawisch: **G**änseflügel als Kehrwisch; Gschmäcker: schwäb. Plural von ›Geschmack‹; **l**äbich: lebendig; **N**äcker, Negger: Neckar; narrd: wütend; noe: nein; **r**a: herunter; **s**ausch: ›sausest du‹; schnädrich: schwach; subfed: schlürfen; **t**effeld: verhauen; **w**engle: wenig; **Z**oora: Zorn.

Maria Gierlich-Gräf

Der Siwebiërgesch-Sochsesch Struwwelpoiter
Lostich Geschichten uch käomesch Biëlder

Viurwiurt

Wuënn de Oaldjer fruëmm Kandch hun,
Widt båi såi der Chrestmeon kunn.
Wuë se Supp uch Låwend äißen,
Briut uch't Biaden niët vergäißen,
Wuë båim Spille såi niët tuawen,
Sich niët zarre wåi de Ruawen,
Wuë såi met der Muëtter gäohn,
Sich ain hoisch uch gät bedräon,
Bruëngtch der Chrestmeon e geneaoch
Uch e foarwich Biëlderbeaoch.

Der Struwwelpoiter

Sach oist hår, håi stoiht e,
Fui! der Struwwelpoiter!
Niëmend keon e liëdjen,
Wiël hia niët liëß schniëdjen
Sich de Nåjel e geonz Gäohr;
Uch niët kiëmme weall siëng Häor.
»Struwwelpoiter« hoißen
Duërem en de moisten.

De Geschicht vum scheonde Fritz

Der Fritz, der Fritz wäor angem scheond,
Åls woaldjer Nestnetz gät bekeonnt.
Hia fiong de Mecken en dem Hais
En roiß en dräo de Flijel ais.
Zebräoch de Ståhl, schleaoch Vijel diut,
De Kotze wäorn e griußer Niut;
Hia häot 'sigäor – iëch mieß et säon –
Siё Gretchen met der Paitsch geschläon!

Oist un em Bronnen durschtich steaongd
En siuf, e griuß uch fridlich Heaongd.
Doi greaongdlicht Fritz wäor näiher kunn,
Schlich met der Goißel sich erun;
En schleaoch den Heaongd – doi angem hiëllt –
Der Fritz e met de Fiëße kiëllt.
Dä boiß der Heaongd – däot wäor em gät –
En un de Fuëß, owoist spretzt' Blät.
Drof kroisch der Fritz en bäirt en schroi,
Zer Sträof däit et uch em nä woih;
Zem Schloß dräo liëf e gäder Wiël
Der Heaongd käin hoim, de Paitsch em Miël.

Der Fritz met Moarter un dem Fuëß
Derhoim em Båt nä läoie muëßt;
Uch eniah wott der Duëkter bräoicht:
Diar goarzer Träopen, Däoch uch Näoicht.

Des Fritz siëng Tuërt vu siëngem Desch
Fräoß nä der Heaongd – geseaongd uch fresch –
Et schmockt em uch de Liawerwurscht.
Der Wiëng läosch em dia griußen Durscht;

De Paitsch häot hia sich näiher bräoicht
En liëtt se nimmih aißer Äoicht.

Dåi soihr trairich Geschicht met de Zondchhoilzker

Paulinchen wäor elloin em Hais,
De Oaldjer ofem Steck dertais.
Wåi et nä hopst uch deonzt uch sung,
Dott et durch oalle Stuwwe klung,
Wåi et sich dräiht, hoisch ugedäon,
Säoch et owoist Zondchhoilzker stäohn.
»Uëh, es diët foarwich-hoisch uch fiëng!
Diët hårz Gespilltchen es nä miëng.
En Höilzken nä erzongen gliëch
– Wåi't ain de Muëtter mäocht – weall iëch.«

De Minz uch Maunz, är Kotzen,
Såi lefte nä de Protzen.
»Miau! Mio! däot tiërfst te niët!
Der Väoter häot verbuëden diët!
Miau! Mio! Loß läoien,
Suënst wirscht te dich verbråien!«

Paulinchen hoirt niët of en Kotz.
Et stoiht näoch ain um salwe Plotz,
Det Hoilzken bråtch en flockert bäold,
Glott wåi et håi es uagemäolt.
Paulinchen fräoitch sich andje moih
En sprontch vum Arren en de Hoih

Duëch Minz uch Maunz, de Kotzen,
Nä dräoihen met de Protzen.
»Owoih, Paulinchen, hoirscht tä niët?
De Muëtter häot verbuëden diët!
Miau! Mio! Lesch't Hoilzken ais,
Denn suënst verbråist uch tä uch't Hais!«

Ze Healf, det Kloid häot Fai'r geniun,
Et reocht der Schurz en bråtch uch schiun!
Et bråtch de Heond, besuëntch det Häor –
Et bråtch, det Kandch es e Gefäohr!

Uch Minz uch Maunz dåi ruëfen
En maxen zem Ersuëfen:
»Ihr Näiber kut zeheälf, ihr Liëtch!
Diët uarem Kandch verbråtch nä hiëtch!
Miau! Mio! Et bråtch, et bråtch!
Uch niëmest sich em Healf bemåtch.«

Däot Kandch, wott hoisch uch wangderbäor,
Es geonz verbråtch met Hiokt uch Häor;
En Hupper Äisch blif nuër, ihr Liëtch,
Uch siëng zwoin Scheaogen, wåi em siëtch.

Em Arren trairich läoien
De Minz uch Maunz en schräoien:
»Miau! Mio! Wäo warden hiëtch
De Oaldjer siën, dåi uarem Liëtch?«
Der Kotz'n är Zäire fließen,
Åls woil' såi't Grås begießen.

De Geschicht vun de schwoarze Gangen

Spatzåre giong e Negerkandch,
't wäor wäorm, dertais giong niche Wandch,
De Sonn såi schin of't Hoift em drof,
Hia mäocht de Räinestaren of.
Der Ludwig kum erbåigereonnt,
M' em Fåndeltchen en siënger Heond.

Der Kaspar kum met wiëdjem Schrett,
Hia bräoicht sich en Säolzbijel met.
Owoist wäor uch der Willi håi
En schiëppelt siënge Roif erbåi.
Kuëm giong der Miurich däo verbåi,
Hopste såi lochen emeraink,
Hia wäir jäo schwoarz, glott wåi der Taink.

Der Nik'laus kum, doi diët gehiurt,
M'em griußen Tainkefoß 'sifiurt
En säot: »Ihr Frotzen hoirt mer zä
En lott diët Negerkandch e Räh!
Wott keon diër uarem Teiw'l derfiur,
Dott hia geonz schwoarz bes iwer't Iuhr«
De Gangen awer hiurten niët
En lochten arjer näoch em diët;
Bespäitelden en andje moih –
Dem Negergangen däit däot woih.

Dott sich der Nik'laus ofgeräicht,
Såht ihr, wuënn ihr diët Biëld beträoicht.
Hia pockt diës dräoi – dott em't kuëm gloift –
Un Huëndje, Sochen, Häor uch Hoift.
De Willi halt hia iwer't Läoch,
Der Ludwig wiahrt sich, strumpelt näoch,
Teaonkt såi en't Tainkefoß dräo hoisch,
Mäir wåi »Ze Healf!« der Kaspar kroisch.
Der Nikolaus stäoch såi en Taink
En wutscht se gät en, emeraink.

Te siëtchst se håi, wåi schwoarz se kunn,
Näoch schwarzer wåi doi Gang viurun.
Der Neger goiht en d'r Sonn erem,
De tainkich Gangen hondjer em;
Der Nikolaus häot åverhäoft
Såi em't Bespäitele besträoft.

De Geschicht vum woaldje Jådjer

Et däit sich der woaldch Jådjer oist
Sië gråsgråing Riëckel un owoist,
Num Rucksock, Poalwer uch de Biß
En liëf dervun durch Fäild uch Wis.
Den Eogespajel of der Nuas,
Weoll hia erschiësse gliëch den Huas.

Det Håske setzt em Bladderhais
En locht dia schiale Jådjer ais.

Hoiß bråtch de Sonn en – ågehäir –
Em wuërd owoist de Biß ze schwäir.
Hia schmoiß sich niëder of de Wis;
Der Huas doi kåkt schiu näo der Biß
En wåi der Jådjer schnäorcht en schliëf,
Num em der Huas de Biß en liëf,
Gropscht uch näon Eogespajel schnial
En giong ewäich e gäder Wiël.

Den Eogespajel häot der Huas
Owoist nä salwest of der Nuas,
Zilt of de Jådjer, doi väol Uëngst
Dinkt sich: Der Huas schiëßt niët derluëngst.
Hia loift dervun en griußer Niut
En kraischt: »Ihr Liëtch, diër schiëßt mich
diut!«

Det Leofe mäocht dem Jådjer Måih,
Hia kit bai'm Bronnen nä verbåi,
En wåi hia glott nä däo derluëngst,
Sprontch enen hia e griëßter Uëngst.

Siëng Frau – um Fiënster – drunk Kaffäi,
Der Huas doi schiuß geonz ais der Näih
En träof är Depptche glott, och woih!
Nä häot såi nichen Depptche moih.
Des Huas sië Kandch bai'm Brenntche säoß,
Em Grås uch klinzich Blattcher fräoß.
End wåi der Schoß det Depptchen träof,
Fliuß der Kaffäi of't Håsk'n em Häof.
Däot kroisch: »Woi häot miëch håi
gesuëntch?«
En numm de Läifel en de Huëndch.

De Geschicht vum Duëmelutscher

»Konrad, komm mië Gang båi miëch,
Sach, iëch gäohn ewäich, iënst gliëch.
Säoi nuër hårz en stall nest un,
Bes ich wiëder hoime kunn.
End viur oallem, merk dir diët:
Lutsch mer cho um Duëme niët;
Denn suënst kit – von ågefäir –
Schniëdjer met diar griußer Schäir,
Fräocht dich niëmel, wåi tä hoißt,
Schniëdch diëng Duëmen ua owoist!«

Wåi de Muëtter kuëm dervun,
Fiong hia schiun ze lutschen un.

Duëch geniëcklich kum't Maläir,
Denn der Schniëdjer met der Schäir
Kum zer Dir eregereonnt
Gropscht dem Konrad näo der Heond,
End et greschelt, ihr gät Liëtch,
Wåi de Duëmen hia uaschniëdtch,
Met diar griußer, schoarfer Schäir,
Wåi wuënn't nuër en Muëdel wäir.

Dä de Muëtter hoime kum,
Såi är Kandch en'd Oarmen num;
Denn der Konrad kroisch: »Uëjäoh!«
En steaongd äohnen Duëmen däo.

De Geschicht vum Suppenkasper

Der Kasper doi wäor geonz geseaongd,
Wäor muënter, deck, niët krunk uch weaongd.
Hia äoß siëng Supp, wäor hoisch uch riut;
Em hott met em glott nichen Niut.

Owoist däit hia en griuße Kresch
En liëß de Supp däo ofem Desch.
»Iëch äißen nichen Supp moih, nåi!
Glott nichen Supp moih weall iëch håi!«

U giënem Däoch, såht ich en un,
Dä wäor der Kasper lichter drun.
Hia greaongst en kroisch en iënem fiurt:
»'ch weall nichen Supp, häod'r niët gehiurt?
»Iëch äißen nichen Supp moih, nåi!
Glott nichen Supp moih weall ich håi!«

Um dretten Däoch – oh woih, oh woih!
Wäor äilend hia wåi niëmestmoih!
Kuëm bräoicht em em de Supp eren,
's hiurt em wiëder biërlen en:
»'ch weall nichen Supp! Wott fallt ich en?
'ch weall nichen Supp! Häod'r niët gehiurt?«
'si biërrelt hia en iënem fiurt.

Um voirten Däoch – wott säoll iëch säon? –
Wäor hia geonz schwoch, kandch nimmih gäohn;
Um fuiften wäor hia laicht uch denn –
Em schuërr en ofem Frithef en

De Geschicht vum Zobbel-Philipp

»Äof as Philipp hårz uch steall
Hiëtch bai'm Äiße setze weall?«
Säot der Väoter arnst uch gät
Käin dia kliënen Iwermät.
End de Muëtter schwich en säoch,
Wåi vill ofem Deschdeaoch läoch.
Duëch de Philipp stoirt däot niët,
Wott der Väoter gare wiëtt.
Hia noicht sich
En boicht sich,
Hia diahnt sich

En liëhnt sich,
Duëch de Väoter angem stoirt,
Dott der Philipp glott niët hoirt.

Såht ihr Kandch, såht hår en hoirt,
Wott dem Philipp nä passoirt!
Håi såht ihr et uagemäolt,
Dott hia oalber sich gestäolt.
Häot gewickelt met dem Stähl,
Bes hia of de Reck dräo fäl.
Gropscht näom Deschdäoch, kraischt e Niut,
Raißt et of sich – dott det Briut,
Schessel, Schaifker, foall'n en Ar'n;
Väoter siëtch däot glott niët garn –
End de Muëtter schwich en säoch,
Dott oallent em Arre läoch.

End der Desch es uagedåckt,
Niëmestmoih det Miël sich låkt.
Wott de Muëtter hott gekäocht
Uch de Väoter glecklich mäocht,
Supp uch Wiëng uch dåi gät Bessen
Häot diër Bäoldch eruageressen.
Suppeschessel es zeschläon,
Oaldjer håi geonz g'arjert stäohn,
Denn der Hanger doit guër woih –
Såi hun nest zem Äiße moih.

De Geschicht vum Hans Kåk-en-de-Left

Wåi der Hans zer Schiul nä giong,
Ain sië Bleck um Hiëmmel hiong;
Säoch käin Dåjern, Weolken iawen –
Uch de Schwuëlfker driwwer schwiawen.
Viur de oije Fieß, ihr Liëtch,
Siëtch hia neckest, wåi hia schriëtch;
End em kraischt – nit hia sich'n Drefft:
Såht, der Hans Kåk-en-de-Left!«

Kum en Heaongd zäfeallich däor,
Wuërd der Hanzi niët gewäohr.
Kåkt en'd Left;
Niëmend riëft:
»Hans, poß of!« Uch niëmend stoirt.
Wott passoirt?
Puff uch Poack! däo läoi'n är zwoin,
Heaongd uch Hanzi, duëch niët roin.

Oist giong hia bes un de Bäoch,
Angder'm Oarm siëng Schiultosch näoch;
Säoch käim Hiëmmel doi hoisch bläo,
Wåi däo fliugen Schwuëlf uch Kräoh;
End hia säoch niët, dott e nä
Of de Bäoch glott gruad giong zä.
En der Riënd dräoi Feschker kunn,
Såhn den Hans verwangdert un.

Näoch e Schrett, der Hans doi fallt –
Iwer't Hoift, wiël nest en halt –
End de Feschker oallendräoi
Sich verkriëchen en der Näih.

Duëch zem Gleck zwoin Meon nä kunn
Ais der Näoberscheft erun;
Hun zem Gleck – såi kandje liongen –
Hans gerett met lunke Stiongen.

Såht, plutschnoß stoiht hia nä håi!
Diët wäor niche Spåß, nuër Måih!
Ais de Soche wåi en Bäoch
Fliëßt det Wosser andje näoch,
Vun dem Häor of't G'sicht uch Oarmen,
End hia fraist nä zem Erboarmen.
De dräoi Feschker siën erun

Näoigoirich un't Äwer kunn,
Råken ais der Bäoch är Hoift,
Lochen dott em't niëmmel gloift;
Loche sacher uch näoch liong –
Wiël siëng Schiultosch buade giong.

De Geschicht vum fliëjene Robert

Wuën't dertais donnert uch schitt
Uch der Sturm ain arjer widt,
Blaiwe Kandch, dåide paroiren,
En der Stuff derhoim en loiren.
Nuër der Robert doit däot niët,
Wiël dertais hia schandre wiët;
Iwer't Fäild loift hia d'rem garn
En der Mäor m'em Räinestarn.

Durch de Boim der Sturmwandch saist,
Dott hia schiër de Näist uaraißt,
Pockt de Räinestarn uch 't Kandch;
Såht, der Robert fliëcht em Wandch
Durch de Loft en hiëlt en kraischt –
Niëmest hoirt en, wiël et raischt.
Un de Weolken liongt hia un –
End siëng Huët fliëcht far dervun.

Räinestarn uch Robert – diurt –
Fliëjen hich'r en iënem fiurt.
End siëng Huët fliëcht far viurun,
Stoißt um Uëndch un Hiëmmel un.
Wäor der Wandch såi metgeressen,
Däot widt niche Mainsch moih wessen.

Glossar

ågehäir: ungeheuer; ain: immer; andje: immer; angem: ungemein; är (zwoin): ihrer (zwei); Arren: ›Ern‹, Fußboden; Äwer: Ufer; **b**äirt: schimpft; Bäoldch: Balg; bemåtch: bemüht; bespäitelden: verspotteten; besuëntch: versengt; Biaden: Beten; bråtch: brennt; **C**hrestmeon: Weihnachtsmann; **d**åide: die (tun); derluëngst: daneben; dertais: draußen; dräo: danach; Drefft: Schwung, Anlauf; **e**meraink: ringsherum; eniah: einnehmen; erzongen: anzünden; **f**ar: weit; **g**eniëcklich: plötzlich; gesuëntch: ›gesengt‹, gebrannt; giënem: andern; goårzer: bitteren; greaonglicht: schlecht; greschelt: knirscht; **h**åi: hier; Häof: Hof; hårz: herzig; hiëtch: heute; hoisch: hübsch; **i**ënst: jetzt; **k**äin: gegen; kiellt: ›keilte‹, schlug; Kresch: Schrei; **L**åwend: (eingedickte) Suppe; Liëtch: Leute; liongen: ›langen‹, erreichen; loiren: lernen; **m**äir wåi: wie immer; Mäor: Morast; maxen: weinen; Moarter: ›Marter‹, Schmerzen; Muëdel: Model; **n**ä: nun; Näist: Äste; näon: nach dem; neckest: niemals; Nestnetz: Nichtsnutz; niëmest: niemand; **o**ist: einmal; owoist: auf einmal; **r**eocht: ›raucht‹, qualmt; Riënd: Reihe; **S**äolzbijel: Salzbrezel; Schaifker: Teller; schandre: schlendern; **s**chuërr: scharrte; Steck: Feld; **u**gedäon: ›angetan‹, gekleidet; **W**andch: Wind.

Reinhold Huttarsch

De Strupplpeter off Wåchtlerisch
Lustiga Sticklich un gespaaßiga Pildlich

E Wertla zuvor

Wenn schie braav die Kinder sei,
Kimmt s Christkindla pei enn rei;
Wenn die gutta Supp sa assn
Un des Bruut ah nie vergassn,
Wenn dehoam sa ei en stilln
Winkl mit ihrn Kletzlich spilln,
Penn Spazierngieh off dan Stroosn
Vo de Mutter fiehrn sich loosn,
Brengts enn Spielzeig, Strimp un Schuh
Un e Pilderbuuch dezuu.

De Strupplpeter

Saht, daan kennt e jeder.
Pfui! Dar Strupplpeter!
Nie geloossn mehr
Hoot dar Puub e Scheer
Å sei Neegl fåst e Johr.
Kämma kunnt mer nie sei Hoor.
»Pfui!« seggt do e jeder,
»Gorschtger Strupplpeter!«

Die Geschicht vom piesn Fabian

De Fabian, de Fabian,
Dees ies e årger Grobian!
Ar fengt die Fliegn ei daan Haus
Un reßt daan Fliegn die Fliegl aus.
Ar schleggt die Penk un Veegl tuut.
Die Kåtzn håmm gor gruusa Nuut.
Un hert, wie ar koa Mitload kennt:
Ar peitscht des Greetla, dåß sa grennt.

Åm Brunn, do stieht e gruusa Hund,
Trinkt Wåsser, weil dees su gesund.
Do mit der Peitsch de Fabian
Dar schlecht sich åå, dar Grobian,
Un schleggt daan Hund, dar winslt sehr.
Ar staucht un schleggt na inda mehr.

Do peßt de Hund na ei dan Fuuß,
Dåß Fabian glei bluttn muuß.
Dar piesa Puub, itz ies ar dråå!
Ar schreit un grennt, su laut ar kåå.
Derweil de Hund, dar gor nie faul,
Hoamleeft, die långa Peitsch enn Maul.

Eis Pett der årma Fabian muuß,
Ar hoot su Wietik å senn Fuuß.
De Onkl Dokter sitzt debei
Un gitt enn pittera Orznei.

Å Fabians Tischla sitzt de Hund
Un frißt daan Kuchn, braun un rund,

Frißt aa die gutta Laaberwurscht
Un trinkt Siedmehrer Wei fiern Durscht.
Des Peitschla hoot ar mietgenumma,
Ar lett nix off dees Peitschla kumma.

Die gor trauriga Geschicht mit dan Zindhelzlich

Paulina ies elloa dehoam,
Die Eltern sei offs Lånd gefohrn.
Durch ålla Stubm is sa gesprunga
Un hoot getrillert un gesunga.
E Schachtela mit Zindhelzlich
Stieht off de Lood, die nimmt se sich.
Sie låcht vier Froid: »Juhuu, juhei!
Des wird e lustigs Spielzeig sei.
Iech zind mer su e Helzla åå,
Wie's oft die Mutter hoot getåå.«

Un Miez un Mauz, die Kåtzn,
Die hebn ihra Tåtzn.
Sie droha mitn Pfuutn:
»De Vooter hoots verpuutn!
Miau! Miuu! Miau! Miuu!
Leegs hie! Sunst brihst du lichterluh!«

Paulina heert die Kåtzn nie.
Des Helzla briht su wunderschie,
Es flåckert lustig hie un haa,
Wie ihr kinnt off dan Pildla sah.
Paulina tånzt un froit sich sehr:
E Lichtla måchn wor nie schwer.

Doch Miez un Mauz, die die Kåtzn,
Die hebn ihra Tåtzn.
Sie droha mitn Pfuutn:
»Die Mutter hoots verpuutn!
Miau! Miuu! Miau! Miuu!
Schmeß 's wack! Sunst brihst du lichterluh!«

Doch aus daam Flammla wird e Brånd,
Dar peßt wie Essln ei die Hånd.
Es briht des Kload, es briht des Hoor,
Es briht des gånza Kind sugor.

Un Miez un Mauz do drinna,
Die schreia, wos sa kinna:
»Zu Hilf! Zu Hilf! O kummt geschwind!
Ei Flåmma stieht des gånza Kind!
Miau! Miuu! Miau! Miuu!
Zu Hilf! Des Kind briht lichterluh!«

Des årma Kind mit Haut un Hoor
Des ies verbronntn gånz un gor;
Un iebrig ies gebliebn – huu! –
E Heffla Åsch un die zwee Schuh.

Un Miez un Mauz, die grenna,
Un kinna sich nie trenna:
»Miau! Miuu! Miau! Miuu!
Wu sei die årma Eltern? Wuu?«
Koa End die Trepplich findn
Wies Graamla ei daan Grindn.

Die Geschicht vå dan schworzn Puubm

E Neegerpiebla gieht spoziern,
Gånz schworz vom Fuuß bis zu de Stirn.
De ruuta Schirm ies aufgesponnt,
Sell schitzn na vier Sunnabrond.
De Wicki kimmt gelååwn åå
Un treggt ei seiner Hånd e Fåh.
De Koschper kimmt mit flinkn Schriet
Un brengt e brauna Breezl miet.
Un ah de Willi tutt schonn winkn,
Ar hoot en Roaf ei seiner Linkn.
Sie sahn dees Neegerpiebla, doo
Gitt's e Gelechter un Halloo:
»Du Tintnmannla, wåsch diech oo!«

Do kimmt de Nickl mit de Noos
Un hoot e riesigs Tintnfooß.
Ar seggt: »Ihr Kinder, heert mir zu,
Un lott des Neegerla ei Ruh!
Woos kåå des Piebla denn defier,
Dåß 's nie su weiß ies su wie ihr?«

Die Puubm håmm ner tumm gelåcht
Un aus das Red sich nix gemåcht.
Ja, lauter nooch wor ihr Halloo.
»Du Tintnmannla, wåsch diech oo!«

Do wird de Nickl pies un wild;
Du siahst dees richtig off daan Pild.
Ar påckt die Lauser wie e Tock
Penn Årm, penn Kroogn un penn Rock,
Ne Wicki un ne Willi doo,
Ne Kåschper, dar racht strompln kåå,
Un taucht sa ei die Tint enei
Un måcht sich nix aus ihrn Geschrei.
Ar tunkt sa tief eis gruusa Fooß,
Die Tint die måcht sa schworz un nooß.

Doo siahst sa aufgemollt die drei,
Die schwerzer åls die Neeger sei.
Des Neegerpiebla stracks voråå,
Die Tintnmannlich hinterdråå.
Un hettn die nie su gelåcht,
Hett Nickl die nie schworz gemåcht.

Die Geschicht vom wildn Jaager

Es zeiht de wilde Jaagersmåå
Sei groosgries neia Jackla åå.
Mit Tåsch un mit dar longa Flint
Marschiert ar ei des Fald geschwind.

Des Åågngloos off seina Noos –
So will ar schissn tuut dan Hoos.

Dees Haasla sitzt en Bleeterhaus
Un låcht dan wildn Jaager aus.

Die Sunn schennt heita gor zu sehr;
Dam Jaager wird die Flint zu schwer.
Ar legt sich ei des griena Groos –
Un åll dees siaht de kloana Hoos.

Un wie de Jaager schnorcht un schleeft,
Ar – hoppla, hoppla – zu ihm lääft
Un nimmt ihm Flint un Åågngloos
Un schlecht devåå, da schlaua Hoos.

Dees Haasla setzt des Åågngloos
Sich salber off die långa Noos
Un will su wie e Jaager schissn.
De Jaager dar hoot lååwn missn.
Ar lääft wie narresch, hippt un schreit:
»Zu Hilf, ihr Leit! Zu Hilf, ihr Leit!«

Do kimmt de wilde Jaagersmåå
Zuletzt penn Jaagerbrinnla åå
Un hippt glei nei, die Nuut wor gruuß;
Do gieht die Flint wie Duuner luus.

Penn Fanster sitzt die Jaagersfrau,
Trinkt ausn Tippla ihrn Kakau.
Des Tippla scheßt de Hoos kaputt;
Die Frau laut lamentieren tutt.
Vom gruusn Hoos de kloana Hoos
Da hockt penn Brinnla ei dan Groos.
Ihm fleßt die Schokolaadnsooß
Grod off die zorta Schnuppernoos.
Ar schreit: »Des briht wie Uuwngluut!«
Un hellt ne Leffl ei de Pfuut.

Die Geschicht vom Daumenzummler

»Konrad!« seggt die Mutter, »bie
Brav, wenn iech nooch Brodka gieh!
Nimm dei Spielzeig, stell nix åå,
Wiel iech dees nie leidn kåå!
Un gånz wichtig, Konrad, heer!
Zumml nie åm Dauma mehr,
Denn de Schneider mit der Scheer
Kimmt dir sicher ei die Quer:
Wack die Dauma schnedt ar dir
Su, åls wern sa aus Påpier.«

Kaum ies Mutter furt e Wella,
Stackt de Dauma schon en Mella.

Horch! Es måcht die Klåtschka ›klick‹,
Un die Tier gieht auf e Stick,
Springt de Schneider ei die Stuub
Zu dam Dauma-Zummler-Puub.
Schnipp-schnåpp schnedt da flinker Måå
Mit de Scheer die Dauma åå,
Mit da gruusn schorfn Scheer!
Oo! do schreit de Konrad sehr.

Wie die Mutter kimmt eis Haus
Siaht de Konrad traurig aus.
Uhne Dauma stieht ar doo.
Ja, dees hoot ar itz devåå.

Die Geschicht vom Suppn-Kåschper

De Kåschper wor total gesund,
E dicker Puub un kuglrund,
Sei Wonga worn su frisch un ruut,
Die Supp hoot ihm geschmeckt su guut.
Dåch oamol schreit ar wie nooch nie:
»Iech aß koa Supp! Iech aß sa nie!«
Un ar tutt stråmpln un tutt toobn:
»Iech will die bleeda Supp nie hoobn!«

Åm neechsten Toog – betråcht na ner! –
Do ies ar schon viel moogerer.
Un wieder schreit ar, saht ner hie:
»Iech aß koa Supp! Iech aß sa nie!«
Un ar tutt stråmpln un tutt toobn:
»Iech will die bleeda Supp nie hoobn!«

Åm drittn Toog – o jekesch åch! –
Wie ies de Kåschper dirr un schwåch!
Un wie die Supp die Mutter brengt,
Ar wieder ner åås Schreia denkt:
»Iech aß koa Supp! Iech aß sa nie!«
Ar schmeßt daan Suppnleffl hie:
»Die bleeda Supp, iech aß sa nie!«

Åm viertn Toog, die Såch wird pies,
De Kåschper wie e Foodn ies
Un lecht su wie e Ranftla Bruut –
Åm fimftn Toog, do ies ar tuut.

Die Geschicht vom Zåppl-Philipp

»Ob de Philipp heit emool
Ruhig sitzt penn Mittigmohl?«
Segt de Vooter zu senn Suh;
Doch de Philipp hert nie zu.
Un die Mutter denkt sich ner:
›Wenn mei Suh ner ruhig wer!‹
Ja, de Philipp hoot sei Muckn,
Will nie brav sei, will nie puckn.
Ar wåcklt
Un gåcklt,

Ar rucklt
Un zucklt
Off dan Schaaml har un hie.
»Philipp, her! des moog ich nie!«

Saht, ihr Kinderlich, ihr liebn,
Wos ar weater hoot getriebn!
Saht genau hie off des Pild!
Saht, ar schauklt gor su wild,
Saht, wie ar noch hintn fellt;
Do ies nix mehr, woos na helt.
Noochn Tieschtuch grefft ar, schreit,
Doch wos sell's? Zur gleichn Zeit
Fålln die Taler, Flåsch un Bruut.
Voter ies ei gruusa Nuut,
Un die Mutter denkt sich neer:
›Oh, wie ies de Tiesch su leer!‹

Itz ies Philipp gånz versteckt,
Un de Tiesch ies ogedeckt.
Wos de Voter assn wollt,
Untn off'n Fuußpudn rollt;
Supp un Bruut un ålla Pissn,
Åll des ies itz noogerissn;
Suppnschissl ies ei Scherbn,
Epplnietik tutt verderbn,
Un die Eltern sei racht pies,
Wack des gutta Assn ies.

Die Geschicht vom Håns Guck-ei-die-Luft

Kimmt de Hansi su dohaa,
Wird holt ei die Luft gesah,
Nooch dan Räuchfeng, nooch dan Veegln,
Nooch dann Wulkn, die su seegln.
Vier die eigen Fiß, o naa,
Tutt des Hansela nie sah.

Left e Hund off offner Strooß,
Håns steckt ei die Luft die Noos,
Siaht ner ei die Hieh,
Siaht dan Pummer nie.
Koaner rifft na, koaner schreit –
Un do is 's su weit:
Bums! Pardauz! – do liegn sa,
's Pummerla un 's Hansela.

Mitn Zeeker ei de Hond
Gieht penn Wåsser ar åm Rånd,
Siaht zum Himml mit Vergniegn,
Wie die flinkn Schwålbn fliegn;
Guckt un gåfft nooch uubn, dåß er
Inda neater kimmt zum Wåsser.
Un die muntern Fischlich sei
Gånz verwundert, ålla drei.

Noch en Schriet! Un plumps! – de Håns
Purzlt ei des Wåsser gånz.

Die drei Fischlich schwimma glei
Datthie, wu sa sicher sei.

Doch zum Glick wårn ei de Neh
Arbeter, die standepee
Homm des Hansela mit Stånga
Hargezuugn un aufgefånga.

Saht, do stieht de Hansi itz,
Ja, des ies e schlachter Witz!
Wåsser left dam årma Puub
Wie a Raagn vå senn Kuup,
Ausn Kloadern, ausn Årma,
Un ar freßt zum Gottderbårma.

Doch die Fischlich – saht! – en Nuu
Schwimma die drei glei dezuu,
Steckn 's Keppla ei die Hieh,

Låchn laut: »Hihie, hihie!«
Lochn furt noch långa Zeit –
Un de Zeeker schwimmt schon weit.

Die Geschicht vom fliegndign Robert

Wenn de Raagn niederbraust
Un de Sturm die Peema zaust,
Bleibn die Moalich und die Puubm
Braav dehoam ei ihra Stuubm.
Robert denkt: Des måch ich nie!
Dausn is su wunderschie!
Mit'n Raagnschirm – o Graus! –
Lääft ar ei des Waater naus.

Off'n Fald is itzt gefehrlich,
Denn de Wind pfefft im die Ehrlich.
Saht, dan Schirm derwischt de Wind,
Un de Robert fleggt geschwind
Durch die Luft, su huuch un weit;
Koaner hert na, wenn ar schreit.
Å dan Wulkn stißt ar åå,
Un de Huut fleggt ihm devåå.

Schirm un Robert fliegn – huu! –
Durch die Wulkn indazuu.
Un de Huut fleggt weit vieraus,
Stißt zuletzt åå's Himmelshaus.
Wu de Wind sa hiegetroogn,
Tja, des woaß koa Mensch zu soogn.

Glossar

Brodka: Deutsch-Brodek (Nachbargemeinde von Wachtl/Mähren); **D**uuner: Donner; **E**hrlich: Ohren; Epplnietik: Kartoffelbrei; Essln: Brennessel; **f**reßt: friert; **G**raamla: Wassergraben; grennt: weint; Grindn: Wiesengründen; **j**ekesch: Ausruf (wohl von ›Jesus‹); **K**lotschka: Türklinke; **L**ood: Lade, Truhe; **M**ella: Mündchen; **P**eema: Bäume; Penk: Bänke; puckn: ruhig sein; Pummer: Hund; **R**anftla: Brotkruste; Räuchfeng: Schornsteine; **S**iedmehrer Wei: Südmährer Wein; standepee: sogleich; **T**ock: Puppe; Trepplich: Tränen; **U**uwngluut: Ofenglut; **W**ella: Weilchen; Wietik: Schmerz; **Z**eeker: aus Strohschnüren geflochtene Tasche.

Erich Birke

Der Struuwelpeter of Braunsch
Lostche Gschechta on drollche Belder

A Voraussprechla

Wenn die Kender folcha tun,
Brengta s Chrestkend dann a Luhn.
Wenn se ihre Soppe assa
On a Schnietla nee vergassa,
Wenn se, ohne Krach zo macha,
Räuma uuf die Siewasacha;
Beim Remspozian ei a Gossa
Die Mama o der Hand oofossa,
Brengtsa n Chrestbaam met viel Lichtlan
On a noch schiene Belderbichlan.

Der Struuwelpeter

Ma sitts m oo of viele Meter,
Da Kall dat is der Struuwelpeter!
Seit gutt am Johre hood a
Die Naile lang on d Looda.
A lett se sich nee schneida,
Wa mag denn dos schonn leida!
»Pfoi Teifel!« sprecht a jeder,
»Graust mier vom Struuwelpeter.«

Die Gschechte vom biesa Fritzla

Fritzla wor a Jongaoos,
Ei der Buust wurd a ganz bloß.
A Fliecha reß a d Fliechel raus,
Die Kotza joita aus m Haus.
Die Stihle haut a korz on klain,
Kai Voochel durft om Laawa blein.
On wos die eichne Grete wor,
Die schluucha met der Peitsche goor.

Wie der Hund om Borne stunde,
Lopperte wie olle Hunde,
Hotts doch Fritzla glei gesahn,
Wullts m met der Peitsche gaan.
Der Hund gauzte zom Derbarma,
Fritzla troot noch of da Arma.
Nu hoot da Hund dann zugebessa,
Dam Fritzla s holwe Bain zerressa.
A prellte laut os wie om Spieß,
Bis doß der Hund ock vonem ließ.
Of der Stelle zuuch a Leine,
Wor die Peitsche doch etz seine.

Fritzla mußte s Bette hitta,
Denn dos Bain wor wie zerschnieta.
Zogoor der Dokter mußte komma,
Viel Troppa hoot der Fritz genomma.

Datt, wu Fritzla emmer sooß,
Etz da Hund senn Kucha frooß.
Die Laawerworscht ließ a sich schmecka,
Toot nee om Ruutweine bloß lecka.
Of die Peitsche poßt a uuf,
Leet se of die Lahne druuf.

Die goor traurige Gschechte vom Foierzoiche

Die klaine Paula wor allaine,
Die Eldarn worn aach nee derbeine.
Wie se emma Zenstrich hoppte,
Noch derzu m Takte kloppte,
Derschrook se of amool on sooch,
Doß a Foierzoich datte looch.
»Hoots der Voter hiegeleet«,
Denktse, »ower goor verstreet?
Ich mach a Foier, s wär gelacht,
Wie s die Mutter soste macht.«

Ei der Paula Hause hotts a
Minz on Maunz, zwee gro-e Kotza.
»Mier warn olle do verbrien«,
Gowa se ihr zo verstihn.
»Onderstih dich ock schonn nee,
Wenn der Vooter kemmt – oh je!«

Des Maidel kunnde dos nee steern,
On dos Miaun wullt se nee heern.
A Scheitla brannte lichterloh,
Do flackert ais, a andersch do.
Die kleine Paula voller Froide,
Die rannte rem, hoidediboide.

Minz on Maunz, die gro-a Katzlan,
Fochtelta met olla Tatzlan.
»Gloiwock, wos die Mutter soite,
Soste beste tuut noch hoite.
Weg mem Foier, bies ock schlau.
Naj, naj, naj, miau, miau!«

Jessasnee, dos Foier brannte,
Meterhuuch, wos ma nee kannte.
Die Paula wor n Foiersoile,
On dann erscht noch ihr laut Gehoile!

Doch Minz on Maunz, die Kotzaviecher,
Wurda welde wie zwee Tiecher.
»Halft, ihr Loite, seid gebaata,
Lott ons nee zu lange watta.
Saht, dos arme Kend verbriet,
Wenn ihr bloß dernawa stiht!«

Wos ma sich a iewerleete,
Jede Helfe koom zo späte.
Verbrannt ies olls bis of die Pootscha,
Die Kotza finga oo zo nootscha.

Met da zwee Viechlan worsch a Graus,
Die hoilta sich die Aacha raus.
»Wos werd aus da Eldarn waan,
Wenn se s Unglecke waan sahn?«
On die Katzlan toota jaula,
On die Trepplan toota kaula.

Die Gschechte von da schwarza Jonga

Do lief doch ainer rem verm Toore,
Kohlroppaschwarz die Haut on Hoore.
Die Sonne maints halt goor zo gutt,
Drum trucha n Scherm on nee n Hutt.
Ludwich soocha trotz der Sonne,
Koom a glei met senner Fohne.
Kaschper koom flink oogerannt
Met am Hernla ei der Hand.
Aach der Willi met sem Raifa
Toot da Schwarza nee begreifa.
»Wie da giht, wie sitt da aus!
Dreckich iesa, s ies a Graus.
Etz, wos mach mer: lach man aus!«

Wos Niklas zo da Jonga soite,
Horta m Darfe olle Loite.
»Lott ihr da Neecher nee zo Ruh,
Weeß ich, wos ich met oich tu:
Mei Fooß ies voller schwarzer Tente,
Do kommter nei, on zwor noch hente.«
Da verdammta Jongabande

Fahlts halt doch noch o Verstande,
Prellt noch mehr met lauter Stemme,
S eichne Wort verstund ma nemme.

Nu wurd oich da Niklas biese,
Moskan hotta wie a Riese,
Schnoppte sich die Jonga glei,
Ma mecht sprecha nawabei.
Erscht Willan on dann Ludwichan,
Zo guder Letzt noch Kaschpalan.
Sei ganzes Zoppan wor emsoste,
A stoppte nei, bis a nei poßte.
Tief sooßa se nu ei der Tente,
Die Niklas nee amool verdennte.

Henderm Neecher laafa do
Olle dreie, newojoo.
Schwärzer wie beim Neechala
Ies die Farwe, do saht ha.
Denn warde iewern Neecher lacht,
Da werd geheerich schwarz gemacht.

Die Gschechte vom welda Jochtmonne

Saht ocka, da Jochtmoon do
Hoot a noies Jackla oo.
Der Rucksaak, Polver, s Jochtgewehr,
Dos Zoig wor fer a fost zu schwer.
Met der Prelle of der Noose
Freechta sich, wu ies da Hoose.

Da hott sich ei a Strauch gesotzt
On schien die Pfietlan ogepotzt.
Die Sonne prannte wie a Foier,
Dam Jochtmonne wor nee gehoier.
Drum leet a sich eim Aachablecke
Ei der Wiese of a Recke.
Kamm wor a feste eigeschloofa,
Koom da Hoose oogeloffa,
Schnoppt sich die Flente on die Prelle
On macht sich fatt ei oller Stelle.

Ihr wards nee gloiwa, doch s ies wohr,
Die Prelle poßt dam Hoosa goor.
A schuuß a noch ausm Gewehre,
Dam Jochtmonne wor dos n Lehre.
Vo Angst fing a doch o zo prella,
Su ainer hätt sich schaama sella!

Da ies verlächte weggeloffa,
Sterzt ei a Born, wär schier dersoffa.
Der Hoose lief m hendadrei,
Schuuß noch amool, s ginge verbei.

Om Fanster stonde s Jächerweib,
Tronk Kaffee bloß zom Zeitvertreib.
Da Hoose toot schonn wieder knolla;
Do ließ se s Kaffeeteppla folla.
Dos Teppla koom oich oogefloin,
Hätt da klenn Hoosa fost derschloin.
A wor der Suhn vom aala Hoosa,
On wullde henderm Bernla groosa.
Da haißa Kaffee toot m wih;
A Leffel rackta ei die Hih.

Die Gschechte vom Daumalutscher

»Konradla«, die Mama soite,
»Ich muuß fatt, on zwor noch hoite.
Mach mer ja nee n Verdruß,
Soste ies der Teifel luus.
Wie oft muuß ich dern noch soin,

Tu nee of a Dauma koin.
Wenn der Schneider-Vetter kemmt,
Dann possierts doch ganz bestemmt:
Da schnett der glott die Dauma weg,
On do hoste dann a Dreck.«

Die Mutter wor noch nee ganz dassa,
Toot Konrad schonn a Dauma assa.

Of aimool sprengt do wie a Rih
Der Schneider zo dam Jonga hie,
Nohm die Schere ei die Hände –
Dos ging oich verdammt geschwende.
Die Dauma hoot am oogeschnieta;
Do holf kai Jomann on kai Bieta.
Ritze-ratz on ritsch on ratsch,
Ginge dos ock, klitsch on klatsch.

Wie die Mutter koom zorecke,
Rihrt sich Konrad nee vom Flecke.
Wie a toot die Hände haala,
Sooch ma glei: die Dauma fahla.

Die Gschechte vom Soppa-Kaschper

Kaschper wor a hibscher Jonge,
Gruuß on stark on flink die Zonge.
Die Wanga hotta ruut wie Äppel,
A soppte wie a Pauwan-Kläppel.
Of aimol heert ma seine Stemme:
»Ich asse kaine Soppe nemme!
Do schmeiß ich oich a Leffel hie,
Die Soppe ass ich nemme – nie!«

Tags druuf, dos ging dorch Bain on Mark,
Prellta noch lauter, s wor ganz arg:
»Sool Soppe assa war de wiel,
Ich mag nemme, mier iss' zoviel.
Soppe, naj, a nee zer Vaschper,
Bin ich denn der Soppa-Kaschper?«

M dretta Taache wor m iewel,
Der Kaschper speite ganze Kiewel.
Schonn hotta wos obgenumma;
Trotzdam toot a wetter brumma:
»Lott mer bloß die bleede Soppe,
Drenne ei dam Punzeltoppe;
Folchter nee, dann kriechter Kloppe!«

M vierta Tache außer Odm
Wora denner wie a Fodm.
Nee schwerrer wie a Schnietla Bruut,
Wora om fenfta Taache tuut.

Die Gschechte vo Zoppel-Philippan

»Philipp werd zo Mettche wella,
Doß mer Zirkus spiela sella,«
Soit der Vooter met am Gsechte
Wie a Rechter beim Gerechte.
Die Mutter, stelle wie a Fiesch,
Stierte ver sich of a Tiesch.
Dam Philipp machte dos nischt aus.
Zo em Ohr nei, zom andarn naus.
A roppelt
On zoppelt,
A fackelt
On wackelt
Of dam Stuhle haar on hie,
Bis der Vooter »Philipp!« schrie.

Do saht ihr Kender, wos possiert,
Wenn ainer dauernd koicheniert.
Kai Setzflaisch hotte Philipp nee,

A schaukelte on schaukelte.
Der Stuhl da fiel dann henda niewer,
Da Philipp baale iewann driewer.
Schleßlich grief a noch m Tuche,
Wos a nu vom Tesche zuuche.
Roogeschmessa jedenfolls
Vo dam Tesche hoota olls.
Der Vooter sprecht: »Du best mei Suhn nee!«
Die Mutter soite nischt derzune.

Onderm Tesche gut verstackt
Hoot sich Philipp zugedackt.
Dam Vooter met sem laara Maacha
Sooch ma die Buust schonn aus a Aacha.
Wos a hätte assa miecha,
Bliewe etz m Bodm liecha:
Soppe on Flaisch on wos halt wor,
Mer scheint, die gruuße Pletsche goor.
Die Eldarn olle beede worn
Eim Gsechte foierruut vo Zorn.

Die Gschechte vom Hans Guck-eid-Loft

Hons wor schonn a su a Guste,
Wie a noch eid Schule mußte.
Die Spotza soocha ofm Dache,
Olls ander wor nee seine Sache.
Onda, dos toota nee kemmarn,
Werd sich dos nee goor verschlemmarn?
Wenn a koom, aach unverhofft, ?
Hieß a bloß: »Hans Guck-eid-Loft.«

Hoppt a Hundla onem nuuf,
Fiel m dos nee wetter uuf.
A Koop, dan rackta ei die Hih,
Do wedelte dos Hundevieh.
Weil kainer prellte: »Gib ock Obacht!«
Fiel a vo Schrecke doch ei Ohnmacht.
Nawerm Hunde bliewa liecha;
Secher wor dos kai Vergniecha.

Aimool worsch, do lief a aach
Driewernonder bei der Baach.
Met a Tosche ei der Hand
Koom a rechtich oogerannt.
S Keppla wieder ei der Hih,
Naj, dos Beld vergeßt ma nie.

Die Fesche ei dam Wosser drenne
Dochte, da ies nee bei Senne.
Do ies sost nee viel zu soin,
Eis Wosser ies a halt gefloin.
Die Feschlan worn ganz hibsch derschrocka
On machta sich glei of die Socka.

Eim Wosser loocha ofm Recke;
Fer ihn wor dos a gruußes Glecke.
Zwee Monnsm hotta doch gesahn,
Wos met dam Jonga wor geschahn.

Met Gescheck on langa Stanga,
Hoonsa wie n Fiesch gefanga.
Etz hotta endlich ausgebodt;
Vom viela Wosser wor a soot.
A schittelt sich on treuschte rem,
Doch kainer kemmerte sich drem.

Bloß die liewa Feschlan kooma
Doch glei wieder oogeschwomma.
Nu stackta die die Keppe raus
On lachta halt da Honsworscht aus.
Wie se on tauchta wieder onder,
Wor die Tosche a Baach nonder.

Die Gschechte vom fliechnicha Robertla

Wenns dassa goißt oswie aus Konna,
Hoot kainer werklich wos gewonna.
Die Kender missa drenne blein
On noch derzuune artig sein.
Doch Robertla, da soite sich:
»Die Stuwaloft ies nischt fer miech.
Groode etz ies dassa schien,
Ma koon ju mem Scherme gihn.«

Gesoit, getoon, der Stormwend koom,
Da Jonga somt m Scherme nohm.
Wie a Voochel fluuche se,
Robert machte noch: »Juchhee!«
Heern kunnt ma dos nee gescheit,
Die Entfernung wor zo weit.

Die fluucha dorch die Wolka dorch,
A su gutt fliecha koon kai Storch!

Doch ainer, do kunnts a noch gutt,
Dos wor vo Robertlan der Hutt.
Da wor schonn verem ofm Monde,
Wie Robert koom, met senner »Sonde«.
Ma weß ock, wu se hoite sein –
Fer die ies onsre Welt zo klain.

Glossar

ausgebodt: ausgebadet; **b**aale: sofort; bloß: blaß; Buust: Wut; **d**erbeine: dabei; **g**loiwock: glaub doch; Guste: (dummer) August; **h**ente: heute; **k**oicheniert: quengelt; **L**ooda: ungepflegte, lange Haare; **m**a weß ock: wer weiß schon; Mettcha: Mittagessen; Moskan: Muskeln; **n**ewojoo: nicht wahr, ja; nootscha: weinen; **o**cka: einmal; ogepotzt: saubergemacht; **P**auwan-Kläppel: Bauernbursche; Pletsche: Pfanne; Punzeltoppe: Topf aus (Bunzlauer) Keramik; **R**ecke: Rücken; **s**eid gebaat: bitte; soocha: sah er, sah ihn; soppte: aß Suppe; soste beste: sonst bist du; **t**reuschte: spritzte; **v**erlächte: vielleicht; verstreet: verloren; **Z**enstrich: Kreis; Zoppan: Zappeln.

Peter Ulrich

Dor Dräsdnor Schdrublbedor
Schbaßsche Geschichdn un widzsche Bildor

Ä Vorword

Wänn de Kindor scheen bariern,
Dud das dichdsch das Grisdkind riehrn;
Wänn se ihre Subbe ässn
Un de Fäddbämm ni vorgässn,
Wänn se ni ze wilde sin
Bei ihrm Schbieln im Zimmor drin,
Hibsch dor Muddor s Händchn gähm
Un ooch sonst sich gud benähm,
Dann had s Grisdgind ooch än Bagg
Bildorbiechor in seim Sagg.

Dor Schdrublbedor

Nee, o nee, da schdehdor
Unsor Schdrublbedor!
Näschl lang wie Schbinnenbeene!
Lusd zem Schneidn hador keene;
Un so gehd's jahrein jahraus
Mid seim Budlkobb, o Graus!
»So ä Kärl!« rufd jedor,
»Diesor Schdrublbedor!«

De Geschichde vom Friederich, dem Lumberich

Vorfliggsd noch ma, dor Friederich
Das war vleichd ä Lumberich!
Där jachde Flieschn wie vorrigd
Un had n Beene umgegniggd;
Ooch hador Schdiehle demolierd,
Un Veeschl, Kadsn maldrädierd.
Nu härd, sogar de liebe Grede
Had diesor Kärl gehaun wie bleede.

Ä Hund ma an eem Dorfbrunn schdand,
Soff alläs Wassor, was or fand.
Da bärschd sich ran an diesn Keedor
Där Friederich, där Schwäreneedor;
Un beidschd dn Hund, där jaulde sähr,
Da schdambfd or droff noch umso mähr.
Droff biß dor Keedor ihm ins Been;
Glei fing dor Gwälor an ze ween.
Das Blud drobbde am Been ändlang,
Daß Friedrich in de Gniee sang.
Dor Keedor abor sausd dorheeme
Mid Friedrichs Beidsche ganz alleene.

Nu lieschd dor Friedrich nach där Bleide
Mid äm Vorband im Bädde heide;
Dor gude Dogdor hoggd dornähm
Un reichdm seine Drobbn ähm.

Dor Keedor abor gar ni dumm
Fraß glei an Friedrichs Dische rum:
Ärschd Wurschd, dann Bäbe mambfdor nein
Un schläggd dornach ooch noch dän Wein.
De Beidsche hador jädz dorbei,
Dänn die is ihm ni eenorlei.

Die elend drauriche Geschichde mid dän Schdreichhelzorn

Baulinchn war äma alleene,
De Äldorn beede ni dorheeme.
Als se nu schbrang im Zimmor rum
Un sah sich da nach Schbielzeich um,
Kam äs ihr blädzlich in dn Sinn,
Daß dord ne Schdreichholzschachdl drin.
»Oh«, schbrach se da, »wie is die gud!
Zum Gogln die sich eischnen dud.
Die Helzor sin mir doch bekannd;
Ooch Muddor had eens angebrannd.«

Un Minz, ooch Maunz, de Kadzen,
Hehm glei de rächdn Dadzen.
Droff schdräggn se de Fodn:
»De Äldorn ham's vorbodn!
Miau! Här off, mei liebäs Kind!
Sonsd brännsde glei im Feiorwind!«

Baulinchn aber gogeld droff;
Das Schdreichholz brännd un härd ni off,
Das flimmord scheen un flackord häll,
Wie offm Bilde gehd's so schnäll.
Baulinchen had das ni kabierd,
Glei Freidnschbringe äs vollfiehrd.

Doch Minz un Maunz, de Kadzen,
Hehm wiedor ihre Dadzen.
Se räggn hoch de Fodn:
»De Äldorn ham's vorbodn!
Miau! Mio! Miau! Mio!
Här off! Glei brännsde wie das Schdroh!«

O je! De Flamme frißd schon s Gleed,
De Schärze ooch; mor siehd's ganz weed.
Glei brännd de Hand un ooch das Haar;
Das scheene Kind is in Gefahr.

Un Minz un Maunz, de Kadzn
Die ziehn drauriche Fradzn.
»O je, o je! kommd figgs ma här,
Das gleene Kind brännd immor mähr!
Miau! O nee! Miau! O je!
Uns dud das in dor Seele weh!«

Baulinchn ni ze räddn war,
Vorbrannd is äs mid Haud un Haar;
Ä bissl Asche bleibd zerigg
Un noch de Schuhe, die zwee Schdigg.

Un Minz un Maunz, de Gleenen,
Fangn dichdsch da an ze weenen:
»Miau! Mio! Was fier ä Los!
Wo sin de Äldorn beede bloß?«
De Dränen kullorn rundor,
Wie s Bächlein fließd so mundor.

De Geschichde von dän schwarzn Kärln

Mor sah äma än Mohr flaniern,
Sein Wääsch dad ihn dorch s Schdaddor fiehrn.
De Sonne schien ihm offn Däds,
Är druch dorbei än Sonnschärm schdäds.
Da kam dor Ludwich angesausd
Mid eenor Fahne in dor Fausd.
Un Kasbor, där glei härgerannd,
Had änne Brädsl in dor Hand.
Sogar där Wilhälm härmarschierde
Un mid äm scheenen Reif brillierde.
Droff alle dreie feigsdn sähr,
Als nu das Mohrchn kam dahär,
Weil äs so schwarz war wie dor Däär.

Ä medorgroßes Dindnfaß
Schläbbde dahär dor Nikolas.
Där schbrach: »Ihr Gleen nu härd ma droff,
Härd ändlich mid dän Faggsn off!
Där Mohr där kann doch nischd dafier,
Daß är so weiß ni is wie ihr!«
De Fläze machdn sich nischd draus
Un feigsdn ooch dän Niglas aus.
Un zoochen sogar immor mähr
Dann iebern schwarzen Buben här.

Da worde där ganz elend wilde,
Wie du's hier siehsd off diesm Bilde.
Dann schdilbde glei dor Nikolas
Die dreie nein ins Dindnfaß;
Ze ärschd da kam dor Ludwich dran,
Dor Wilhelm ooch, der Kasbor dann,
Där schdraibde sich nach Herznslusd;
De Dinde schdand dän bis zor Brusd.

Nu gugge ma de schwarzn Geisdor,
Als wärn se reingefalln in Gleisdor!
Dor hibsche Mohr marschierd voraus,
Dän Dindnkärln gehd s Feigsn aus;
Dänn weil de dreie so gelachd,
Had se dor Niglas schwarz gemachd.

De Geschichde vom vorrigden Jäschor

Ä Jäschor, in dor Schießkunsd groß,
Där schdabfde off ne Jachd ma los;
Im grienen Anzuch mid Gewähr
Da machde där schon dichdsch was här.
Ooch von där Brille off dor Nase
War schwär beeindruggd manchor Hase.

So eenor hoggde in nor Schdaude,
Wo er vorgniechd an Bläddorn kaude.

Nu schien de Sonne wie vorriggd;
Da had ihn das Gewähr gedriggd.
Än scheenen Schaddenbladz är fand –
Das war fiern Lambe indrässand.
Als nämlich unsor Jäschor pännde,
Lief Lambe glei vom andorn Ände
Zem Jäschor hin un klaud s Gewähr,
Als ob das Ganze gar nischd wär.
Droff nahm är ooch noch seine Brille
Un zoch dorvon in allor Schdille.

Dann glämmd sich sälbsd dor hälle Hase
De fremde Brille off de Nase;
Un läschd fich'land offn Jäschor an.
Där had glei Schiß, där Jäschorsmann;
Är sausd, was nur das Zeich so häld
Un brilld: »O helft! Kommd här ins Fäld!«

Off eema siehd dor Jäschorsmann
Än Brunn bei seinem Haus nähman.
Är hächded nein – de Banig groß!
Vom Hasn gnalld de Flinde los.

Beim Bliemchnkaffee saß de Frau
Vom Jäschor, un de Lufd war lau.
Da ballord Lambe in de Dassn.
De Frau brilld glei: »S is nich ze fassn!«
Doch in dor Nähe da vom Brunn,
Da saß dor Sohn vom Hasn rum.
Där had s'ch vorschräggd im grienen Grase,
Un Blämbe schbridzd em off de Nase.
Är hieldn Leffel in die Heeh
Un schrie: »Mich brännds! Härrjeminee!«

De Geschichde vom Daumludschor

»Liebor Konrad, här ma droff,«
Schbrach de Mudder, »un baß off,
Dänn ich muß ma ford von hier.
Laß de Faggsn, rad ich dir,
Un das Wichdschsde, här ma här:
Gnabbre ni am Deimling mähr!
Wänn dor Schneedor das ärfährd,
Kommdor hurdch, weil ihn das schdärd;
Mid dor Schäre – schnibb un schnabb –
Säbeld där die Daum dir ab.«

Kaum is Muddor wägg dorheeme,
Ludschdor n Daum, weil är alleene.

Krrk! Da schbringd de Diere off,
Un dor Schneedor schbrinded droff
In das Zimmor von däm Gleen –
Schdolbord fasd iebor ä Been.
Nee! Das gehd eem dorchn Maachn,
Wie undn glei zwee Daumn laachn –
Abgesäbeld mid dor Schäre.
Nee, wie blägd dor Konrad sähre!

Als de Muddor kommd dorheeme,
Härd se blädzlich das Geweene.
Keene Daumn had Konrad mähr.
Wohär grischd or neie här?

De Geschichde vom Subbn-Kasbor

Dor Kasbor war ä Wonnebroggn,
Un druch dorzu noch rode Soggn.
Är aß sein Dällor immor läär
Und wollde manchma ooch noch mähr.

Doch eema blägde är, o je:
»Deselbe Subbe, nee, o nee!
Ich äss das Zeich ni, diese Briehe!
Ich will was andres, gebd eich Miehe!«

Am Dache droff – nu gugge ma!
Glei dinnor war där Kasbor da.
Da brilldor wiedor, jeminee:
»Deselbe Subbe, nee, o nee!
Ich äss das Zeich ni, diese Briehe!
Ich will was andres, gebd eich Miehe!«

Am iebernächsden Dach, dor Daus!
Da sah or wie ä Schbarchl aus.
Un wiedor kam ne Subbe nein,
Dor Kaspor fand das gar ni fein:
»Vorfliggsd noch ma, die Subbe nich!
Da wärd ich ähmd ä eenzchor Schdrich!
Nee, diesn Mambf, dän mag ich nich!«

Am vierdn Dach, mor kann sich irrn,
Da war door Kasbor wie ä Zwirn.
Är war ni mähr als ne Bordsion –
Am Dach dornach, da schdarb or schon.

De Geschichde vom Zabbl-Filibb

»Filibb, mache geenen Schduß,
Mit dän Faggsn is jätz Schluß!«
Schbrach beim Ahmdbrod där Baba,
Als or s Sehnchn kibbln sah.
Nur de Mudder sachde nischd,
Als ihr Sohn was abgegrischd.
Doch dor Filibb lachd s'ch än Asd,
Weil em Vador was ni baßd.
Är ruggld
Un zuggld,
Är kibbld
Un wibbld

Off seim Scheml unändwäschd,
Was än Vador dichdsch ärräschd.

Guggd, ihr Gleen nur, wie äs gehd,
Wie äs um dän Filibb schdehd.
Guggd, där kibbld wie vorriggd,
Bis das Balangsiern mißgliggd.
Da gibbd's keene Räddung mähr;
Är ziehd's Dischduch hindorhär,
Un schon flieschd dor ganze Blundor,
Dällor, Schissln, Ässzeich rundor.
Vador had de Wud gegrischd,
Nur de Muddor sachd noch nischd.

Nu is Filibb ganz begrahm
Undorm brächdschn Däckengram.
Was dor Vador so gärn ißd,
Alläs nu dn Bodn mißd:
Subbe, Fleesch, ooch Brod un Wein,
Nischd mähr wärd genießbar sein.
Wie de Gläsor rundorsausn,
Kommd dn Äldorn kaldes Grausn.
Beede sin am Ände nu
Durch däm Filibb seinen Ku.

De Geschichde vom Hans Gugg-in-de-Lufd

Wänn Hans sich offn Schulwääsch machd,
Dann gibbd or bloß off Veeschl achd.
Mid äm richdschn Himmelsbligg
Siehdor nur ganz ohm sei Gligg.
Wännor dann marschierd alleene,
Siehdor ni mähr seine Beene.
Alle greeln zesamm im Chor:
»Hans Gugg-in-de-Lufd, där Dor!«

Kommd ä Keedor in de Gwäre,
Machdor Hans gar kee Gemähre,
Schdarrdor eefach in de Lufd.
Keenor is dorbei, där rufd:
»Baß ma off, ä Hund is da!«
»Was war los, vorfliggsd noch ma?«
Blums! Da lieschn alle zwee;
Beedn dun de Kebbe weh.

Eema nahm dor Hans än Wäsch
Nahe bei äm Uforschdääch;
Guggde nachn Schwalm un weider
Bis roff zu dor Himmelsleidor;
Un mid seinor Dasche nu
Drador hurdch offs Wassor zu.
Un de Fische, alle drei,
Sin bärbleggs un schwimm herbei.

Noch ä Been nach vorn un – gladsch!
Flieschdor Hans ins Wassor, badsch!
Die drei Fische sin ämbeerd
Un noch ohmdrein sähr vorschdeerd.

Godd sei Dank, komm glei zwee Männor,
Die als Fischor große Kännor.
Die ham glei mid Anglrudn
Rausgefischd dän Hans, dän gudn.

Guggd! Was sin das bloß fier Sachn!
Nee! Da gibbd äs nischd ze lachn!
Dräggsche Briehe laifd däm Wichd
Ausn Lodn ins Gesichd.
Wie bedäbbord schdehdor da,
Weeß es ni, wie's em geschah.

Doch de Fische im Därdzädd
Findn jädz dän Schbaß ganz nädd;

Hehm de Kebbe ausm Fluß,
Feigsn, daß äs schalln muß,
Kugln sich vor Lachn schon,
Un de Dasche schwimmd dorvon.

De Geschichde vom flieschndn Roberd

Wann äs ma von ohm sähr dreeschd
Un mor wärd ni gärn dorchweeschd,
Bleim de Kindor scheen dorheeme,
Dänn da ham se warme Beene.
Nur dor gleene Roberd dachde,
Daß morsch äma andorsch machde.
Off dän Wiesn, die schon naß,
Hador midm Schärm sein Schbaß.

Mänsch, wie schdärmd un wehd dor Wind,
Daß mor nischd mähr wiedorfind.
Guggd! Dor Schdorm ziehd alle zweee,
Schärm un Roberd in de Heehe,
Immor weidor, immor weidor,
Keenor härd ihn, nee wie schreidor!
Zu dn Wolgn mid Gäbraus
Flieschd dor Hud vor ihm hinaus.

Schärm un Roberd flieschn ford
An een unbekanndn Ord.
Un dor Hud wehd an dor Schbidze
Bis zor ledzdn Himmelsridze.
Wo's de beedn hingedriem,
Is ä Rädsl alln gebliem.

Glossar

Bäbe: Aschkuchen; Budlkopp: Pudelkopf; **F**äddbämm: mit Fett bestrichene Brotscheiben; fich'land: gewandt; Fläze: böse Buben; **G**emähre: langatmiges Tun; **L**odn: lange Haare; **S**chbarchl: Spargel.

Paul Gerstenberger & Walter Sauer

Dr Arzgebirgische Struwelpetr
Lustiche Gschichtle un bussierliche Bildr

Virspruch

Wenn die Kinnr artig sei,
Kimmt is Christkind schie vorbei;
Wenn se ihre Supp aufassn
Un is Bemmbeißn net vorgassn,
Wenn se uhne Spuk ze machn
Ruhig sei bei de Siebnsachn,
Uf dr Gass benn Spazierngieh
Dr Muttr halten s Patschl hie,
Latschn net ins Stroßnluch,
Kriegn se aah e Bildrbuch.

Dr Struwelpetr

Pfui Teifl, saht, do stieht 'r,
Dr garschtsche Struwelpetr!
Sahts a, an jedr Hand
Sei Naal dra! Pfui, die Schand!
Kämme läßt dar sich aah net,
Wenn dar kimmt frieh ausn Bett.
»Pfui Teifl«, sat do jedr,
»Garschtschr Struwelpetr!«

De Geschicht vun biesn Friederich

Dr Friederich, dr Friederich,
Dos war e biesr Grauterich!
Or fing de ganzn Fliegn in Haus
Un ruppt dan fei de Fliegln raus;
Zorkrachte Stiehl, schlecht Vugln tut,
De Katzen hattn gruße Nut.
Nu härt, wie bies dar Gung fei war:
Dar peitscht sei Gretl, wirklich wahr!

An Brunn do stand e grußr Hund,
Soff Wassr dort schie ball e Stund.
Fei mit dr Peitsch do haamlich schlich
Dr hundsgemeine Friederich
Un haat dan Hund, dar heilit auf,
Tritt mit de Füß, latscht uf dan drauf.
Do beißt dr Hund dan fix ins Baa,
Racht tief, s tut wieh, un Blut kimmt aah.
Dr hundsgemeine Friederich
Dar schrier un knietscht ganz gammrlich.
Dr Hund dar schnappt die Peitsch un rennt,
Doß kaanr meh dos Peitschl fänd.

Nu liecht dr Friederich in Bett,
Hoot Wieting, dos gefällt dan net.
Dr Doktr kimmt un sitzt drbei
Un gibt ne bittere Arznei.

Wo friehr emol dr Friedrich soß,
Do sitzt dr Hund un hoot sen Froß,
Frißt wag in Kuchn, de Labrwurscht,
Säfft Wei, in gutn, for senn Durscht.

De Peitsch, die hoot or net vorgassn,
Or hängt se ufn Stuhl benn Assn.

Die ganz trauriche Geschicht mit dan Helzle

Paulinl war ellaa dorhaam,
Dos hoot dr tiechtign Spaß gegabn.
Se is fix durch de Stub gehuppt
Un hoot e Dingk sich eigesuppt.
Do sat se: »Nu, do sahts eich a,
Do liegn de Helzle vun Papa!
Die nahm iech mol, dos sieht su schie,
Iech wills probiern, is wird schie gieh.
Iech zind mir su e Helzl a,
Wos Muttr ka, dos ka iech aah.«

Un Miez un Mauz de Katzle
Hebn huch de vedern Tatzle.
Se druhe mit de Pfutn:
»Dr Vatr hoots vorbutn!
Miau! Miu! Miau! Miu!
Loß stieh, sinst brinnste lichtrluh.«

Paulinl härt net uf de Katzn,
Die tune maunkn, knurrn un kratzn.
Is arschte Helzl zind se a
Un fraat sich wie e Kenich dra,
Huppt in dr Stub rim mit dan Licht
Vor lautr Fraad un denkt sich nischt.

De Miez, de Mauz, de Katzle
Hebn wiedr huch de Tatzle.
Se druhe mit de Pfutn:
»De Muttr hoots vorbutn!
Miau! Miu! Miau! Miu!
Haa's wag, sinst brinnste lichtrluh!«

Doch Schrack! de Flamm erwischt is Klaad,
De Schürz brinnt aah, is ward en laad.
Arscht brinnt de Hand, dann brinnt ihr Haar,
Dann brinnt de ganze Maad sugar.

Un Miez un Mauz die zweee
Die gammern laut: »O wehe!
Kummt har, kummt har un halft geschwind!
In Feier stieht is ganze Kind!
Miau! Miu! Miau! Miu!
Halft när, dos Kind brinnt lichtrluh!«

Vorbrannt is alles, wos mol war,
Die arme Maad mit Haut un Haar.
E Haifle Asch blieb ieberich
Un ihre Schuh vun rutn Plisch.

Un Miez un Mauz, die Miezn
Die sitzn do un knietschn:
»Miau! Miu! Miau! Miu!
Wu sei die arme Eltern? Wu?«
Un ihre Tranle schossen
Wie s Wassr nei de Gossen.

De Geschicht vun dan schwarzn Gungn

Do ging spaziern emol vorn Tor
E rabnschwarzr klaanr Mohr.
Die Sunn die knallt uf sei Gehirn,
Do nahm dr Karl in Sunneschirm.
Fix kam dr Ludwich agerannt,
E Fahnl hoot dar in dr Hand.
Dr Kaschpr bracht sei Braazl mit
Un loof dohar mit fixn Schriet.
Dr Wilhelm kam in munnerm Laaf

Un hoot drbei senn neie Raaf.
Die dreie hobn laut gelacht,
Weil dar su schwarz war wie de Nacht,
Un hobn sich gar nischt drauß gemacht.

Do kam mit grußn Tintnfoß
Dr Niklas zu se uf de Stroß
Un sat: »Ihr Kinnr, härt mol zu!
Loßt mir dos Mohrle fei in Ruh!
Wos ka dä bluß dar Gung drfier,
Doß dar net weiß is so wie ihr?«

Die Gunge hattn kaa Gehär
Un wurn noch frech zu darer Lehr.
Se hobn in Niklas ausgelacht
Un wingk Kaffatn noch gemacht,
Un lachtn lautr wie zevor
Iebr dan arme, schwarzn Mohr.

Do wur dr Niklas bies un wild;
Nu sahts när a do uf dan Bild.
Dar packt die Gunge a, ganz fest
Benn Arm, benn Kupp, bei Gack un West,
Dan Wilhelm un dan Ludewich,
En Kaschpr aah, dar haat im sich.
Or tunkt se in de Tint tief nei;
Nischt nützt en Kaschpr sei Geschrei.
Nei n Tintnfoß, weil se gefoppt,
Hoot se dr Niklas neigestoppt.

Nu siehst se do, wie schwarz se wurn,
Viel schwarzr, wie de ganze Mohrn.
Dr Mohr vornwag in Sunneschei,
Die Tintngunge hinnrdrei.
Un hättn die s net su getriebn,
Wärn alle dreie weiß gebliebn.

De Geschicht vun wildn Gachr

Es zug dr wilde Gachrschma
Sei grosgrie neies Gackl a,
Nahm Ranzn, Pulvrhorn un Flint
Un loof dormit zum Fald geschwind.
Sei Brill die klemmit uf dr Nos,
Weil or heit schießen will in Hos.
Dr Hos in Ottrkreitighaus
Dar lacht dan dumme Gachr aus.

De Sunn die schien bal su vorwirrt,
Doß or die Flint hoot hiegeklirrt
Un leecht sich nei ins griene Gros.
Dos alles sohr dar klaane Hos.
Un wie dr Gachr schleeft un schnarcht
Do hoot dr Hos ganz scharf gehorcht,
Gieht sachte hie, klaut Flint un Brill
Un schleicht drvu mucksmaislstill.

De Brill hoot itze – wie dos fatzt –
Is Hasl salberscht aufgesetzt,
Un schießn will's – ja, ja, su war'sch! –
Dan Gachr nei in fettn Arsch.
Dar saust drvu un huppt un schreit:
»Ach halft mir när, halft mir ihr Leit!«

Do kimmt dr wilde Gachrschma
Zeletzt benn tiefn Brünnl a.
Do huppt or nei, sei Nut is gruß,
Un s Hasl schießt de Flint fix lus.

Sei Fraa die guckt zun Fenstr naus
Un trank gerod ihrn Kaffee aus.
Dr Hos schoß ihr de Tass inzwaa,
Die hot se geleich waggehaa.
Dos Weib schrier: »Ach, wos ward dos sei?
Mei schiene Tass! O wei, o wei!«

Fei bei dan Brunn gemietlich soß
Vun Hos dr Gung, dr klaane Hos.
Dar hockit dortn in grien Gros;
Dan troppt dr Kaffee uf de Nos.
Dar schrier geleich: »Wie dos is haaß!«
Hub hoch senn Leffl, »su e Kaas!«

De Geschicht vun Daumennutschr

Konrad sat zur Muttr: »Halt!
Wu giehste hie?« – »Iech gieh in Wald.
Tust schie krame, stellst nischt a,
Bist nu gruß, gewähn dich dra.
Un ach, Konrad – dos wär schie –
Nutsch net an de Daume meh!
Sinst kimmt dr Schneidr mit dr Schar
Wie dr Blitz ganz fix dohar –
Schnätt wag de Daume wie Papier.
Nahm dich in acht, sinst kimmt dos vir«.

Kaum war de Muttr im de Eck,
De Daume nei dr Gusch dar steckt.

Ratsch, de Tür ward aufgeruppt,
Un war kimmt do reigehuppt?
Dr Schneidr, schinnldürr, vrwugn,
Fatzt zum Daumennutschrgung.
Auks! De Schar macht klick un klack,
Un schie sei de Daume wag.
Mit dr grußn scharfn Schar.
Ach, wos gibt dr Konrad har.

Wie sei Muttr kam ehaam,
Hoots e Reformantl gabn.
Kaane Daume! Nischt is schlimmr!
Neie Daume wachsn nimmr!

De Geschicht vun Suppenkaschpr

Dr Kaschpr, dar war karngesund,
E dickr Gung, wug hunnert Pfund,
Mit rundn Backen, frisch un rut,
Un oß sei Supp un aah sei Brut.

Do fing or mol ze schreie a:
»An dan Zeig ka ich nimmr na!
Mit Suppassn do is itze aus,
Dos Zeig hängt mir zun Hals schie raus!«

An nächstn Tog do fiels schie auf:
Esuviel haat dar nimmr drauf.
Do fing dar wiedr a ze plarrn:
»Bläbt mir mit Supp un Tallr farn!
Iech aß dos Zeig net, bie net dumm,
Supp aß iech net, un dormit schrumm!«

An drittn Tog, do wursch racht bunt,
Do wug dar bluß noch vierzig Pfund.
Or wur su schwach un blaach un dinn
Su wie e alte Lechtrspinn.
Do schrier or wiedr: »Naa, o Schrack!
Iech aß kaa Supp net, gieht mir wag!
Iech ka net na, s hoot sei Genack!«

An viertn Tog war dr e Fodn,
Mr sohrs schie kumme: Dar gieht bodn!
Or wug bluß noch e halbes Lut
Un war an fünftn mausetut.

De Geschicht vun Zappel-Philipp

»Eb heit dr Philipp dos mol kennt,
An Tiesch ruhighaltn Baa un Händ?«
Su sat dr Vatr zu senn Gung,
De Muttr guckt bluß, war sinst stumm.
Dr Philipp härt do gar net drauf.
»Paß auf, Gung! Härschte geleich auf?!«
Dr kätschelt
Un hätschelt,
Dr trippelt
Un kippelt

Uf senn Stuhl, als wenn nischt wär.
»Philipp, haste kaa Gehär?!!«

Nu saht eich mol dos Vorwark a,
Wie unsr Philipp kippeln ka.
Saht, dar kätschelt viel ze wild,
Ihr kännt dos sahn do uf dan Bild.
Schie käppt dr Karl nooch hinten nim
Un kriegt en Schrack, un dar is schlimm.
Or schreit, greift nooch en Tischtuch hie
Un hält sich fest. Ka dos gut gieh?
Schie fliegn de Tallr, Flasch un Brut,
Sei Vatr is in grußr Nut;
De Muttr guckt När, sogt kaa Wort,
Un ufm Tiesch is allis fort.

Nu is dr Tiesch ganz ogedeckt,
Dr Philipp dar is zugedeckt,
När seine Baa, die guckn raus,
Un olles sieht ganz schracklich aus.
Die Supp un alle gutn Bissn
Die hoot dr Gung vun Tiesch gerissn.
Dr Suppntopp, dos is fei wahr,
Is aah zorkracht un klipp un klar.
De Eltern hobn ne gruße Wut,
Ihr Mogn knurrt, dos is net gut.

De Geschicht vun Hans Gaff-in-de-Luft

Wenn dr Hans zur Schul is gange,
Mit dr Nos tat Fliegn dar fange.
Uf de Dächr, uf de Schenne
Sohr or Vugeln un tat renne.
Vor seine Füß do guckt dar net,
Weil dar rennt wie im de Wett.
Kaa Wunnr, wenn do jedr ruft:
»Saht, dr Hans Gaff-in-de-Luft!«

Kam e Hund mol agerannt,
Hansl gafft bluß ganz gespannt
In de Luft.
Kaanr ruft:
»Hans, paß auf, do kimmt e Hund!«
Schie liegt dr dort, dos dumme Pfund!
Ach, is dos e Demenee,
Sechs Baa, zwee Arm fliegn in de Heh!

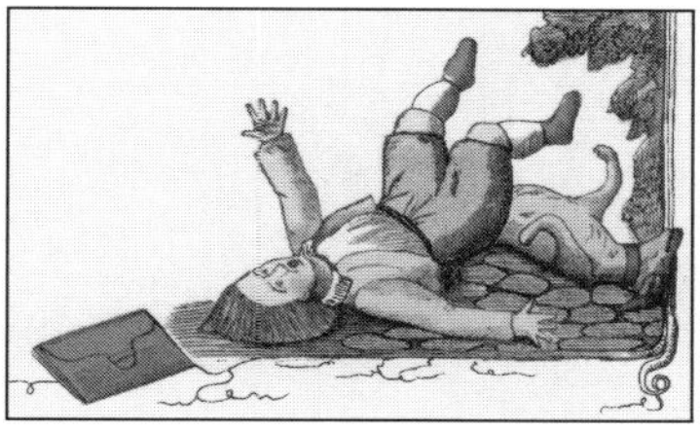

An Miehlgrobn schoß dr su dingk no,
Sei Ranzn fiel ball vurne ro,
De Aagn hoot dar När ubn an Himmel,
Bluß de Vugln warn sei Fimmel.
Nu kam e Krim, die dar net sohr,
Dann noch en Schriett, zwee, dreie noch.
Die Foralle – aans bis drei –
Staune bluß: »Wos kännt dos sei?«

Dr letzte Schriett, es wur e krassr,
Ging in de Luft – dann nei ins Wassr.
De Foralle sohn dos kumme,
Sei fix im de Eck geschwumme.

Nu liegt dr Hans in Miehlgrobn drinne,
Gieht unnr un kimmt net zun Sinne.
Zwee Manne huln zwee lange Stange,
En Hans fix wiedr rauszufange.

Nu tritt dar do, is pfatschenaß!
Dos is fei wahr e schlachtr Spaß.
Is Wassr läuft dan dumme Gung
Vun Haar, vun Arm, Gesicht un Zung,
Aus Klaading, Latschn, Strümp drzu,
Un friern tut dar Karl aah esu.

Habt ihr die Fischle lachn sah,
Wies Hansl hoot dort neigehaa?
Se rufn ausn Wassr raus:
»Do stiehste nu, du Wassrmaus!«
Se lachn sich ball krank un tut;
Sei Ranzn hängt in Wassrrod.

De Geschicht vun fliegntn Robert

Wenn dr Regn racht niedrgieht,
Wenn iebr s Land dr Sturm hiezieht,
Do bleibn Maad un Gunge drinne,
Un tune net im Fald rimrenne.
Dr Robert obr dachte: ›Naa!
Iech muß dos vun nahntn sah!‹
Saht, wie dar im Fald rimlatscht,
Un wie's när ufn Regnschirm tratscht!

Wie dr Wind su pfeift, nu horcht,
Un Baam un Strauch ze Budn würcht.
Saht, dan Scharm dan packt dr Wind,
Un dr Robert fliegt geschwind
Durch de Wolkn huch un weit,
Niemand härt dan, wenn dar schreit.
An de Wolkn stießt dar schie,
E Pinktl is dr Hut, saht hie.

Dr Robert, uhne doß or'sch markt,
Fliegt weddr iebrn Fichtlbarg.
Sei Hut fliegt aah su weit dar ka,
Bis or stißt an Himmel a.
Mende is dos gar gelung,
Se wärn bis nei nooch Prag geflugn?

Glossar

Bemmbeißn: Brotessen; **D**emenee: Aufregung; dingk no: hin zu; **F**ichtlbarg: Fichtelberg (Erzgebirge); **G**enack: Schwierigkeiten; Gung: Junge; **K**affatn: Faxen; Krim: Wegbiegung; **L**echtrspinn: (erzgeb.) Lichterspinne; **m**ende: vielleicht; **O**ttrkreitig: Farnkraut; **R**eformantl: Strafpredigt; **s**chie: schon, schön; sohr: sah; **v**edern: vorderen; **w**aggehaa: weggeschmissen; Wieting: Schmerzen; wingk: ein wenig.

Walter Sauer

De Oudewäller Struwwelpäider
Luschdiche Geschichde un ulgiche Bilder

Vorsprichelche

Wann die Kloane immer heern,
Dut ses Christkind reich bescheern;
Wann se als ehr Supp uffesse
Un ehr Brout aa net vergesse,
Wann se brav sin, sich vertraache,
Spiele, ohne Krach zu schlaache,
Schäi bei ehrne Modder bleiwe,
Uff de Gass koan Bleedsinn treiwe,
Dann werds Christkind an se denke
Un e Buch mit Bilder schenke.

De Struwwelpäider

Guckt ner mol, do stäiht er!
Was fern Struwwelpäider!
Der hot jo vor lauder Bosse
Nie soi Nächel schneide losse;
Un was hot der kloane Tropp
Blouß fer Butzwoll uff soim Kopp!
»Schäm dich!«, rifft do jeder,
»Alder Struwwelpäider!«

Die Geschicht vum bäise Friedrich

De Friedrich, der war leider halt
De schlimmschde Borsch im Oudewald.
Der hot die Vöchel doutgeschmisse,
De Migge Flichel rausgerisse.
Er hot die Kätzjen malträdiert,
Die Kichestiehl all demoliert
Un hot, ich waachs eich kaum zu saache,
Soi Gräitsche mit de Beitsch verhaache.

Zum Brunne is en Hund geloffe
Un hot e Maulvoll Wasser gsoffe.
Schun is de bäise Fritz zur Stell
Un gerbt dem arme Hund es Fell.
Er drischt un beitscht en, tritt un kickt,
Do jault der Keder wie verrickt.
Wies gar zu aich werd, greift er oa
Un beißt dem bäise Bu ins Boa.
Jetscht brillt des Fritzje wie am Spieß:
»Au weh, ich blut an moine Fieß!«
Die Beitsch die dut de Hund sich klaue,
Um glei druff schleunichst abzuhaue.

De bäise Fritz, der hot soi Fett,
Soi Boa dut wäih, er muß ins Bett,
Un de Herr Dokter Hoffmann guckt,
Ob er aa schäi soi Trobbe schluckt.

De Hund hockt sich am Fritz soin Disch
Un veschbert erscht mol ordentlich;
Frißt Kuche, Blut- un Läwwerworscht

Un trinkt aa Routwoi fer de Dorscht.
Die Beitsch hot er mit hiegetraache
Un läßt se nimmäih aus de Aache.

Die ganz schlimm Geschicht mit de Streichholzschachdel

S Paulinche war alloa im Haus;
Die Kloa macht sich do gar nix draus.
Sie singt und hippt voll Iwwermut.
Was gäihts ehr ouhne Eldern gut!
Uff oamol sieht se do vor sich
E Streichholzschachdel uff em Disch.
»Ei!«, rifft se, »ei, wie wunnerbar!
Ich kanns jo noch net glaawe! Klar!
Ich steck oans oa, des wär net schlecht,
Grad wies die Mamme als sou mächt.«

Un Mienz un Maunz, die Katze,
Die schneide aiche Fratze
Un drouhe mit de Poude:
»Doin Babba hots verboude!
Miau! Miou! Miau! Miou!
Dou s net, sunscht brennschde lichderlouh!«

S Paulinche heert die Katze net.
Ach, wann se s blouß gelosse hätt.
Des Streichholz flaggert, brennt wie Zunder,
Do werd die Krott erscht richdich munder.
Sie danzt im Zimmer hie un her,
Wie wenn se ganz meschugge wär.

Un Mienz un Maunz, die Katze,
Die schneide aiche Fratze
Un drouhe mit de Poude:
»Doi Modder hots verboude!
Miau! Miou! Miau! Miou!
Schmeiß fort, sunscht brennschde lichderlouh!«

O wäih, jetscht bricht oam fascht es Herz!
Die Flamm springt iwwer uff ehrn Schärz,
Dann uff ehr Klaad, ehr Hoar un Händ,
Bis ball des ganze Mädche brennt.

Un Mienz un Maunz, die flenne
Un heile, was se kenne:
»Alarm, ehr Leit! Sou helft re doch,
Des arme Kind verbrennt sunscht noch!
Miau! Miou! Miau! Miou!
Die Klao, die brennt jo schun wie Strouh.«

Ach! Leider is die Klao am End
Mit Haut un Hoar zu Asch verbrennt.
Blouß noch e Häifche is zu säihn;
Ehr Schuh die doun denäwestäihn.

Un Mienz un Maunz die kreische,
Es is zum Stoaerweiche:
»Miau! Miou! Miau! Miou!
Wou sin dann blouß die Eldern? Wou?«
Ehr Träne laafe runner;
Ja, is des dann e Wunner?

Die Geschicht vun de schwarze Buwe

En Neecherborsch, schwarz wie en Krapp,
Spaziert vorm Stadttor uff un ab.
Un weil die Sunn en sou aig sticht,
Hält er en Sunnescherm vors Gsicht.
Do kimmt de Ludwich im Galopp
Un schwingt e Fähnche iwwerm Kopp.
De Kaschber hot als Proviant
E diggi Bräzel in de Hand.
Un aa de Willem schlaaft was bei:
En Raaf zum Rolle, rund un nei.
Die amisiern sich alle drei
Iwwer den Bu aus Afriga,
Weil der sou schwarz wie Schuhwichs war.

Uff oamol kimmt de Niggelas
Mit eme Riesedindefaß

Un säicht: »Wann ich des richtich säih,
Do lacht vun eich ball koaner mäih.
Der Mohr koann wäiklich nix defier,
Daß er sou weiß net is wie mir.«
Do mache sich die drei nix draus,
Un lache aa de Niggel aus.
Mit bäise Sprich un Gschrei im Chor
Verápple se den arme Mohr.

De Niklas werd fuchsdeifelswild –
Do kennt ers säihe uff em Bild.
Er packt des ganze Lumbepack
Am Kopp, am Arm, an Hoar un Jack,
De Willem un de Louis dezu,
De Kaschber, der gibt noch koa Ruh.
Er steckt se in soi Dindefaß,
Des macht em Kaschber gar koan Spaß.
Er brillt: »Ich hol die Bolizei!«
De Niggel dunkt se alle drei.

Jetscht sin se schwarz bis hinners Ohr,
Viel schwärzer wie de kloane Mohr.
Der leeft voraus ganz ugeniert,
Die Dindebuwe sin blamiert.
Wer iwwer Neecher schennt un lacht,
Der werd vum Niklas schwarz gemacht!

Die Geschicht vum wilde Jächer

En Jächersmann aus Michelstadt
Der hot mol Luscht uffs Jaache ghatt.
Mit Däschl, Pulver un Gewehr
Schleicht er am Moije hie un her.
Er trägt e ziemlich diggi Brill,
Weil er e Häsje schieße will.

Des Häsje hockt im diefe Gras
Un mächt dem Mann e langi Nas.

Doch ball, do werd em soi Gewehr
Vor lauder Sunn un Hitz zu schwer.
Drum läigt er sich ins Gras enoi
Un schleeft nadierlich aa glei oi.
Schun schnarcht de Jächer dief un fescht;
Do kimmt des Häsje aus soim Nescht,
Klaut em die Brill un aa die Bichs
Un mächt sich ausm Staab ganz fix.

Die Brill setzt sich des kloane Häsje
Jetscht selwert uff soi Hasenäsje
Un will den Jächersmann erschieße.
Des dut den freilich aig verdrieße.
Er rennt devu in soiner Nout
Un brillt: »Ach Gott, der schießt mich dout!«

Er leeft schnurstracks zum Brunneloch
Un sterzt sich noi, grad schafft ers noch.
Do gäiht des Schießgewehr schun lous –
Verkehrdi Welt, was is des blouß!

Soi Aldi hot am Fenschder gsesse,
Kaffee getrunke un was gesse.
Do werd ehr Sammeldass getroffe;
Sie kreischt: »Ich glaab, ich bin besoffe!«
Glei newerm Brunne hockt noch oaner
Im Gras versteckt, dem Has soin Kloaner.
Dem dropst de Kaffee, schwarz un haaß,
Grad ausgerechend uff soi Nas.
Er häibt de Leffel uff un schennt:
»Verdammt, der Muggefuck der brennt!«

Die Geschicht vum Daumelutscher

»Konrad«, säicht die Modder, »gell,
Daß des waascht, ich gäih mol schnell,
Un du bleibscht e Stund alloa.
Sei schäi brav un stell nix oa!
Werscht du aa – mach blouß koa Bosse! –
S Daumelutsche bleiwe losse?
Sunscht kimmt mit de grouße Scher
Noch de Schneider zu der her,
Un der schneidt der alle zwaa
Daume ab, des is mol klar.«

Doch wie koann s halt annerscht soi?
Mamme fort – de Daume noi.

Rums, do flieht die Deer weit uff
Un wer sterzt in des Kabuff?
S is de Schneider in Person,
Un de Konrad krieht soin Lohn.
Mit de Scher, schnipp-schnipp un schnapp,
Schneidt er die zwaa Daume ab.
Scharf war die un ganz schäi grouß!
Ui! do brillt de Konrad lous.

Wie die Mamme widderkimmt,
Mäikt se glei, daß was net stimmt.
Vor ihr stäiht de Bu un flennt –
Ouhne Daume an de Händ.

Die Geschicht vum Subbekaschber

De Kaschber war en gsunde Bu,
Butzmunder, stramm un rund dezu.
Soi Bagge, die warn rout un frisch,
Un gesse hot er gut am Disch.
Doch oines Daaches brillt er lous:
»Was soll dann die fad Supp do blouß?
Ab heit werd gar koa Supp mäih gesse,
Die könnt er gfälligscht selwert fresse.«

Am nägschde Daach, ihr liewe Kinner,
Do war de Kaschber schun viel dinner.
Un widder blärrt un brillt er lous:
»Was soll dann die fad Supp do blouß?
Ab heit werd eier Supp net gesse,
Dut se doch gfälligscht selwert fresse.«

Am dridde Daach, do guggt en oa,
War nimmäih viel am Kaschber droa.
Die Supp war wäiklich dadellous,
Un trotzdem brillt er widder lous:
»Was soll dann die fad Supp do blouß?
Ab mit de Supp, ich will nix esse,
Dut se doch liewer selwert fresse.«

Am verde Daach, wie fäichderlich,
Do war de Kaschber wie en Strich,
Ganz mager, rabbelderr un bleich,
Un Daachs druff war er schun e Leich.

Die Geschicht vum Zabbel-Philipp

»Philipp, dätscht du ouhne Bosse
Uns in Ruh heit esse losse?
Odder willschde noch doi Feng?«
Fräicht de Vadder ganz schäi streng.
Blouß die Mamme, die guggt stumm
Uffm Kichedisch erum.
Doch de Philipp – des werd heider –
Zabbelt grad alsfort so weider.
Er hambelt
Un bambelt,

Er gaugelt
Un schaugelt
Uff soim Stuhl un grinst debei.
»Philippche, jetzt langt mers glei!«

Kinner! Guckt ner, was bassiert,
Weil der Philipp net bariert.
Kennt ers säihje uffm Bild?
Guckt, jetscht schaugelt er wie wild,
Bis der Stuhl uff oamol kippt,
Weil der Itzich weider wippt.
Noach de Dischdeck langt er noch,
Awwer schließlich fällt er doch
Hinner sich mitsamt em Gscherr,
Un soin Vadder werd ganz err.
Blouß die Modder, die guggt stumm
Uffm Kichedisch erum.

Ach, de Philipp is verschwunne,
Un die Dischdeck, die leiht hunne.
All die gude Leggerbisse
Hot der Dabbes nunnergschmisse.
Aa des beschde Eßservies
Flieht de Alde vor die Fieß.
Was die sauer sin un schenne;
Hawwe nix mäih esse kenne.

Die Geschicht vum Hans Guck-in-die-Luft

Wann er in die Schul marschiert,
Is de Hans ganz fasziniert
Vun de Schwalwe in de Häih,
Un drum sieht er sunscht nix mäih.
Vor sich uff de Bode hie,
Noa, do guckt die Schloafhaub nie.
Drum hot jeder, wou en kennt,
Den Hans Guck-in-die-Luft genennt.

Oamol kimmt en Hund gerennt,
Widder hot de Hans gepennt;
Alles war em schnuppe heit.
Koaner warnt de Hans un schreit:
»Hans, en Hund! Ei geb doch acht!«
Un do hots aa schun gekracht.
Blums! Do leihje se im Dreck,
Un die Schuldasch, die flieht weg.

Dann, e anner Mol, – wie dumm! –
Schlappt er an de Mümling rum.
Widder sieht er mit soim Fimmel
Blouß die Schwalwe houch am Himmel,
Un sou leeft der bleede Bu
Immer mäih uffs Wasser zu.
Drei verdutzte kloane Fisch
Gugge nuff un wunnern sich.

Schun bassiert! – do fällt er noi.
Kann mer dann noch bleeder soi?
Ganz verschrogge sin im Nu
Die drei Fisch uff un devu.

Zu soim Glick is do ganz schnell
Aa die Feierwehr zur Stell.
Un die hot en mit zwaa Hoge
Ausm Wasser rausgezoge.

Armer Hans! Jetscht guckt en oa!
Noa, do fraat sich koaner droa.
Schwer blamiert un aich verdaddert
Stäiht er batschnaß do un schnaddert,
Un die Brieh, die dropst dem Wicht
Aus de Hoar un iwwers Gsicht.

Die drei kloane Mümlingfisch
Schwimme bei un wunnern sich,
Lache aus de Bach eraus
Unser armes Hänsje aus.
Ach, was stäiht der elend dort!
Un soin Ranze, der is fort.

Die Geschicht vum fliechende Robbert

Wann de Räche blatscht un braust,
Wann de Wind doichs Städtche saust,
Bleiwe brave Kinner immer
Schäi dehoam im warme Zimmer.
Doch de Robbert denkt: Vun wäche!
Drauß is es erscht schäi bei Räche.
Hot de Scherm vum Vadder gschnappt
Un is doich die Felder gschlappt.

Hui! was doun die Wolge flieche
Un die Beem sich nunnerbieche.
Guggt! de Scherm, den packt de Wind,
Un er reißt de Robbert gschwind
In die Luft, ganz houch un leicht,
Koaner heert en, wie er kreischt.
Uff die Wolge treibt er zu,
Un soi Kapp flieht aa devu.

Mit em Schermche in de Hand
Gäihts als häicher iwwers Land.
Un soi Kapp is – ugeloche! –
Bis nuff an de Himmel gfloche.
Ball warn alle drei verschwunne –
Koaner hot se widdergfunne.

Glossar

aig: ›arg‹, sehr; **B**utzwoll: lange, ungekämmte Haare; **F**eng: Prügel; **M**ichelstadt: Städtchen im Herzen des Odenwalds (Odenwaldkreis); **M**ümling: durch Michelstadt fließender Bach.

Franz Schlosser

De Struwwelpeder aus de Palz
Klore Gschischdle un bombische Bilder

Vorwort

Wann die Kinner schää barieren,
Lieb sin un net dischbedieren,
Wann se brav ehr Supp allessen
Un die Brotkruscht net vergessen,
Wann se brav mit ehre Sache
Spielen, uhne Krach se mache,
Un wann se de Mamme schää
Folgen beim Spazieregäh,
Dann gibts zu de Weihnachtssache
Noch e Bilderbuch zum Lache.

De Struwwelpeder

Do! de Struwwelpeder!
Guck dern aa, do steht er!
Menschenskind, hot der e Mähne!
Hot die Welt schun so was gsehne?
Un was hot er lange Kralle! –
Fui! wie kann ääm so was gfalle!?
»Wieschder Struwwelpeder!«
Ruft dermwege jeder.

Die Gschischt vum beese Friedel

De Friedel aus de Hinnerpalz,
Ach Gott, war des en Deiwel als!
Er hot im Haus die Migge gfange
Un isch en an die Fliggel gange.
Die Katze un die arme Veggel,
Die hot er abgeknallt, der Seggel!
Un *wie* oft isch er, ääfach bloß
Aus Bosheit uf die Gredel los.

Vorm Därfel drauß, am Wasserbrunne,
Hot er en Hund beim Saufe gfunne
Un hot dem arme Hundel glei,
Un noch dezu vun hinnebei,
Mit de groß Beitsch des Fell versohlt.
Was hot der arme Hund gejohlt!
Un weil er sisch hot wehre misse,
Hot er dem Fritz ins Bää gebisse.
Do hot er awwer s Gsischt verzerrt
Un laut geohweezt un geplärrt.
En Biß ins Bää dut nämlisch weh.
De Hund isch abghaut. Beitsch, ade!

Dehääm, do kriggt de Fridolin
Im Krankebett sei Medizin.
Die schmeckt noch bidderer wie Gall.
(Wahrscheinlisch war die anner all).

De Hund isch an de Disch gerickt
Un hot de Kuche erscht verdrickt
Un dann die prima Lewwerworscht
Un Wei getrunke fer de Dorscht,
E Bombetrebbel aus de Palz,
Mim Gääferlätzel um de Hals.

Die schrecklisch traurisch Gschischt mit de Streischle

Die Paula war alläa im Haus,
Die Mamme war mim Babbe aus.
Un wie se dursch die Stubbe springt
Un »Alle meine Entchen« singt,
Do find uf äämol die kläa Wachdel
E halwer volli Streischholzschachdel.
»Ach Gott, wie klor!« juchzt se vor Frääd,
Des isch e bombe Spielgerät!
Des gibt so schääne klääne Flamme;
Isch habs schun gsehne bei de Mamme.«

Un die zwää brave Mienze
Die fange aa se piense
Un weddlen mit de Pode:
»De Vadder hots verbode!«
Un kreischen sisch die Gorgle schlapp:
»Baß bloß uf, Kind, schunscht faggelscht ab!«

Die Paula heert nix uf dem Ohr
Un steckt e Streischel aa. »Wie klor!«
Johlt se schun wedder, »Jesses nää,
Was brennt un flaggert des so schää!
Isch frää misch riesisch, wie en Bär!«
Un fegt im Zimmer hie un her.

Un die zwää brave Mienze
Die fangen aa se piense
Un weddlen mit de Pode:
»Die Mamme hots verbode!«
Un kreischen sisch die Gorgle schlapp:
»Schmeiß ganz schnell weg, schunscht
faggelscht ab!«

Oh weh! die Flamm isch schun, do guck,
Am Schorz vun dere dumme Gluck.
Jetzt brennt ehr Hand, ehrn Hals, ehrn
Schädel,
Un jetzt, ach Gott, brennt's ganze Mädel!

Jetzt wissen die zwää Katze aa:
S isch allerhekschdi Eisebah,
Un kreischen: »Herrgott Sakrament!
Mer brauchen Hilf, die Paula brennt!
Wu bleibt dann bloß die Feierwehr?!
Des Mädel stirbt im Flammemeer!«

Jetzt isse hie un hot ehr Ruh.
Bis uf ehr rode Ledderschuh
Un Äsch, so an die hunnert Gramm,
Isch nix mäh do vun de Madam.

Un die zwää Katze scheinen
Dodal am Enn un greinen:
»Miau! Mio! Miau! Mio!
Ach wärn doch bloß die Eltre do!«
Un aus de Tränedriese
Dut s Aagewasser fließe.

Die Gschischt vun de schwarze Buwe

En Neescher, schwärzer wie die Nacht,
Hot en Spaziergang mol gemacht
Un hot, aus Angscht vorm Sunnebrand,
Sein rode Sunneschirm ufgspannt.
Do isch de Ludwisch gsprunge kumme
Un hot sei Fähnel mitgenumme.
De Kaschber kummt dezugerennt
Un hot sei Brezzel in de Händ.
De Wilhelm war de dritt im Bund,
Der hot en Rääfe ghatt, schää rund.
Un wie der Mohr mim Parablie
Vorbeispaziert isch, waren die
Vor lauder Lache halwer hie.

Oh weh! glei kummt de Belzeniggel,
Der kriggt eisch awwer an de Wiggel!
»Ehr Buwe«, hot er gsaat, »heern zu:
Ehr lossen mer den Mohr in Ruh!

Wann der aa schwarz isch wie die Nacht,
Werd er noch lang net ausgelacht!«
Un? Hän se gheert, die Bankert? – Nää!
Im Gegedääl: die hän noch mäh
Den Bu geuzt un ausgelacht
Un noch mäh bleede Witz gemacht.

Des geht doch net, so was, uf Dauer!
Do werd de Belzeniggel sauer
Un packt die beese Buwe fescht
Am Kopp, am Arm un bei de Wescht
Un dunkt se in sein schwarze Teer
(Den Kaschber aa, trotz Gegewehr
Un trotz seim Schlachtruf »Feier frei!«)
Bis zu de Ohre, alle drei.
Nei mit dem Kores in die Brieh –
S hot känner mäh verdient wie die!

Guck! vun de Fieß bis zu de Hoor
Sin se jetzt schwärzer wie der Mohr.
Der macht sei Duur wie vorher aa,
Un e paar Meder hinnedraa,
Mit Rääfe, Brezzel un mit Wimbel,
Do dabben die geteerde Simbel.

Die Gschischt vun dem gemeine Jäger

Do war emol en Jäger Motzig,
Der war gemein un hinnerfotzisch.
Der hot mit seim Gewehr im Wald
Die arme Hase abgeknallt.
Un weil er scheel war uf de Aage
Hot er fer des e Brill getrage.
Des Häsel sieht den alde Depp
Durschs hooche Gras un lacht sisch schepp.

Jetzt werd dem Jäger sei Gewehr
Bei dere Bullehitz zu schwer.
Dermwege leggt er sisch ins Gras.
Des sieht nadierlisch der klää Has,
Un wie der Jäger schnarscht un pennt,
Do kummt er aa schun aagerennt
Un schnappt s Gewehr un die nei Brill
Un hupst devaa, ganz leis un still.

Do guck! jetzt hot der schlaue Has
Den Kneifer selwer uf de Nas –
Mit Brill schießt känner newedraa.
Der beese Jäger wääß des aa,
Dermwege tirmt er un kreischt rum:
»Hilfe! Der Has do bringt misch um!«

Er rast zum Brunne vor seim Haus,
Un weil er denkt: ›Jetzt isses aus!‹
Macht er en Rieseheschtsprung nei.
Un glei druf schleggt die Kuggel ei –

Zum Glick net in die Jägersfraa.
Die Kuggel geht knapp newedraa
Un fetzt die Tass mit Kaffee drin.
Do kreischt die Fraa: »Isch glaab isch spinn!«
Die Kaffeedass, wie gsaat, isch hie.
Was schlimmer isch: die kochend Brieh
Die hot der klänne Juniorhas
Voll abkriggt uf sei armi Nas
Un hot gekrische: »So n Idiot!«
Mim Leffel in de linke Pot.

Die Gschischt vum Daumelutscher

»Konrad!« seggt die Mamme, »du
Kummscht jetzt her un heerscht mer zu!

Isch muß uf die Stroßebah,
Sei schää brav und stell nix aa!
Un, gell, denk draa, sei so gut,
Loß de Daume aus de Schnut!
Wannd net heerscht, du Dormeldei,
Kummt de Schneider Zwick vorbei,
Un der säwelt der – schnipp schnapp –
Mit de Scher die Daume ab!

Alla dann!« – Wie Feger sin,
Zack! schun isch de Daume drin!

Rumms! do geht die Deer uf, un,
Guck, do steht der Schneider schun
Vor dem arme Bu, oh wei!
Mit de große Scher debei.
Flitsch! und flutsch! machts – un der kläa
Lutscher hot kää Daume mäh!

Jetzt kummt aa die Mamme hääm.
»Gell, des isch net aagenehm
Uhne Daume? Gell, des steert?
Selwer schuld, heescht besser gheert!«
Seggt se zu ehrm Lutscherbu,
»Ma lernt immer was dezu.«

Die Gschischt vum Subbekaschber

De Kaschber der war kuggelrund,
En gsunde Buu vun hunnert Pund.
Er hot aa immer kräfdisch gesse –
Un Supp, des war sei Lieblingsesse.
Uf äämol hot er durschgedreht:
»Isch mag kää Supp mäh, Supp isch bleed!
Isch ess die eklisch Supp do net!
Fui Deiwel! Nää, die ess isch net!«

Am negschde Daag schun, guck dern aa,
Do war schun nix mäh annem draa.
Un wedder hot er durschgedreht:
»Isch mag kää Supp mäh, Supp isch bleed!
Isch ess die eklisch Supp do net!
Fui Deiwel! Nää, die ess isch net!«

Am dridde Daag, do war der Spinner
Noch äämol um finf Kilo dinner.
Wie awwer s Esse vor em steht,
Do werd schun wedder durschgedreht:
»Isch mag kää Supp mäh, Supp isch bleed!
Isch ess die eklisch Supp do net!
Fui Deiwel! Nää, die ess isch net!«

Am vierde Daag (du wunnerscht disch?),
Do war der Buu bloß noch en Strisch,
So derr un rapplisch wie noch nie –
Un de Daag druf, do war er hie.

Die Gschischt vum Zabbelphilp

»Kannscht du net am Disch dei Bosse
Un Gezawwels bleiwe losse?
Dormeldei! was glaabscht dann du?!«
Schilt de Vadder mit seim Bu.
Un die Mamme, ganz schoggiert,
Wart bloß druf, daß was bassiert.
Awwer s Philpel denkt bei sisch:
Babbel numme! Was juckts misch?
Un gaugelt
Un schaugelt
Un trabbelt
Un zabbelt
Wie en Bleede – s macht em Spaß.
Philp! Mensch! do bassiert noch was!

So, ehr Kinner, ehr wern sehne:
S gibt glei Ärger jetzt un Träne,
Weil der bleede Hambelmann
Ääfach net ruisch sitze kann.
Guck! jetzt kummt er ausm Lot
Mit seim Stuhl – isch lach misch dot!
Hektisch langt er mit de Pratsch
Nooch de Dischdeck. So en Quatsch!
Alles blotzt: die Deller, s Brot –
Un de Babbe sieht schun rot!
Un die Mamme, ganz schoggiert,
Wart bloß, daß noch mäh bassiert.

So – der Disch wär abgedeckt!
Alles, was em Babbe schmeckt,
Brot, Worscht, Wei (sei Heilischdum) –
Fahrt jetzt ufm Boddem rum.
Aa des ganze Eßservie
Un de Subbepott sin hie.
Un de Philp unner de Deck
Hot wahrscheinlisch aa die Freck.

Die Gschischt vum Hans Guck-in-die-Luft

Wars en Tick, en Schblien, en Fimmel?
Immer war de Hans am Himmel
Mit de Aage, bei de Veggel.
Uf de Boddem – Peifedeggel! –
Hot der ääfach net geguckt.
Kärschtirm hännen mäh gejuckt.
Un fer des hot jeder grad
»Hans Guck-in-die-Luft« zu em gsaat.

Wie er wedder mol die Dage
Wie gewähnlisch mit de Aage
In de Luft war, isch en dumme
Klääne Hund geloffe kumme.
So en Daggel, so en klääne,
Kamma ganz leischt iwwersehne –
Un schun ligge se se zwett
Uf de Schnauz un hän ehr Fett.

Kerzlisch wollt er mit de Mapp
In die Volksschul geh, flußab.
Un ganz hoch am Himmelsboge
Sin drei junge Schwalwe gfloge.
Die hot er betracht in Ruh –
Un als uf de Fluß druf zu!
Buu, baß uf! jetzt werds riskant!
Die drei Fischle sin schun gspannt.

Noch ään Meder – plumps! Oh wei!
Un de Hannes liggt im Rhei
Mit de schääne rode Mapp.
Die drei Fisch sin schnellschdens ab.

Gott sei Dank! kummen zwää Männer,
Un die hän de Hans, den Penner,
Mit zwää Stange, leischt geboge,
Un mit Kraft an Land gezoge.

Guck! do steht er puddelnaß.
Nää, des war en schleschde Spaß!
S Wasser laaft dem arme Wischt
Aus de lange Hoor ins Gsischt,
Aus de Hosse un so weider,
Un er bibbert wie en Schneider.

Awwer die drei Fisch, die Strick,
Kummen naseweis zurick,

Strecken s Keppel aus de Brieh,
Lachen sisch dreivärdels hie,
Lachen, juchzen wie net gscheit –
Un die Schuldasch schwimmt schun weit.

Die Gschischt vum fliegende Robert

Wanns drauß rejent wie verrickt
Un de Sturm die Bääm umknickt,
Bleiwen Kinner, wann se gscheit sin,
Drin im Warme, wu die Leit sin.
Doch de Robert denkt sisch: Nää!
Drauß is' bstimmt genauso schää.
Un im Feld, do laaft der dumm
Simbel jetzt mit Stockschirm rum!

Uij! was peift de Sturm un ziegt
An dem Bäämel, daß s sisch biegt.
Un jetzt reißts den sture Glowwe
Mitsamt Rejeschirm nooch owwe.
Plärre hot do gar kään Zweck,
Känner heert en so weit weg.
Jetzt gehts dursch die Wolgedeck,
Un de Hut bleibt uf de Streck.

Immer weider, wie en große
Drache, werd er fortgeblose,
Un sein Hut, weit vornedraa,
Stoßt schun fascht am Himmel aa.
Wu die runnergehn se zwett?
Keine Ahnung! Wääß isch net!

Glossar

als: mitunter, immer; **B**elzeniggel: Nikolaus; Bombetrebbel: hervorragendes Tröpfchen; **d**ermwege: deswegen; Dormeldei: dummer Bub; dreivärdels hie: fast tot; **F**reck, hot die: ist dahin; **G**ääferlätzel: Geifer-Lätzchen; geohweetzt: gejammert; Glowwe: Kerl; **h**innerfotzisch: hinterhältig; **P**eifedeggel: von wegen; Pot: Pfote; **S**eggel: Gauner; Strick: Schlawiner; **w**ieschder: häßlicher.

Edith Braun

De Saarbrigger Schdruwwelpeeder Luschdische Schdiggelscher unn glòòre Bilder

Vòòrword

Wann die Kinner aardisch sinn,
Kummd das Grischkind dsuu ne hin.
Wann se, ohne vill se gnuddre,
Immer braav ihr Sibbsche fuddre,
Wann se ruisch im Dsimmer schbiele
Unn nidd laud im Haus rumbrille,
Wann se scheen der Mamme folsche,
Nidd allään im Dorf rum schdrolsche,
Grien se dòò das Buuch, wo drin
Gans vill bunde Bilder sinn.

De Schdruwwelpeeder

Gummò dòò, dòò schdehder,
Fui, de Schdruwwelpeeder!
Jää! er hadd an alle
Fingre lange Gralle,
Denne hadd die Schäär gefähld.
Aach die Hòòr sinn nidd geschdrähld.
»Fui!« saad dòò gleisch jeeder,
»Schròher Schdruwwelpeeder!«

Das Schdiggelsche vum beese Friederisch

De Friederisch, de Friederisch,
Ojjess, iss das e Wiederisch!
Er reisd de Migge in der Schdubb
Die Flischel aus, der raulisch Buub.
Er bringd die Schdiehl unn Väschel um,
Die Kadds leid mausedood unn schdumm.
Heid mòòrje waar er gans verdrähd:
Hadds Greedsche mid der Beidsch genähd!

E Hund, woo niggs se saufe hadd,
Saufd sisch am Brunnewasser sadd.
Dò kummd däär wieschde Friederisch
Vun hinne mid der Beidsch geschlisch
Unn schlaad das Dier; däär Hund jauld laud.
Däär Schròhling awwer drääd unn haud.
Dò beisd däär Hund ne in de Fuus,
Das gebbd e beeser Bluuderguss.
Awweile brilld däär Friederisch,
Däär wieschde Kerl, däär liederlisch.
Das Hundsche awwer iss nidd faul,
Laafd dabber hemm, die Beidsch im Maul.

De Friedrisch gebbd ins Bedd verfrachd,
Weils Bään em aarsch vill Schmerdse machd.
De Dogder huggd umm Schduhl unn guggd,
Dass er die biddre Drobbe schluggd.

Am Friederisch seim Dischje laddsd
Däär Hund sisch jedds unn schmausd unn schmaddsd.
Was schmaggd die Lewwerwurschd so fein
Unn aach däär Kuuche unn däär Wein!
Die Beidsch hadds Hundsche gudd verschdaud,
Gebbd Owwachd, dassem kääner glaud.

Das aarisch draurische Schdiggelsche mimm Figgsfeierhälsje

S Pauliensche iss dehemm allään,
Sei Eldre, die sinn furd gewään.
Wies jedds so in der Schdubb rumschbringd
Unn alsmò peifd unn alsmò singd,
Dòò siehds uff der Kommood – wie scheen! –
E Schdreischholsdoos vorraan sisch schdehn.
»Ei gummò dòò!« saads, »gummò hin!
Das muss e glasse Schbieldseisch sinn!
Das kinnd isch leischd dsem Brenne grien,
Sch hanns bei der Mamme ofd gesiehn.«

Unn Miens unn Mauns, die Käddsjer,
Die heewe gleisch die Täddsjer,
Se wehre middem Peedsche:
»Loss sinn, Figgsfeiergreedsche!
De Babbe schilld. Miau, mioo!
Heer uff! Sunsch brennschde lischderloh!«

S Pauliensche denggd: ›Beschränggdes Vieh!‹
Das Flämmje flaggerd hell wie nie.
Wie scheen das gnischderd, wie das dsischd!
Graad wiedes uff demm Bild dòò siehschd.
S Pauliensche, das iss gans enddsiggd
Unn dansd durschs Dsimmer wie verriggd.

Doch Miens unn Mauns, die Käddsjer,
Die heewe gleisch die Täddsjer,
Se wehre middem Peedsche:
»Loss sinn, Figgsfeiergreedsche!
Die Mamme schilld. Miau, mioo!
Heer uff! Sunsch brennschde lischderloh!«

Dse schbääd! Es Glääd fangd Fungge schunn,
Jedds brennd die Schirds; das kummd devun!
Das Määde brennd mid Haud unn Hòòr,
S iss Flamm unn Feier, s iss verlòòr!

Unn Miens unn Mauns duun greische,
Ach Godd, dsem Schdäänerweische:
»Dse Hilf, ihr Leid! Das Kind verbrennd!
Hobb, kummen dabber beigerennd!
Miau, mioo! Miau, mioo!
Woo bleiwener? S brennd lischderloh!«

Umsunschd. Niggs riehrd sisch runderum.
Das Kind kummd in de Flamme um.
E Ascheheifsche bleibd serigg
Unn roode Schiggelscher – dswei Schdigg.

Vum Maunsje awwer unn vum Miens
Heerd mer e jämmerlisch Gepiens:
»Miau, mioo! Miau, mioo!
Woo bleiwe nuur die Eldre? Woo?«
Die Drääne vun soo Viescher
Gehn in kä Daschediescher.

Das Schdiggelsche vun denne schwaardse Buuwe

Dò gehd dò neilisch draus vòòrm Door
E kohlbeschraaweschwaardser Mohr.
Die Hidds iss groos, drum draad er bloos
E Schirmsche unn e Baadehoos.
Dò kummd de Ludwisch aangeschbrung,
Däär hadd sei Fähnsche midgebrung.
Dann kummd de Kaschber, däär scharmand,
Unn hadd e Breddsel in der Hand.
De Willem hadd – Gewiddersääf! –
Schunn widder mòòl e neier Rääf.
Kaum kummd das Mohrsche in die Näh,
Dòò lache se unn schreie: »Jää –
Duu bischd soo schwaards wie Tinde – bäh!«

De Niggelaus, däär kummd awwei,
Hadd sei groos Tindefass debei.
»Schluß!« saad er, »eier Gaudiumm
Mimm Mohrsche iss gemein unn dumm!
Däär Mohr iss doch nidd schuld dòòdraan,
Dass ihr e Faarb wie Käässchmier hann!«
Die Buuwe, fresch wie Dregg am Wää,
Die verluschdiere sisch noch meh.
Se giggle nuur in ääner Tuur
Wääm Mohrsche seiner schwaards Pischduur.

De Nigglaus gebbd fuggsdeiwelswild,
Graad wiedes siehschd dòò uff demm Bild.
Er gnäbbd sisch die drei Pänsjer vòòr,
Holld se am Jubbe, Aarm unn Hòòr:
De Willem unn de Ludwisch gleisch,
De Kaschber wehrd sisch mid Gegreisch.
Jedds tunggd de Nigglaus voller Raasch
Dief in die Brieh die gans Baggaasch.
Dò hann se in der Tindebidd
Se dridd die Gäasegieschdre gridd.

Gugg der se aan! Iss das nidd glòòr?
Die sinn jedds schwärdser wie de Mohr.
Vorraus gehds Mohrsche, leischd unn froh,
Die Tindebuuwe hinnenòò.
Wäär sisch soo hundsgemein moggierd,
Däär gebbd vum Niggelaus kurrierd.

Das Schdiggelsche vum wilde Jääscher

Es dsiehd e wilder Jääschersmann
Sei neier griener Jubbe aan,
Er hängd die Dasch um, hollds Gewehr,
Laafd dursch die Felder greids unn gweer.
Uff seiner Naas hadd er die Brill,
Weil er e Hääsje dreffe will.

Im Bladdkabbeisje huggd de Haas
Unn machd demm Jäascher e lang Naas.

Die Sunn scheind Blòòdre allewei,
Unn das Gewehr scheind schwäär wie Blei.
De Jääscher leed ins Graas sisch nin,
Das alles hadd däär Haas gesiehn.
Dòò leid de Jäascher, schnaarschd unn poofd.
Dò freid de Haas sisch, dass er schlòòfd;
Er pirschd sisch bei, grabbschd Brill unn
Flind,
Will hemm demid dsuu Fraa unn Kind.

Die Brill dsiehd sisch der Haasemann
Mòòl vòòrsischdshalwer selwerd aan,
Weil äär will schiese mid däär Flind.
Dòò rennd däär Jääscher wie de Wind,
Er rennd unn schreid in seiner Nood:
»Dse Hilf, ihr Leid, däär schiesd misch
dood!«

Demm Jääscher gehd de Òòdem aus,
Dòò winggd däär Brunne vòòr seim Haus,
Er schbringd enin vòòr lauder Schiss.
De Haas schiesd mid de Vorderfies.

Die Jääschersfraa kummd beigerannd
Mimm Kaffeekimbsche in der Hand.
De Haas dreffds Kimbsche – hòòrgenau,
Dò machd die Fraa e Mordsraddau.
Am Brunnerand huggd im Verschdegg
Däär Haasebuub; däär gridd e Schregg,
Wie uff sei Naas drobbsd heis die Brieh.
»Au!«, greischd das glääne Haasevieh,
»De Dunnerwedderhaaseschrood!«
Unn halld de Läffel in der Pood.

Das Schdiggelsche vum Daumeluddscher

»Kundraad«, saad die Mamme froh,
»Isch gehn aus, unn duu bleibsch dòò!
Bleib scheen braav im Dsimmer drin,
Bis isch widder bei der binn!
Änns noch, Kunraad, heer gudd dsuu:
Loss dei Deimsche jòò in Ruh,
Sunsch kummd mid däär Rieseschäär
Gleisch de Schneider Schnibbschnabb häär,
Unn dann schneid er – schnibb unn schnabb –
Rumseschdums dei Deimscher ab.«

Dòòmid gehd die Mamme. Husch!
Iss de Daume in der Gusch.

Rums! Schunn raasd däär Schneider aan,
Reisd die Dier uff, weidewaan,
Schdirmd gleisch in die midde Schdubb
Dsuu demm Daumeluddscherbuub.
Glibb unn glabb machd sisch die Schäär
Iwwer die dswei Deimscher häär.
S roode Bluud drobbsd uff die Äärd,
Ei, wie dòò de Kunraad bäärd!

Endlisch kummd die Mamme hemm,
Ach, ihr Kunraad hadd die Flemm.
Draurisch guggd er uff sei dswei
Abbne Daume. Wei! Owwei!

Das Schdiggelsche vum Subbekaschber

De Kaschber, däär waar kerngesund,
E digges Kerlsche, kuchelrund,
Mid Bäggelscher, soo rood unn frisch,
Essd immer scheen sei Subb am Disch
Doch äänesdaas, ihr liewe Leid,
Dò gehd däär Lauserd hin unn schreid:
»Subb maan isch kämmeh esse, nää!
Isch esse nie meh Subb, nie meh!«

Daachs druff iss er an Aarm unn Bään
Unn Bauch vill dinner schunn gewään.
Wies middaas dann aans Esse gehd,
Dòò fangd er widder aan wie bleed:
»Subb maan isch kämmeh esse, nää!
Isch esse nie meh Subb, nie meh!«

Aam dridde Daa, ò Schregg, loss nòò,
Hadd er nuur meh die Hälfd gewòò!
Doch kaum gridd er die Subb gebrung,
Dò isser dursch die Schdubb geschbrung
Unn hadd alsmò nòò Lufd gerung:
»Subb maan isch kämmeh esse, nää!
Isch esse nie meh Subb, nie meh!«

Aam virde Daa, wie firschderlisch!
Do iss er nuure meh e Schdrisch,
Dinn wie e Schbinn, iss madd unn bleisch
Unn iss aam finfde Daa e Leisch.

Das Schdiggelsche vum Dsawwelfillibb

»Ob de Fillibb heid mò schdill
Vòòr seim Deller hugge will?«
Saad de Babbe ärjerlisch,
Wie so ofd aam Middaasdisch.
Awwer Seins, das duud niggs saan,
Guggd sisch erschd die Sach mò aan.
S Fillibbsche, däär beese Buu,
Heerd seim Babbe gaar nidd dsuu.

Äär dsawweld
Unn schdrawweld,
Er hambeld
Unn schdrambeld
Uff seim Schdiehlsche hin unn häär.
»Fillibbsche, das schdinggd mer schwäär!«

Sòò, ihr Kinner, jedds genn achd,
Was de Fillibb weider machd!
Dòò! er gunschd, oh Mann, oh Mann!
Guggen eisch das Bild nuur aan!
Hei! er schaugeld unn er wibbd,
Bis de Schduhl nòò hinne kibbd.
Jess, er schdirdsd! Er grabbschd die Degg,
S hadd kä Wäärd, s ruddschd alles wegg.
Bums! De Babbe schreid: »Soo nidd!«
Äär hadd ball die Gieschdre gridd.
Seins duud widder gaar niggs saan,
Guggd sisch erschd die Sach mò aan.

Niggs! vum Fillibbsche kä Schbuur
Unn e lääri Dischbladd nuur,
Woo de Babbe sisch doch heid
Soo uffs Esse hadd gefreid,
Unn das leid jedds dòò umm Bodde!
Nää! dòò grischde graad die Modde!
Die fein Subb, die iss verschudd,
Die gudd Buddel iss gabbudd!
Unn die aarme Eldre hann
Niggs im Bauch. Nää, soo e Schann!

Das Schdiggelsche vum Hans Gugg-in-die-Lufd

S Hänsje guggd umm Schuulwää nuur
In die Lufd in ääner Tuur
Nòò de Wolge, Schwalwe, Fliescher
Unn was sunschd noch gebbd aan Viescher.

Immer guggd er in die Heh,
Siehd die eischne Fies nidd meh.
Jeeder, woo ne kennd, der ruufd:
»Gugg! De Hans Gugg-in-die-Lufd!«

Kirdslisch kummd e Hund geweddsd.
Unser Hänsje guggd aach jeddsd
In die Lufd.
Kääner ruufd:
»Hans, e Hund kummd gallebierd!«
Was bassierd?
S Hänsje hadd kä Hund gesiehn.
Blumsdisch! – alle dswei schlaan hin!

Wie es Hänsje langs der Saar
Äämò uff seim Schuulwää waar,
Guggd das Kerlsche widder mòò
Iwwersisch me Schwälbsche nòò.
Unn soo kummds, wies kumme muss,
Immer näher kummd däär Fluss.
Die drei Fischjer sinn geschbannd,
Wann de Hans im Wasser lannd.

Bladdsch! – kobbiwwer in die Brieh
Schdirdsd däär Buub, er wääs nidd, wie.
Die drei Fischjer voller Schregg
Schwimme dabber ins Verschdegg.

Doch dsem Gligg sinn mid rer lang
Schdang dswei Männer annegang,
Woo sisch um de Hans bemiehe
Unn ne aus em Wasser dsiehe.

Wie bedribbsd er jedds dòò schdehd!
S Wasser drobbsd aus alle Nähd.
Kald unn nass laafds aus de Hòòr
In die Halskaul unn ins Ohr.
Gans verdadderd unn verdswadderd
Schdehd er in der Käld unn schnadderd.

Die drei Fischjer hanns gesiehn,
Kumme nah ans Uufer hin,
Fange laud se lache aan,
Dasses jeeder heere kann,
Lache sisch ball schebb unn grumm;
Unn die Dasch iss furdgeschwumm.

Das Schdiggelsche vum Robberd mimm Parrabblie

Wann de Rään aans Finschder schlaad,
Wann de Schdurm die Wolge jaad,
Duud jeed Kind im Haus drin bleiwe,
Unn sisch nidd im Feld rum dreiwe.
Nuur de Robberd mennd: »Im Rään
Iss es draus erschd rischdisch scheen!«
Unn er fladdschd dursch Wies unn Graas
Mimm Parrabbelsche – dribbsnass.

Hui! de Schdurm peifd wie verriggd,
S Bäämsche schdehd schunn gans gebiggd!
Jesses nää, was ròòsd däär Wind!
Blòòsd de Schirm midsamd demm Kind
Hooch enuff, hooch in die Lufd;
Kääner heerd ne, wanner ruufd.
Schunn dreffd er e Wolg, e gròò,
Unn sei Hudd iss furdgeflòò.

Robberd, hall dei Parrabblie,
S gebbd e Iwwerlandbardie!
Ohne Hudd duud er mimm bloose
Kobb näägschd aan de Himmel schdoose.
Ob er dann noch weiderflied,
Wääs kä Mensch, weils kääner siehd.

Glossar

abbne: abgeschnittene; alsmò: manchmal; annegang: vorbeigegangen; awwei(le): jetzt; **b**äärd: schreit; ball: 1. bald, 2. fast; bedribbsd: verwirrt; Blòòdre (die Sunn scheind …) : die Sonne scheint sengend heiß; **d**rääd: tritt; **F**lemm: Depression; **g**ebbd: 1. gibt, 2. wird (Passiv); genähd: verprügelt; geschdrähld: gekämmt; gewään: gewesen; Gewiddersääf: Donnerwetter; glòòr: lustig; gnuddre: nörgeln; grien: kriegen; gròò: grau; gunschd: schaukelt; **H**alskaul: Nacken; hollds: nimmt das; **K**äässchmier: Quark; Kaffeekimbsche: Kaffeetasse; **l**addsd sich: labt sich; **m**aan: mag; **n**äägschd: beinahe; **P**änsjer: Lausbuben; Pischduur: Figur; **s**ch hanns: ich habe es; schebb: schief; schlaan: fallen; Schròhling: Widerling; Seins: seine Frau; **v**erdswadderd: verzweifelt; **w**eidewaan: sperrangelweit.

Anna Peetz

De Beierner Struwwelpeeter
Lustisch Geschischtscher ón tróllisch Biller

Vierspann

Wänn de Käanner sisch göud schécken,
Kann det Kréskénd déi beklécken.
Wänn se óch hihr Zéppscher ääaßen
Ón de Schmeerscher nét begääaßen,
Spillen, öhnt viel Krach se maachen,
Oornik hœ bäi hihre Saachen,
Trœuße bäi der Mótter pleiwen
Ó kææn Deiwlereien treiwen,
Prængt et hinnen Zäisch genóch
Ón en æxtra Billerbóch.

De Struwwelpeeter

Kœckt elòò de Struwwelpeeter!
Krallen, Hòòr! En halwe Meeter!
Œn de Nääl dorf him kææn Scheer,
Krœœd wéi wänn et eewisch weer!
Ó ganz kréntlisch heert fiert eescht
Mœœl dämm Jóng sei Kopp gebeescht.
Wämm kann dää gefallen?
Bäh! Et kruselt allen.

De Geschischt vom beese Friederisch

De Friederisch, de Friederisch,
Weer dää plööß nét söö zwudderisch
Ó wéll ó bees ó wéischt, dää Quant!
Dämm pleiwt näischt häll äa seiner Hand.
Kabótt de Stöuhl, öhnt Fliescht de Meck.
De Katz äas dööd, kei Voogel fléck.
Ón t Kreetschen hœt en óch geschlöön.
E klææenen Deiwel, muß mer söön.

Orsch dööschtisch säift den Hónd œm Boor.
Wat hœt dää Præckert lòò beloor?
Ganz héhlisch schläischt dää sisch döu trœn
Ó fængt den Hónd se schwippen œn.
Dää jault dereescht, da wehrt e sisch
Ó bäißt de beese Friederisch
Äant Bein, söö fæst, wéi hää plööß kann.
Wat bäärt de Jóng döu, mann-o-mann!
Dat lòò, dat äas de rischtisch Stròòf!
Fier Schrææk fællt nach de Gääschel ròòf.
Den Hónd schnappt déi ó lääft äant Hœus.
Dach uus Geschischt äas nach nét œus!

Äam Bææt läit wei de Friederisch.
En hœt en Pein, ganz béisterlisch!
Den Dókter hœn se kläisch geröuf.
Wéi Gall söö Tróppe kréit de Böuw.

Den Hónd, dää hóckt œm Jóng seim Désch.
De Kóchen ón de Wööscht sei frésch.
E latzt sisch trœn, proweert de Wein.
Mer säiht et, alles schmaacht em fein.

Ón óff de Gääschel paßt en óff.
De Jóng schlläät lòòmäat némeh tróff.

De schræcklisch traurisch Geschischt vœm Féxhólz

T Paulienschen äas némeh ganz klææn.
Et pleiwt óch alt en Stónn ellææn.
T spillt mäat der Pópp ón danzt ó séngt,
Wat fröh äam ganzen Heisje kléngt.
Wéi häat danòò dursch t Zémmer gäht,
Da säiht et, dat lòò Féxhólz stäht.
»Oh, dat äas fein«, säät häat döu sehr,
»Dat äas nach scheener Spillgescheer!
Äisch fængke kläisch en Hélsjen œn.
De Mótter hœt dat décks gedöön.«

De Kætzjer heeren dat genòò.
Se kréin orsch Angst ém t Käand elòò.
»Lœß plööß dein Fénger lòò davœn!
Dei Vatter wéll dat gòòr nét hœnn!
Oh, heer óff uus! Miau! Mioo!
Sós prææns de kläisch ganz lischterloh!«

Egaal, wat söö e Kætzje mænnt.
Det Hélsje knistert, flammt ó prænnt.
Et knackt ó flackert heh eróff,
Genòò wéi hei óm Bildschen tróff.
T Paulienschen hœt orsch vill Pläseer
Ón hupst äam Zémmer kräitz ó quäär.

De Kætzjer, déi séihn dat genòò
Ón hœnn orsch Angst ém t Käand elòò.
»Fierwat fængks dœu dat Féxhólz œn?
Dei Mótter wéll dat gòòr nét hœnn!
Plööß fort damäat! Miau! Mioo!
Sós prænns de kläisch ganz lischterloh!«

Oh weh! Wei flammt óch schöön det Klääd.
De Kætzjer falle baal äant Lääd.
Et prænnt det Hòòr, de Hand, de Scheerz.
Det Käand, dat flackert wéi en Keerz.

De Kætzjer schrææjen dursch det Hœus:
»Et prænnt, et prænnt! Höllt t Käand erœus!
Dihr Leid, dihr Leid! Kómmt häalft es hei!
Uus äas et némeh æænerlei.
Oh, heert es dach! Miau! mioo!
Se Hélf! Det Käand prænnt lischterloh!«

Det Fäier äas wei òòfgeprannt.
Kei Käand meh dòò, nét Kopp, nét Hand.
En Ææschegoope säiht mer döu,
Danääwischt nach zween rööder Schöuh.

Wéi t Katzevéih lòò hóckt ó kräischt
Ó gòòr nét vœn den Ææsche wäischt!
Den zwööen äas det Härz wéi Pläi.
»Oh, keemte Vatter, Mótter bäi!«
Hihr Treene félle baal e See.
Dach hihr Pauliensche lääwt némeh.

De Geschischt vœn de schworze Böuwen

Hei gäht e Mohrsche, ròòweschworz,
Hœt plackisch Féiß, sein Bócks äas korz.
Et hæælt e Schirmschen iwwer sisch,
Sós kreet et jòò e Sónnestisch.
De Ludwisch äas mäam Fähnschen dòò,
Sei ganze Stólz, dat äas kææn Fròò.
De Kasper hatt, wéi mer lòò säiht,
Fier t Präzelääaßen nach kææn Zäit.
De Wéllem kémmt óch œgerannt,
Den naue Rääf äa seiner Hand.

Wéi t Mohrschen döu äas laast se gang,
Hœnn all se spotten œgefang:
»T äas schworz wéi Tént!« ó juckse lang.

Dat heert de frómmen Nikelœœs
Lòò bäi seim krooßen Ténteklœœs.
»Dier Böuwen«, hœt dää döu gesœœt,
»Fier t Mohrekäand äas dat orsch quœœd.
Hætt eier Dorf wäit fort gelää,
Weert dier villäischt söö schworz wéi dää.«
Déi Quaschte maache sisch näischt trœus
Ó laachen óch den Niklœœs œus
Ón uuze plööß ó fóljen nét
Ó gickle, weil et Mohre gétt.

Dier Pænzerten, äisch kréin isch trœn!
Dier fængt óch nach se kraulen œn!
Den Niklœœs dænkt, dier pròucht en Lehr!
On allen träi schnappt hää sisch sehr:
De Ludwisch ón de Wéllem dann,
De Kasper wehrt sisch, wat e kann.
Wat hœt den Niklœœs wei äam Säann?
En tónkt se äan de Tént eräan
Mäat Höut ó Jacke, Bócks ó Schöuh.
Wei maachen déi hihr Meiler zöu.

Déi träi spazeeren näs vierm Toor,
Sei schworzer wéi dää klææne Mohr.
Ganz schworz óch Präzel, Fähnsche, Rääf.
Dòò hélft kei Schruppen ó kææn Sääf.
Fierwat hœn déi nét kläisch pareert?
T weer allen trææjen näischt passeert.

De Geschischt vœm wélle Jäär

Et wòòr emœœl e wélle Jäär.
En hatt déi kréin Montuur söö gäär.
De Tasch, det Polver, t Schéißgewehr
Hœt dää gehöll, all dat Gescheer,
Wat hää pròuch fier de Hœœsejacht.
E gäht da fort nét lang nòò acht.
Äam krooße Putschen hóckt den Hœœs
Ó mæht dem Jäär en ganz lang Nœœs.

Dach nòò er göuder, décker Stónn,
De Schéiß äas schweer, et præænt de Sónn,
Läät dää sisch néier äan de Schäät
Ó ratzt ó schnorkst, wéi dat alt gäht.
Den Hœœs, dää hœt dat óch geséihn.
Wéi kann e plööß déi Schéiß lòò kréin?
E schläischt sisch da ganz löös erbäi,
Héllt Schéiß ó Préll, t gäht eint-zwää-träi.

De Préll hóckt hää sisch óff de Nœœs.
Et zillt sisch bæsser dursch e Klœœs.
Ón œusproweert gét óch t Gewehr.
Kœckt plööß de Jäär! Wat tirmt dää sehr!
E béllert, préllt de Geejent vóll:
»Se Hélf, dihr Leid! Den Hœœs äas dóll!«

E lääft ó lääft baal bis bäi t Hœus.
Lòò kœckt sein Fraa zer Feester rœus.
Koppiwwer butzt en äan de Boor.
Döu knallt et óch schöön œus dem Rohr.

Dää Hœœs hœt nét de Jäär getròòf.
Der Taas hihr Hænk, déi schéißt en òòf.
Wei hœt de Fraa kei Kaffee meh.
Se krääscht plööß hort: »Ojéminee!«
Dem Hœœs sein Hääsjen hatt geróppt
Pòòr Krääsjer, sisch bäim Boor verstoppt.
Lòò gétt gedääft, et wääs nét wéi,
Dat Déiersche mäat Kaffeepréih.
Det kléihdisch Zäisch däät him orsch weh.
Fier Schrææk hæælt et de Lææfel heh.

De Geschischt vœm Daumelutscher

»Kurtsche«, säät de Mótter wei,
»Äisch geh fort ón dœu pleiws hei.
Spill fier däisch ó schéck disch fein,
Bis isch namœœl bäi der sein.

Kurtschen, heer, äisch söön der dat,
Daumelutscher sei mer saat.
Lutsch plööß œ kææm Daume meh!
Sós beraus de t nach. Oh weh!
T kémmt de Schneider œgelòòf.
Dää schneidt dier dein Daumen òòf.«

Zöu de Dier! De Jóng nét fœul,
Stéscht den Daumen äan det Mœul.

Krœœd äas dää äam Meilschen träan,
wäär kémmt döu zer Dier eräan?
T äas de Schneider mäat der Scheer.
Wänn déi bäi der Deiwel weer!
Zwämœœl gäht se óff ón zöu.
Ó wat äas mäam Kurtschen döu?
Gòòr kææn Deimscher sei meh dòò!
Ón de Jóng, dää bäärt ganz schròh.

T kémmt de Mótter nòò er Stónn.
Wéi hœt déi hihr Kurtsche fónn?
Orsch betrépst stäht dat elòò.
Söö en Deimsche wiest nét nòò.

De Geschischt vœm Zóppe-Kasper

De Kasper wòòr e stramme Jóng.
Gesónd det Härz, gesónd de Lóng.
Wéi gäär hœt dää om Désch gesäääß
Ón émmer flótt sein Zéppsche gäääß.
Dach döu hœt dää e Rappel kréit
Ó krääscht: »Déi wéll isch nét, déi Préiht.
Déi Zópp elòò, déi schmaacht mer nét.
Nææ, lòò déi Zópp, déi wéll isch nét.«

Den neesten Daach, dat séih mer all,
Dòò hœt en sisch schöön orsch befall.
Ón näs hœt hää dää Rappel kréit
Ó krääscht: »Déi wéll isch nét, déi Préiht.
Déi Zópp elòò, déi schmaacht mer nét.
Nææ, lòò déi Zópp, déi wéll isch nét.«

Den träatten Daach, t währt németh lang,
Wat wòòr dää Jóng sesommegang!
Ó wéi en näs sein Äääße kréit,
Dòò krääscht e kläisch: »Wat sóll déi Préiht?
Och wänn et æxtra Pudding gét,
Déi Zópp elòò, déi schmaacht mer nét.
Nææ, lòò déi Zópp, déi wéll isch nét.«

De veerten Daach, söö lääd mer t däät,
Wòòr t Kääand plööß nach e Fœddem prääd.
Ó baal danòò, wéi mer hei säiht,
De Kasper schöön óm Kirfisch läit.

De Geschischt vœm Zawwel-Philipp

»Héér mœœl, Philipp, klunsch nét söö!
Mäat der äas mer németh fröh,
Wä mer däisch söö gatschle säiht«,
Säät de Vatter. »T gétt wei Zäit!«
Dach de Mótter, déi säät näischt,
Dænkt se, wämm de Philipp kläischt?
Heert dää, wat sei Vatter wéll?
Läit nét Röuh ón hæælt nét stéll.

E juckelt
Ó ruckelt,
E stròòwelt
Ón zòòwelt
Óff seim Stöuhl eróff, eròòf.
»Heer mœœl, Philipp, bäas de dòòf?«

Kœckt dier Käanner, kœckt genòò
Óff dat kreilisch Bild elòò!
Nææ, de Philipp hææłt nét stéll,
Zawwelt, hampelt vill se wéll.
Häanneniwwer kippt en dann,
Näischt, wöö hää sich haale kann.
Nòò dem Déschdóch kraapscht e sehr.
Mäat em fællt óch all t Gescheer:
Tæller, Prööd ó Flasch ó Klœœs.
Ón de Zópp verprænnt sein Nœœs.
Säät de Mótter wei óch näischt?
Dænkt plööß, wämm de Philipp kläischt?

Wei hætt déi dach baal gekrésch.
Kœll ó plackisch äas den Désch.
Ó mer säiht kei Philipp meh,
Plööß e krooßen Zóppesee.
Futsch de Flasch, en Tæller óch,
Krómprestampes óff dem Dóch.
Alles läit vermængt elòò.
Näischt meh äas se ääaßen dòò.
Vatter, Mótter, späannebees,
Sei vier Schrææk nach wäiß wéi Kees.

De Geschischt vœm Hans Kœck-äan-de-Lóft

Wänn den Hans zer Schööl mußt göhn,
Hœt en sein rööd Tasch getröön.
Róff zem Himmel kœckt e gäär
Óff de Schwalw ón t Wólkemeer.
Vier sein Féiß dòò säiht en nét.
Wänn dat plööß kein Ónkléck gétt!
Wat äas dää œus fierem Stóft,
Lòò dää Hans Kœck-äan-de-Lóft?

T kémmt en Hónd erbäigerannt.
Ó wat mæht dann uuse Quant?
Kœckt plööß heh!
Némmes meh,
Wöö den Hans döu alameert.
Wat passeert?
Bóms! Se leie lòò wéi dööd.
T Plöud färwt kläisch det Plaster rööd.

Eimœœl œn em kaalen Daach
Gäht en hortisch langs de Baach.
Säiht œm Himmel, oh wéi scheen,
Träi klææ Schwælwjer Kurwen trehn.
Randstææn kœckt e gòòr nét œn.
Kémmt ganz discht œn t Wasser trœn.
Ón de Fésch, déi wéßte gäär,
Wat dää Jóng lòò Mææenik weer.

»Kœck, de tapps äant Waaßer räan!«
Schöö läit dää gemäatten träan.
Fort sein döu de Fésch geschwómm.
Dach œus Vierwétz namœœl kómm.

Mænner prænge kläisch en Stang.
Ón et dauert gòòr nét lang,
Hœnn e mäat dem Kräaff erwéscht
Ón en dapper rœusgeféscht.

Kœckt emœœl, wéi stäht dää hei!
Trépsen däät e wéi en Seih
Œus de Klææedern, œus dem Hòòr.
Näischt œn him, wat trécke wòòr.
Dómm hatt dää sisch œgestallt.
Ón et äas em kreilisch kalt.

Déi träi Fésch, vóll Iwwermöut,
Hœnn sisch hihr Pläseer gesöuht.
Strææke flótt hihr Kæppscher rœus,
Laachen dää Betrépsten œus,
Laache, bis se Bòuchweh kréin.
Häannen äas de Tasch se séihn.

De Geschischt vœm Robert, wöö fléie kann

Reen, dää wéi œus Biede fællt,
Sturm, wöö dursch de Hóchet gællt,
Jäät de Käanner flótt äant Hœus,
Kœcken dann zer Feester rœus.
Dach de Robert dænkt: ›Au, fein!
T muß debœuße præschtisch sein!‹
Lääft mäam Schirm flótt óff de Wää.
Dursch jeed Péilsche stiwwelt hää.

Hui, de Sturm, dää päift ó jault,
Söö, dat jeederææne krault.
Mäat vill Schwóng, ójeminee,
Pleest en t Käand wei äan de Heh
Krœœd als weer et fädderläischt.
Némmes heert de Jóng, wöö kräischt.
Pléiert äan der Lóft de Möut.
Fortgeweht äas óch sein Höut.

T Béiwjen äas mäam Schirm schöö wäit
Äan de Wolke, wéi mer säiht.
On den Höut, heh iwwerm Käann,
Fléit baal äan den Himmel räan.
Wöö sein déi derlætzt gelandt?
Dat äas némmes hei bekannt.

Glossar

alt: manchmal; **b**äärt: schreit; befall (hœt en sich … b.): (hat er …) abgenommen; Béiwjen: Bübchen; beloor: verloren; Biede: Bütten, Kübel; **d**écks: oft; dòòf: taub; **e**lòò: dort; **f**léck: ›flügge‹, gesund; Fliescht: Flügel; gemäatten: mitten; **g**étt: wird, gibt; heert: gehört; **H**óchet: Feldflur; hort: laut; **K**äan: Kind; Kirfisch: Kirchhof; kléihdisch: heiß; Klœœs: Glas; klunsch: schaukel; Krääff: Griff; kréin: grün; Krómprestampes: Kartoffelbrei; **L**ääd: Ohnmacht; laast: vorbei; lòò: da; **M**ææník weer: vorhat; näs: wieder; **ó**: und; Oornik: Ordnung; **P**ænzert: frecher Junge; Péilsche: Pfütze; plackisch: nackt; pléiert: verliert; Præckert: frecher Junge; Préiht: Brühe; Putschen: Strauch; **Q**uant: kleiner Junge; Quascht: kleiner Junge; quœœd: schwierig; **s**aat (sei mer s.): haben wir satt; Schäät: Schatten; Schéiß: Gewehr; Schmeerscher: belegte Brote; sehr: schnell; Seih: Seiher, Sieb; Stóft (aus fierem S.): (aus welchem) Stoff; **w**ei: jetzt; wéll: wild; wiest: wächst; **z**wudderisch: widerborstig.

Irma Ternes

Dä Struwwelpitter opp Grafschafter Platt
Gescheechten, die Fröid maken, on drollige Beelder

Enne Värsch vörher

Wenn Weechter brav, geregeld send,
Kömmp ock nohr sej dat Christuskend;
Duhnt sej brav öhr Süppken äten
On dat Brot ock niet vergäten,
Wenn sej, ohne ühren, quaken,
Hörschkes öhre Krohm gou maken,
Bej et Ströijpen opp de Strohten
Van de Mamm sech führen lohten,
Brengk et öhr vööl Schnupperej
On en Beelderbuuk dohbej.

Dä Struwwelpitter

Kick enz doh, igittegitt!
Pfui! doh stejht dä Struwwelpitt.
Aan beddsde Hann weell hej niet liehen
Dat mer düht sinn Nägel schniehen.
Kämmen liet hej nie sinn Horen;
Bäter, hej wör kahl geschoren.
Alles rüpp: »Igittegitt!
Pfui! doh stejht dä Struwwelpitt.«

Dat Stöcksken van denn geeftegen Fretz

Dä Fretz hitt rechteg »Friederich«
On ös 'nen ärgen Wüterich,
Düht Fliegen fangen met vööl Wut
On ritt dann noch öhr Flögels uht.
Hej haut ien't Huus de Stühl kapott
Fängk Vögelsches, mäck doot sej flott,
De Katten dunnt sech gou verstoppen;
Hej düht sogar sinn Gritt verkloppen.

Aan dä Pött doh stunn ennen grooten Hond,
Denn Water sohp, dat ös gesond.
De Fretz, dä nohm sinn Pitsch sech her,
On een – twee – drej, so met Kajeer
Verschrobbten hej denn Hond dohmet,
Gohw öhm ock noch 'nen ärgen Trett.
Dä fiese Lömmel liet niet aff;
Denn Hond miek niet miehr Piff aff Paff.
Opp enz doh sprong hej opp denn Hond,
On för dä Fretz doh geng et rond.
Romms! – diep ien't Bejn denn Hond deh
bieten,
Fretz, denn gohw sech lout ant krieten.
Dat Blut dat liep, groot wor die Wond,
De Pitsch ient Muul liep fortt denn Hond.

Dä Fretz moß nou ien't Bedd sech läggen.
»Doh bliws dou«, deh denn Doktor säggen,
»So Wäkes vier, fief, sääß aff tien!«
On gohw öhm bettere Medizin.

On aan denn Dösch van osse Fretz
Doh soht dat Höndken, ärg gewetz;
Deh fräten Kuck on ock de Worsch
On süpp denn Wien för sinnen Dorsch.
On opp de Pitsch satt hej sech dropp
On paßden schärp nou opp sej opp.

Dat ärg trurege Stöcksken van Paulinchen met de Strickspöhn

Allejn de Huus Paulinchen wor,
De Eldersch woren bedds niet dor.
Sej deh nou dur de Wohnes sprengen,
Met gu-e Seenn en Liedschen sengen.
Doh sohch sej vör sech opp en Kier
De Strickspöhn stohn, dat kleenne Dier.
»Oh!« säih sej, »oh, wie nett on fien,
Dat mott wat för de Speelen sien.
Eck dunn et nähmen, fröij mech draan,«
On hupps! mäck sej en Strickspohn aan.

On Minz on Maunz die Katten
Met Striepen, gries on schwatten,
Die seetten doh on schrauen;
Sej krieten on miauen:
»Miau! Mio! Miau! Mio!
Lott stohn, aff dou branns leechterloh!«

Paulinchen hürt die Katten niet.
Met öhr Gedanken ös sej wiet.
Dat Strickspohn brannd so hell on klor,
On Papp on Mamm die send niet dor.
Dat Füür ös för die Därn en Wonder,
Sej höpp de Stoow heropp, heronder.

On Minz on Maunz die Katten
Met Striepen, gries on schwatten,
Die seetten doh un schrauen
Sej krieten on miauen:
»Miau! Mio! Miau! Mio!
Lott stohn, aff dou branns leechterloh!«

Oh weh, die Flamm packt all dat Klejd,
On keennen help öhr, wiet on brejt.
Nou brannd dat Hoor, ock Schörz on Händ,
Et brannd dat ganze Weech ant End.

On Minz on Maunz die Katten
Met Striepen, gries on schwatten,
Sej krieten: »Help, help, kommp nohr hier!
Verbrannen mott dat kleenne Dier.
Miau! Mio! Miau! Mio!
Kommp gou, dat Weech brannd leechterloh!«

Verbrannd ös alles, wat enz wor,
Dat ärme Weech met Huut on Hoor.
En Höipken Ääsch bliw van Paulin
On beddsde Schuh'n, so nett on fien.

On Minz on Maunz die schrauen,
Sej krieten on miauen:
»Miau! Mio! Miau! Mio!
Wo send die ärmen Eldersch? Wo?«
Öhr Trönkes loupen een, twee, drej,
So wie denn Beek löpp en os Wej.

Dat Stöcksken van de schwatten Jonges

Enz liep, denn Hemmel wor ganz klor,
Längs van de Port, 'ne schwatte Mohr.
Die Sonn deh schienen opp sinn Plaat;
Hej hadden all denn Scherm parat
On spannden opp denn Paraplü.
De Sonn, die brannden wie söss nie.
Doh koom denn Ludwig met sinn Fahn,
Denn Welm koom met Bandel aan.
Ock Kaspar koom met flotte Schreett,

Hej hadden sinnen Brezel met.
Sej kreet'n on lachden alle drej,
Ass doh dat Möhrken liep vorbej,
On riepen, schwatt wie Enk wär hej.

Doh koom dä Klohs, wie en Geschenk
Onder denn Ärm en Faat met Enk,
On sätt: »Öhr Weechter, hürt mech aan,
Lott gou en Rouh dä schwatte Maan.
Dat jej sitt witt, on hej ös schwatt,
Ös niet sinn Schold, denn Herr miek dat.«
De Jonges äwwel hürden niet;
Sej hielden fass aan öhre Striet
On dehen lachen lout em Chor
Öwer denn ärmen, schwatten Mohr.

Dä Klohs, dä word nou bös on weeld.
Dou kass et siehn, hier opp dat Beeld.
Hej bürt gou die drej Strekels opp,
Gripp Ärm sech, Box on Wess on Kopp
Van Welm on van denn Ludeweg,
Denn Kaspar ock, denn wehrden sech.
Hej döppt sej en die Enk ganz diep,
Wenn ock dä Kaspar »Füür! Füür!« riep.
Dä Klohs, dä hürden niet dohdropp
On döppt sej diep, ock öhre Kopp.

Dou kass hier siehn, wie schwatt sej send,
Vööl schwatter as dat Mohrenkend.
De Sonn die schinnt, dä Mohr vöraan,
Die Enkejonges aachter draan.
Ass Strohw miek osse Klohs sej schwatt.
Wat hädd dat Lachen nou gebatt?

Dat Stöcksken van denn weelden Jägersmann

Et trock dä welde Jägersmaan
Enz sinnen grünen Böijs sech aan,
Nohm Rocksack, Polwerhorn, Flent ock;
So aangedohn, nohr't Feld hej trock.
Et soht denn Breel öhm op sinn Nas,
On schieten wolld' hej doot denn Has.

Dat Häsken dat verstopp sech flott
En Blä'r on lach sech halw kapott.

De Sonn die word öhm nou de hejt;
De Flent wor schwor, driep öhm en Schwejt.
Hej deh sech läggen en dat Gras;
Dat alles sohch denn kleennen Has.
On ass denn Jäger schnörkden diep,
Denn Has ganz hörschkes nohr öhm liep;
Hej nohm öhm Flent on Breel gou fortt
On liep dann nohr denn Boosch drapp, flott.

Denn Breel denn hädd dat Häsken nou
Stracks opp sien Nas gesatt sech gou,
On schieten weell hej met de Flent;
Dä Maan hädd Ängs on rennt on rennt
On rüpp dann lout, groot ös sinn Not:
»Help, Help! dat Häsken schütt mech dot!«

Nou kömmp dä weelde Jägersmaan
Et letz bej sinne Pött dann aan.
Hej sprengk ien't Lock, dat wör geschaff,
Nou döijt denn Has de Flent gou aff.

En Köppken Koffen wärm on gut
Deh dreenken Jägers Frou grad uht.
Dat Köppken schütt denn Has kapott;
Doh riep die Frou: »Oh Gott, oh Gott!«

Dat Hasenweech, dä kleenne Has,
Soot bej de Pött ien't diepe Gras.
Hej hadd sech hörschkes doh verstopp;
Nou löpp öhm Koffen opp dä Kopp.
Lout kritt hej: »Wenn hädd mech verbrand?«
On häld denn Läpel en sinn Hand.

Dat Stöcksken van denn Dummelutscher

»Konrad«, säij de Mamm, »dou Liewen,
Eck gonn weg, doch dou motts bliewen.
Bliw geregeld on ock fromm,
Bös nohr Huus eck weer dann komm.
On, eck sägg dech, Konrad, hür,
Lutsch aan dinnen Dumm niet miehr.
Söss kömmp aan dann met sinn Scher
Flott denn Schnieder nohr dech her.
Wie Papier düht aff hej schniehen
Beddsde Dumm – möchs dou dat liehen?«

Mamm ös fortt, dat fend hej gut,
Schwupps! denn Dumm weer en sinn Schnut.

Wumm! doh gejt de Döör wiet opp,
On et kömmp nou met Galopp
Flott denn Schnieder mit sinn Scher
Nohr dä kleenne Jong dohher.
Weh, nou gejht et klipp on klapp,
Beddsde Dumm send aff ganz drapp.
Met de groote schärpe Scher –
Joh, doh kritt denn Konrad sehr.

Ass de Huus kömmp Mooder aan,
Kick bedröppelt osse »Maan«.
Beddsde Dümmkes opp en Kier
Aff, nou hädd hej keennen miehr.

Dat Stöcksken van denn Suppenkaspar

Dä Kaspar dä wor kerngesond,
Nen dicken Borsch on kogelrond.
Hej hadden Bäckskes fresch on rot,
On aan denn Döösch sinn Supp hej oot.
Doch ennes Daags wor dat gedohn;
Hej kritt: »Eck lott minn Supp nou stohn!
Eck ät patu minn Süppken niet!
Nä, all minn Süppkes ät eck niet!«

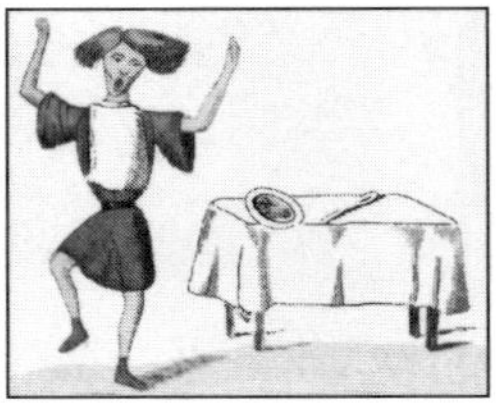

Denn Daag dohdropp, kick ou öhm aan,
Ärg mager ös dä kleenne Maan.
On hej kritt weer: »Eck weell keenn Supp!
Eck ät patu minn Süppken niet!
Minn Supp, die ät patu eck niet!
Nä, all minn Süppkes ät eck niet!«

Dann derden Daag, wie geng dat drapp,
Denn Kaspar ös so dönn on schlapp.
Doch ass de Supp kömmp en de Stoow,
Hej sech all weer an't Krieten gohw.
»Eck dunn die Supp niet äten, nä!
Eck ät patu minn Süppken niet!
Nä, all minn Süppkes ät eck niet!«

Denn verden Daag, dat Gott erbaam,
Doh sohch hej uht wie enne Faam,
Deh wiegen v'leechs noch en halw Lot
On wor denn fiefden Daag all dot.

Dat Stöcksken van denn Zappelphilipp

»Aff denn Philipp nou well stell
Aan denn Döösch ock seetten well?«

Also sprohk met schärpe Tong
Vaader barsch för sinne Jong.
On die Mooder kick verfiert
Op denn Döösch. Aff wat passiert?
Doch denn Philipp düht niet hüren,
Sech aan Vaaders Präk niet stüren.
Hej webbeld
On schockeld,
Hej rappeld
On zappeld
Met sinne Stuhl heronder, ropp.
»Jong, eck bön niet schärp dohdropp!«

Nou kick öhr liewen Weechter, süht,
Wie dat met Philipp wiergohn düht.
Bohwen ös et opp dat Beeld.
Kickt! hej schockeld weer ganz weeld,
Bös dä Stuhl nohr achter fällt;
Doh ös nex miehr, wat denn häld.
Nohr dat Dööschduck gripp hej, kritt,
Träck dohdraan, hej fällt on ritt
Van denn Döösch, Fläsch, Tellersch, Brot.
Vaader denn hädd groote Not,
On de Mooder kick verfiert
Opp denn Döösch. Wat ös passiert?

Nou ös Philipp ganz verstopp,
Opp denn Döösch stejht nex miehr dropp.
Wat denn Vaader äten wolld
Onder opp de Erd nou rolld.
Supp, Brot, all dat för de bieten
Deh hej alles ronderrieten.
Kapott ös de Terrine nou,
Verschreck dohbej stonnt Maan on Frou.
Geefteg send sej! Nou on hier,
Höbben nex de äten miehr.

Dat Stöcksken van denn Hannes Kiek-en-de-Loof

Wenn Hannes opp dä Schöllwäch wor,
Noch niet ganz wackreg, niet rääch klor,
Deh hej bloß stur nohr bohwen kieken,
Bekeek sech, wat die Schwalwen mieken,
Keek Däker, Wolken; vör sinn Füüt
Äwwel doh keek denn Hannes niet.
Dohröm rüpp döcker mer öhm nohr:
»Hannes Kiek-en-de-Loof gejht dor!«

Kohm ennen Hond öhm en de Quer,
Keek denn Hannes garniet her.
Nimmes kritt:
»Keenne Schreet
Dörws dou miehr gohn! Hanns, bliw stohn!«
Wat passiert?
Alle bedds, Hanns on Hond,
Läggen bauzdech opp dä Grond.

Ennes Daags flanierden hej
Längs denn Rhien, sinn Mapp dohbej,
Die wor van en rohe Klör.
Hannes lurt niet hen, niet her.
Nä, hej kick bloß en de Höch,
On fröijd aan en Schwälwken sech.
On de Feeschkes op de Rejh
Kieken klöchdeg, alle drej.

Enne Schreett miek Hannes noch,
Dann hej en dat Waater flohch.
Die drej Feeschkes send ganz baff,
Schwemmen gou denn Rhien heraff.

En Glöck, twee Mannslüh send gekommen;
Sej höbben Staken metgenohmen

On dann denn Hannes ruhtgetrocken.
Nou stejht hej doh met naate Brocken.

Joh, hej ös nou pitschenaat,
On perdü ös sinne Staat.
Waater löpp dä ärme Jong
Van et Hoor on längs de Tong,
Uht sinn Kläijer, van sinn Ärmen,
'
t bäs wör, hej liep flott ien't Wärmen.

On de Feeschkes, ersch verstopp,
Büren alle drej dä Kopp
Uht dat Waater, on mer meennt,
Dat die dreij an't Lachen send;
Lachen noch 'nen langen Tiet,
On die Mapp die schweemp all wiet.

Dat Stöcksken van denn Robert dä fliegen deh

Wenn dä Rägen ronder fällt
On dä Wend brust dur de Welt,
Jeden ennen met twee Händ
Bliw dann brav en sinn vier Wänd.
Robert äwwel düht sech sputen,
Hej well nex ass bloß nor buten.

Nömmp dä Scherm sech on denn Hut
On löpp en dat Onwäär ruut.

De buhten spannt dä Scherm hej opp.
Dä Sturm dä hüült, on met Galopp,
Bürt hej denn Robert opp nor bohwen,
Hädd noch en kleenn Spier nohrgeschohwen.
On Robert flüch, dou liewen Tiet,
Nou dur de Loof, so hoch on wiet.
Dä Jong stuppt all de Wolken aan,
On sinnen Hut flüch öhm vöraan.

Scherm on Robert fliegen nou
Dur de Wolken flott on gou.
Hut on ock dä kleenne Maan
Kohmen bej denn Hemmel aan.
Wo die twee gebleewen send,
Dat weett ganz allejn dä Wend.

Glossar

äwwel: aber; **B**rocken: Kleidern; bürt: hebt; **d**e buten: draußen; **e**nz: einmal; **F**aam: Faden; **g**ebadd: genützt; gewetz: gewitzt; gohw: gab, machte; gou: schnell; **h**örschkes: leise; **K**ajeer: Tempo; klöchdeg: komisch; Klör: Farbe; opp en Kier: auf einmal; **p**atu: absolut; Präk: Predigt; **r**ohe: roter; **S**chnuppereij: Süßigkeiten; Spier: bißchen; Staat: gute Kleidung; Strekels: Lausbuben; Strohw: Strafe; **'t** bäs wör: am besten wäre es; **ü**hren: murren; **v**erfiehrt: erschrocken; verstoppen: verstekken; **w**ackreg: wach; Wäkes: Wochen; Weech: Kind; Wej: Weide.

Manfred Müller

Der Struwwelspitter en Soliger Platt
Löstege Stöcksker on seilen Belder

Nen Kall vürop

Wenn Kenger brav et ganze Johr,
Dann kömmt et Chreßkengk, dat es wohr.
On wenn se nett ehr Zoppe eten,
Et Brut derbeï ouch nit vergeten,
On wenn se, ohne Krach te maken,
Nett röüh'g sind met den Siëwesaken,
On ouch beïm Schlöüdern op der Stroten,
Sech van der Muoder leïden loten:
Dann brengt et Guots on Leckereï,
En Belderbuok es ouch derbeï.

Der Strubbelspitter

Kickt, ihr Lütt, do steïht he,
Strubbelspitter heïscht de!
Fengerneel affschnieden
Koun he garnit lieden.
Die liët stonn he baul en Johr
On gekaimt wor nit sin Hoor.
»Bäh!« röppt jiëdereïner flöck,
»Strubbelspitter, garschteg Stöck!«

Dat Stöcksken vam weïlen Frie

Nen Fennekieker wor der Frie,
Nen Ruppsack ouch, su säht men hie.
Op Kätzker schmiët he decke Steïn,
On feng de Fliëgen all beneïn;
Riët rösteg den' de Flüögel ut,
Schluog Stüöhl kaputt on Vüögel dut.
He wor su büs, datt met der Schnacke
He schluog sin Grietschen op de Backe.

Am Pött do stong nen gruten Hongk,
De sop et Water met der Mongk.
Do schliëk sech draan, wat Overstangk,
Der Frie, de Schnacke en der Hangk.
He schluog den Hongk, dem dät dat wieh,
On schluog on trot en emmer mieh.
Do biet der Hongk en en et Beïn,
Et Bluot dat driëf, on nit te kleïn.
Der Frie, de Ruppsack, äwwer schrou
On galpden wie'n gestoken Sou.
Op heïm aan äwwer liëp der Hongk.
On drog de Schnacke en der Mongk.

Em Bett mott liëgen nu der Frie;
Et Beïn, dat deït em ouch büs wieh.
Der Dokter dill dernewer sett,
Paßt op, datt de Arzneï he frett.

Am Desche sett der Hongk kort drop,
On frett den gruten Kuoken op;
Frett ouch die staatse Lewerwuorscht,
On süppt den Winn für sinnen Duorscht.

De Schnacke häult em Oug he nett,
Datt keïner em die klauen dätt.

Dat büs trurege Stöcksken met den Fürspöönschern

Em Huß' et Päul wor ganz alleïn,
De Aulen woren weg beneïn.
Wie et su durch de Stuof dät sprengen,
Wor lösteg vür sech hen am Sengen,
Sooch et, do kannßte nix geen donn,
En Fürspöönsdüsken vür sech stonn.
»Jong,« säht et, »wat en herrlech Dengen,
Dat wiërd äs Spiëltüg Freud mer brengen!«
En Höültschen steckt sech aan dat Weïht,
Wie dat de Muoder döckes deït.

Bluß Minz on Maunz, die Katzendier,
Die sennt: Dat Oglöck kömmt nu sier.
Se dröüen alt met ehren Puten,
On donnt miau met ehren Schnuten:
»Du darfß nit spiëlen met dem Für,
Lot sinn, söß brennßte wie en Schür.«

Et Päul, dat hüört do garnit hen,
Hät Freud, dat Flämmken aantesenn:
Dat knestert heïmeleg em Dengen,
Grad wie men't hie om Beld kann fengen.
Et Päul sprengt löstig her on hen,
On hät sin Späßken bluß em Senn.

On Minz on Maunz, die Katzendier
Donnt en de Hüh de Puten wiër:
»Wer sagen dir noch ens em Guoden,
De Muoder hät et doch verboden.
Miau, miau, schmiet weg ganz sier,
Söß brennßte etzeg wie en Schür!«

O wieh, nu grippt de Flamm et Kleïd,
On ouch den Schuurz; et Päul, dat schreït.
Nu brennt et Hoor on ouch de Hangk,
Et ganze Kengk, dat steïht en Brangk!
On Minz on Maunz, die noh derbeï,
Die maken nu en grut Geschreï:
»Hieher, ihr Lütt! Wer hölpt dem
Weïhtschen?
Baul glüöht et Für alt em Geseïhtschen!
Miau, miau, kommt hölpt us sier,
Dat ganze Päul brennt wie en Schür!«

Verbrangt es alles, dat es wohr.
Dat arm, arm Kengk met Bünn on Hoor.
En Höppken Äsche liët noch do,
On reihts on louts ouch noch nen Schuoh.

Die Katzen sennt dat Meßgescheck;
Se luggen sech ens iërsch en Stöck.
»Miau, wo wall die Aulen bliewen?«
De Teïmpen ut den Ougen driewen,
Su wie de Beeke durch den Grongk;
Se loupen weg, et Hert' es wongk.

Dat Stöcksken van den schwarten Konden

Peekrawenschwart dat Jöngken wor,
Wat löüdern geng alleïn vür'm Dor;
En Reendak hiël et üöwer'n Kopp,
De Sonn, die schien em nämlech drop.
Do kom der Lüh alt illeg aan,
He druog nen Stock mem Fähnschen draan.
Der Kasper ouch met grutem Schrett,
De braiht sech sinnen Brezel met;
On ouch der Wellm hiël en der Hangk,
Nen staatsen, rongen Kibbelbangk.
Die schrou'n on lachden ut dem Grong,
Wie langes geng de Negerjong,
Weil men den schwart wie Tente fong!

Des Wegs kom do der Niklos grad,
Met sinnem gruten Tentefaat.
»Lot mer en Rouh dat Negerkengk,«
Saiht he, »ech kall nit en den Wengk.
Wat kann dat Jöngken dann derfür,
Datt et su witt nit es wie ihr?«
Die Konden mackden sech nix drut'

On lachden bluß den Niklos ut.
Noch mieh as vürher lachden die:
Dat dät dem schwarten Jöngken wieh.

Der Niklos, gefteg nu em Senn,
Du kannß et hie om Beld besenn,
De packt die Bürschker beïm Schlawitt,
An Arm on Kopp, wo he se kritt.

Do hölpt kein Zappeln on Geschreï,
He häult se faste, alle dreï.
He zoppt se en de Tente dieëp,
Wenn ouch der Kasper »Für« utrieëp;
Drömswellen zoppt he se nu grad,
Bes üöwern Kopp en't Tentefaat.

Nu süch, wie schwart van Kopp bes Fuot
Die Konden sind, dat deït den' guot!
Et Negerjöngken löppt derher
Em Sonneschinn, äs wenn nix wör.
Bluß weïl su domm gelacht ihr haat,
Wuort ihr gezoppt en't Tentefaat.

Dat Stöcksken vam weïlen Jäger

Ne Jägerschmann, de fong sech schön
Em nöüen Röcksken, wat grasgrüön.
He nohm sin Greïden en de Hangk,
On lieëp erut op't platte Langk.
Den Brell, den drog he op der Nas,
Woul schieëten dut den armen Has.

De Has kickt ut dem Bosch erut,
On lacht den weïlen Jäger ut.
De Sonn es heït, der Hemmel klor,
De Flente wieërd em völl te schwor;
Em grüönen Gras leht he sech hen;
Et Häsken, dat sot ouch alt dren.
On wie de Jäger endlech schlieëp,
Et Häsken stikum beï en lieëp,
Nohm em de Flente on den Brell,
On schlieëk sech dann op Sitt ganz stell.

Den Brell hät et, nu glöüft mer dat,
Sech selwer op de Nas gesatt.
On schieëten mäuht et ouch noch donn;
Der Jäger dätt gern loupen gonn!
He schreït: »Ihr Lütt, ech sinn en Nut,
Dat Häsken well mech schieëten dut!«
Su löppt he flöck, mol hen, mol her,
Do kömmt nen Pött em en de Quer.

En sinner Nut sprengt he dodren,
Mem Kopp teriërscht, men kann et senn.
Vam Berg, van owen huh eraff,
Do schütt der Has de Flente aff.

Am Fenster sot de Jägerschfrau,
Dronk Koffie grad, men süht et nau.
De Kuogel nu dat Köppken trof,
Nen Houpen Schirweln dat do gof.
Bluß newerm Pött, do sot ganz dill
En Hasekengk, dat wor ganz stell.
Wie et do sot em grüönen Gras,
Drieëf em der Koffie op de Nas.
Et schrou: »Wer hät mech do verbrangkt?«
On hieël den Leffel en der Hangk.

Dat Stöcksken vam Dummenlutscher

Do könnt ihr senn den Konrod stonn.
De Muoder ut dem Hus muoß gonn:

»Bliff du teheïmen brav on fromm,
Bes etzeg ech retur wiër kuom.
Bluß eïnt, min Kengk, dat sag ech dir,
Lutsch nit an dinnem Dummen wiër!
Denk an den Schnieder met der Scher,
De kömmt geweß ganz flöck derher,
Schnitt dir den Dummen aff, o Heer,
Äs wenn nen Pill Papier dat wör.«

Dann geïht se weg, on ohne Grongk,
Wupp, es et Dümmken en der Mongk.

Op eïmol, bomms, de Dür geïht op,
Nen kleïnen Ougenbleck dodrop
Sprengt ouch der Schnieder alt eren –
Der Konrod hät nix Guods em Senn.
Met schnipp on schnapp schnitt do die Scher
De Dummen aff, wat en Mallör!

Dem Konrod deït das büs, büs wieh,
He hät nu gar keïn Dümmker mieh.

Der Muoder wuort et aleg schroh:
Wat stong de Konrod trureg do!
On off he mackden völl Geschreï;
Mem Dummenlutschen wor't verbeï!

Dat Stöcksken vam Zoppen-Kaspar

Der Kasper, de wor keerngesongkt,
Nen decken Konden, kuogelrongk.
Sin Bäcksker woren rut on fresch,
De Zoppe oot he nett am Desch.
Op eïmol schrou he los, o je:
»Ech eet keïn Zoppe, dreïmol nee!
Min Zoppe eet ech nu ens nit,
Nee, nee, min Zoppe eet ech nit!«

Am angern Dag, dat es wall klor,
He alt jet mager worden wor.
On wiëder schrou he los, o je:
»Ech eet kein Zoppe, dreïmol nee!
Min Zoppe eet ech nu ens nit,
Nee, nee, min Zoppe eet ech nit!«

Am dreïden Dag, wat trureg Beld:
Der Kasper hät alt büs verspellt.
Bluß äs om Desche stong de Zoppe,
Do schrou he wiër met rudem Koppe:
»Ech eet keïn Zoppe, dreïmol nee!
Min Zoppe eet ech nu ens nit,
Nee, nee, min Zoppe eet ech nit!«

Am vierden Dag, men koun et senn,
Wor wie en Färmken he su dönn.
He wog noch nit ens mieh eïn Lut;
Am foufden Dag, do wor he dut.

Dat Stöcksken vam Zappel-Philipp

»Off de Philipp nit ens hütt
Stell sett, grad wie anger Lütt?«
Bluß die Frog, ut guodem Grong,
Dätt der Vader an den Jong.
On de Muoder kiëk bluß rongk,
Saiht keïn Woort, hiël ehren Mongk.
Philipp hät nit hegehüört,
Vadersch Kall en wenneg stüört.
He schockelt
On wibbelt,
He zappelt
On kibbelt
Op dem Stüöhlschen hen on her,
Su äs off dat garnix wör.

Van den Beldern, Kenger, liert,
Wat nu ut dem Philipp wierd.
Wie he schockelt her on hen,
All dat könnt ihr hie besenn.
Karschdeg kippt der Stuohl noh hengen,
Keïnen Hault es mieh te fengen,
Grippt nom Deschduok, deït nen Bröll
Bluß dat nötzt em nit mieh völl.
Teller, Fläsche, Zoppe, Brut
Flügt eronger, wat en Nut.
Bluß de Muoder, die kickt rongk,
Säht kein Woort, häult ehren Mongk.

Ongerm Duok der Philipp liët,
Dat he grad vam Desche riët.
Wat der Vader gern dätt eten,
Hät he all eraff geschmiëten,
On men süht et kort on kleïn,
Op dem Borm hie allbeneïn.
Ouch die Schöttel für de Zoppe
Es kaputt; met rudem Koppe,
Stonnt die Aulen gefteg hie:
Eten gött et hütt nit mieh!

Dat Stöcksken vam Hans Kiek-en-de-Louht

Wenn noh der Schul he geng ganz früh,
Druog he den Kopp alt en de Hüh.
He kiëk noh Däkern, Schwalwen hen,
Hatt emmer angern Krom em Senn;
Bluß wat vür sinnen Füöten wor,
Dat sooch he nit, dat es doch klor.
On jiëdereïner riëp em noh:
»Der Hans Kiek-en-de-Louht löppt do!«

Nen Hongk kömmt do derhergestowen.
Wie emmer kickt der Hans noh owen.
Ouch schreït hie nömmes: »Hans, paß op!
Do löppt nen Hongk, nu trett nit drop!«
Der Hännes süht dat alles nit,
On bomms – vam Hong nen Stuot he kritt.
Do liëgen beïds nu newereïn
On stippeln en de Hüh ehr Beïn.

Su geng he ouch an Uowersch Rangk,
De Täsche hiël he en der Hangk
On kiëk den Schwälfkern hengerher,
Die owen flogen krüz on quer.
Ganz grad, äs wie nen Bessemsstell,
Kom he an't Uower nu ganz dill.
De Feschker schwommen en der Reïh
On wongerden sech alle dreï.

Noch einen Schrett, wo löppt he hen?
Platsch, liët he alt em Water dren.
De Feschker, met nem domm' Geseïht'.
Versteken sech, su guot et geïht.

Twei Kerls, die hölpen ut der Nut,
Ih he versopen es on dut;
Se trecken en op't drüge Langk,
Met Stöcken on dann met der Hangk.

Ganz siepenaat steïht he nu do,
Et es em ouch en betschen schroh.
Et Water drifft dem Jong vam Koppe,
Durch et Geseïhte, op de Joppe,
Löppt üöwer Kleïder, Arm on Beïn,
Vür Käulde schlonnt de Täng opeïn.

Der Feschker dreï, du sühß et jo,
Die sind ganz flöck nu wiëder do.
Se lachen em grad en't Geseïht',
Datt men't van wiedem hüören deït.

Se lachen noch en lang, lang Tiet;
De Täsche äwwer schwemmt alt wiet.

Dat Stöcksken vam fliëgenden Rob

Wenn't reent on föcht em Feil terbutten,
Der Wengk, de rappelt an de Rutten,
Sall men teheïm em warmen Dengen
De Weïhtscher on de Konden fengen.
Der Rob, de Lerbeck, äwwer daiht:
›Terbutten es et etzeg reiht!‹
He patscht derher en Wengk on Reen,
On häult dat Reendak stecks dergeen.

Jong, wie't am Bosche hüllt on pippt,
Datt Buom on Struk den Borm baul strippt.
Et Reendak wierd em huh gedout:
Do flügt der Rob alt en der Louht.

On nömmes hüört en, wie he schreït,
Äs he huh owen fliëgen deït.
Der Huot, de flügt alt wiet verdaan,
Stütt baul alt an de Wolken draan.

Et Reendak met dem Rob beneïn.
Die süht men baul ganz kletzekleïn;
On wiet vürop, do flügt der Huot,
Den süht men ouch alt nit mieh guot.
Wo se der Wengk hät hegedragen,
Dat weït am Eng keïn Mensch te sagen.

Glossar

aleg: ›arg‹, sehr; allbeneïn: alles zusammen; alt: schon; **B**eeke: Bach; beneïn: zusammen; Borm: Boden; **D**engen: Stube; dill: dicht; döckes: oft; donnt: ›tun‹, machen; drömswellen: darum; **e**tzeg: gleich; **F**ärmken: Fädchen; Fennekieker: ›finniger‹, böser Mensch; flöck: schnell; **g**alpden: weinte; gefteg: ›giftig‹, ärgerlich; Greïden: Gerätschaften; **h**eïscht: heißt; illeg: eilig; jet: etwas; **K**all: Rede; kall: rede; karschdeg: plötzlich; Konden: Jungen; **L**erbeck: vorwitziger Junge; löüdern: schlendern; louts: links; **n**ömmes: niemand; **o**peïn: aufeinander; **P**ill: Stück; **r**östeg: sofort; Rutten: Fensterscheiben; **s**chlonnt: schlagen; schroh: schlecht; Schür: Scheune; sier: schnell; staatse: prächtige; strippt: streift; Stuot: Stoß; **T**äng: Zähne; Teïmpen: Tränen; **W**eïht: Mädchen; wiër: wieder.

Ernst Heien

Den Santesse Struwwelpitt
Pläsierliche Geschichte on amüsante Belder

Vöraff

Bloß nor brave Blaage, fromme
Düt dat liebe Christkind komme.
Wenn sej öhre Supp schön äte
On dat Brot ok nit vergäte,
Wenn sej ohne groot Buheij
Spööle dün stell met öhr Grei,
Wenn sej kennen Ondöög driewe,
Bej Mama an't Händche bliewe,
Brengt et öhr 'nen dekke Kuuk
On en ganz schön Belderbuuk.

Den Struwwelpitt

Poddoome! Süt den üt!
Pfui! Den Struwwelpitt!
Die Nägels van sin Fenger –
Poddoome! – sin dat Denger!
Op sinne Kopp die Höör
Geht kenne Kaam merr döör.
On doröm et dor hit:
»Gej fiese Struwwelpitt!«

Die Geschichte van den frägge, lälke Fredrek

Den Frederek, den Frederek,
Den schlugg die Katte in't Genekk!
Pisakke dej hej Fliege, Mösse,
On statt sin Gritt ganz brav te kösse,
Verkammesööle dej hej die,
'ne Geftkopp was hej wie noch nie!
Dej gar nekks wie et so sin mott,
Schlugg Stühl on Toffel knatts kapott!

Dor anne Pött 'ne grooten Hoond,
Dronk Water dor met sinne Moond.
Den Fredrek liet öm nit in Ruw.
En Schwepp! Flott op den Hoond droptuw.
Now schlugg hej drop! Dat ärme Dier!
Hej schlugg on troj noch ömmer wier!
Den Hoond hat Pin an alle Sitte,
Dej Fredrek in dat Been diep bitte.
Den Fredrek, sönne frägge, lälke,
Um Hölp dej rupe on laut bälke.
Den Hoond jedoch, den kneep flott üt
On hat die Schwepp in sinne Schnütt.

In't Bett moss Fredrek now herin,
An't Been hat hej onmöndig Pin.
On op det Beld dor köj et sien:
Hej kreeg ganz bettre Medizin.

Den Hoond het annen Dess gesäte
On het den groote Kuuk gefräte.
Die Läwerworst dann drachterin,
On üt de Fläss ok noch den Win.
Die Schwepp hengt anne Stuhllehn dran,
Dat Fredrek die nit kriege kann.

Die ärg schlemme Geschichte met die Strikkhöltkes

Paulinchen was alleen ens tüss,
Öhr Älders wassen üt et Hüss.
Now dör die Kaamer düt sej sprenge,
On dorbej ok en Liedge senge.
Nor die Kommood sej düt now goan,
On hier sütt sej die Strikkspöön stoan.
Sej sett: »Au, dat sin feine Denger!«
Sej hett'se all in öhre Fenger.
On sej het now ok flott herütt,
Dat sön Strikkhöltke branne düt.

Merr Minz on Maunz, die Katte,
Die bej Paulinchen satte,
Die düt sej ärg erschrekke,
Die dün öhr Pööt hochstrekke:
»Now lött die Strikkspön legge!
Wat dej den Vajer segge?«

Dat Füür dor in ow Haand,
Dat sett ow noch in Braand!«
Merr sej lett sich nit störe,
Düt nit die Katte höre.
Öhr mekkt et Spass dat Ganze –
On düt dorbej noch danze.

On Minz on Maunz, die Katte,
Die bej Paulinchen satte,
Dün dat Mallör all ahne
On met öhr Tatze mahne:
»Now lött die Strikkspön legge!
Wat dej die Mojer segge?«

Dat soll Paulinchen schötze,
Merr dat düt all nekks nötze:
Die Höör, die Schürz on ok dat Kleed,
Dat Mäche ganz in Flamme steht!

On Minz on Maunz, die twee,
Die rupe Hölp: »O, weh!
Wen mekkt hier flott dat Füür bloß üt,
Paulinchen sönst verbranne düt!
Mio! Miau! Mio! Miau!
No kommt doch on hälpt hier ganz gau!«

Merr ratzekaal verbraand sej wass,
Et blefft dor bloß en beche Ass,
On rächts on lenks en Katt,
On Schuun, die sej anhat.

On Minz on Mauz miaue,
Sej sette dor on schraue.
»Wenn dat die Älders sün,
Wat es dat för die Pin!«
Öhr Tröön die loope ronder.
Horst wie en Ley dor onder!

Die Geschichte van die schwatte Jonges

Spaziere ging es ens 'ne Mohr,
Van Kopp bes Fuut päkkschwatt den woar.
Die Sonn, die schin'ne öm ärg wärm,
Dor noom hej sinne Sonneschärm.
Den Ludwig, enne van des Klante,
On dann ok noch die twee Trabante:
Den Wilhelm on den Kasper.
Die liepen op dat Pflaster.
Den Wilhelm broch den Baandel met,
Kasper en läkker Brezel het.
Sej lache laut, en Kritterej,
As dor den Neger ging vorbej.
Ne Neger! Dat was för die nej.

Merr Sente Kloas, den hör'ne dat
On koam met sin groot Tentefatt.

Hej sett: »Gej Blaage, hört min tuw!
Löt doch den Neger bloß in Ruw!
Dat hej sütt üt wie schwatte Schuun,
Dor kann den Neger nekks dran dun.«
Merr die drij Klante hör'ne nit
On lach'ne öm ganz fies noch üt.
Sej bleewe met öhr Lache dran
Öwer den ärme schwatte Mann.

Ganz kwoj wird now den Sente Kloas,
Hej docht bej sich: ›Wat mak ek bloß?‹
Die Döögenekkse dej hej pakke,
Liet diep in't Tentefatt sej sakke.
Ok wenn den Kasper »Füür! Füür!« riep,
Hej moss in't Tentefatt – ganz diep.
Den Wilhelm noch den Baandel hat;
So wie hej woar – rin in dat Fatt!
Den Ludwig schlugg öm sich ganz weld –
Gej könnt et sien hier op det Beld.

On ass sej üt die Tent herütt –
Now kikt es bloß! Wie sün die üt!
Den Mohr, schwatt, inne Sonneschin,
Die Jonges, ok schwatt, drachterin.
On hadde sej 't nit so gedreewe,
Dann wasse sej ok wett gebleewe.

Die Geschichte van den welde Jäger

Dormet den Jäger jage kann,
Trokk hej den grünen Beus sich an.
Hej nohm die Flent, Täss oppe Sitt,
On ging now op et Fäld herüt.
Hej dej die Brell ok dorbej drage,
Dat hej koss bäter Haase jage.

Den Haas kömmt üt sin Hüss nit rüt
On lacht den welde Jäger üt.

Die Sonn, die schin'ne now ärg wärm,
Schwoar dat Gewehr in sinnen Ärm.
Dat Jage mekt dorbej ken Spass,
Hej lagg sich in dat grüne Grass.
On as den Jäger ganz diep schliep,
Den Haas ganz saches nor öm liep.
Den Haas ken Ängst, hej düt sich traue,
Düt öm Gewehr on Brell wegklaue.

Den Haas, den now die Brell dor hat,
Het die sich eiges opgesatt.
Met et Gewehr – en beche groot –
Woll hej den Jäger schiete dod.
Den Jäger nekks ass bloß ütritte,
Vör Ängst dej hej dorbej laut kritte.

Den Jäger met sin aale Bött
Sprengt met 'ne Satz in enne Pött.
Dat wird ok allerhöchste Tid:
Ne Knall! Die Kogel floag herüt!

Die Jägersfrau, die dej grad wenke,
En läkker Schlükkske Koffie drenke.
Die Tass, die schot hej ratz kapott,
Die Frau trögg in et Hüss now flott.
On ass den grooten Haas now schoat,
Kort bej den Pött dat Häske soat.
Den satt dor in dat grüne Grass,
Merr now koam hej doch ärg in Brass:
»Poddoome! Wen het min verbraand?«
Hej hiel den Läpel inne Haand.

Die Geschichte van den Dummlutscher

»Ek gönn«, sag Mama, »üt et Hüss,
On, Konrad, gej bliwt min schön tüss!
Sit doch brav es ennekier,
Ek sin sommedeen werr hier.

On hör tu, dat gej dat düt:
Löt den Dumm bloß üt de Schnütt;
Denn den Schneeder mette Scheer,
Den kömmt sönst ganz flott dorher.
Glöwt et min, gej sit dann paff:
Den schneejt ow den Dumm ratz aff!«

On die Moojer geht now rüt.
Wupp! Den Dumm all inne Schnütt.

Bauz! Dor geht die Döör all loss,
On herin, so flott hej koss,
Kömmt den Schneeder met 'ne Satz.
Au! Now mekkt et »Ritz!« on »Ratz!«;
Lenks on rächts den Dumm heronder,
Leggen in et Blut dor onder!
Konrad düt vör Pin laut kritte,
Dat man 't höre kann bes bütte.

Moojer sett, ass sej dat sütt:
»Also doch werr inne Schnütt!
Dat sin doch – Poddoome! – Denger!«
Konrad den het bloß noch Fenger!

Die Geschichte van den Suppekasper

Den Kasper, den was ganz gesoond,
Nen dekke Jong on kogelroond.
On hej hat Bakke rot on fress,
Oat alles, wat koam op den Dess.
Op ens hej miek dor sön Fitütte,
Hej dej den Läpel wittwegg schmitte:
»Ek heb vandaag ken Appetit;
On hier des Supp, die löss ek nit!«

On daags dorop – bekikt ow dat!
Hej all ganz dönne Bakke hat.
Merr werr den Tälder anne Sitt:
»Die Supp ät ek vandaag ok nit!
Die Supp die düt min gar nekks schmake,
Dorütt köj för die Katt wat make!«

Den derrden Dag hej riep allweer:
»Ok now ät ek die Supp nit mehr!
Löt bloß die Supp dor, wor sej ess,
On stellt sej nit mehr op den Dess.
On dat segg ek ow ganz gewess:
Van min üt köj die Supp vergäte,
Ken Schnatts dorvan dün ek mehr äte!«

Den verrden Dag ging et so wier,
Den Kasper dönn now wie 'ne Pier.
Hej oat ken Supp mehr on ken Brot –
Den fiffden Dag was hej dann dot.

Die Geschichte van Zappel-Philipp

»Off den Philipp vandaag stell
Anne Toffel sette well?«
Vajer dej dorbej kwoj kieke:
»Philipp, düt et es versüke!«
Mojer gar nekks segge well,
Kekkt bloß ganz schärp dör öhr Brell.
Merr den Philipp well nit höre,
Wat man sett, düt öm nit störe.
Hej gaukelt
On schaukelt,
Hej trappelt
On zappelt.
Vajer sett: »Now düt pariere!
Sönst düt dor noch wat passiere!«

Now bekikt ow dat doch es,
Wat mekt Philipp annen Dess!

Kikt genau es op det Beld!
Kikt! Hej schaukelt now ganz weld!
On now keppt hej achteröwer,
On et blefft öm gar nekks öwer,
Ass die Toffeldäk te grippe.
Merr et nötzt nekks! Hej düt kippe!
Vajer van den Stuhl hoch floag,
Ass hej den Schlamassel soag.
Moojer kekt bloß, düt nekks segge.
Oppe Erd düt alles legge.

Philipp, den düt sich verstekke,
Mette Toffeldääk tudekke.
Oppe Toffel steht nekks mehr,
Alles fiel öm drachterher.
On den ganzen Täppich voll
Van dat, wat man äte woll.
Ok den schöne Suppepott
Lett dor on es ratz kapott.
On die Älders stönn dorbej,
Nekks te äte hemme sej.

Die Geschichte van Hans Kiek-inne-Loft

Wenn den Hans ging nor de Scholl,
Keek hej nit, wie et sin soll:
Dej nit kieke, wor hej liep,
Off dor nit en Lokk ganz diep.
Bowe wor die Mösse floage,
Dat soag hej bloß met sin Oage.
»Hans Kiek-inne-Loft« – wat jo hit:
Wat onder woar, dat soag hej nit.

Angeloope kömmt 'nen Hoond,
Dor lett Hänske oppe Groond.
Hej keek nor den Hemmel rop;
Kenne riep dor: »Hans, pass op!
Kik nor onder on grad üt,
Sönst fallt gej noch oppe Schnütt!«
Oppe Rögg hier now die twee,
Dat dej Hans on Köter weh!

Ens keek hej die Mösse nor,
Ass dor en groot Water wor.
On die Fess, die drij dün kieke:
»Wat het den hier bloß te süke?«
Hans kekt nor den Hemmel blau;
Wat dann kömmt, dat geht ganz gau:
Hej mekkt enne groote Schritt,
Denn dat Water süt hej nit.

Plumps! – Die Fesskes sin ganz paff,
Ass den Hans fällt diep heraff.
Schwemme ganz flott in en Ekk,
Wor sej hemme en Verstekk.

Gott sei Dank! Dor komme twee
Mannslüj grad an desse See.
Hemme Hans flott rütgetrokke;
Dor steht hej met natte Brokke.

Wat en Beld! Bekikt ow dat!
Beus on Bokks on Höör klättsnatt!
Ütte Nöös on Bokksepiep
Öm bloß so dat Water liep.
Natt te sin, dat nie gefällt;
Merr hej bebbelt ok vör Kält.

Bes oppe Bött Hans natt wäll es;
Kapott dün lache sich die Fess.
Köppkes üt et Water rüt,
Lache laut dat Hänske üt.
Lache noch 'nen langen Tid;
On die Mapp die schwemmt all witt.

Die Geschichte van den fliegende Robert

Wenn so rechtig Rägenwäär,
On den Weend bloast dörr die Bläär,
Bliewe brave Kinder tüss,
Sej gönn dann nit üt et Hüss.
Robert äwer – kikt es hier! –
Denkt sich doch: ›Dat mekkt Pläsier,
Mette Rägenschärm now bütte
Gäge Störm sich afftefrütte!‹

Well den Robert ons veräppele?
Ganz kromm böge sich die Päppele.
Merr den Weend – dat es ken Wonder –
Pekkt now Roberts Schärm van onder.
Now düt öm die Ängst doch kriege,
Inne Loft düt Robert fliege.

Sinnen Hut, den flüggt vörop,
Het nekks mehr op sinne Kopp.

Ömmer högger! Kikt es Lüj!
Robert mette Paraplüj.
Schon hört hej en leis Gebemmel:
Hej kömmt körter annen Hemmel.
Wor den Robert es gebleewe,
Het ken Menz ons opgeschreewe.

Glossar

affrütte: abzumühen; **B**eus: Jacke; Blaage: Kinder; Bokksepiep: Hosenbein; Bött: Knochen; bowe: oben; Brass: Druck, Erregung; Brokke: Kleidung; bütte: draußen; **D**öögenekkse: Taugenichtse; düt: tu; **e**k löss nit: mag; ennekier: einmal; es: nur, mal; **F**itütte: unnützes, dummes Tun; **g**au: schnell; gej: du, Sie; Grei: Sachen; **h**orst: fast, beinahe; **K**lant: Typ (abwertend); kneep … üt: lief … weg; körter: kürzer, näher; Kritterej: Kreischerei; kwoj: böse, verärgert; **l**älk: bös, unerzogen; Ley: kleines Flüßchen; **m**err: aber; Mösse: Vögel; **p**aff: überrascht, sprachlos; Pier: Regenwurm; Poddoome: Ausruf (urspr. ›Gott-verdamm-mich!‹); **s**aches: leise, vorsichtig; Schwepp: Peitsche; sommedeen: gleich, sofort; sönne: so einer; **ü**tritte: lief weg; **v**andaag: heute; verkammesööle: verhauen; **w**err: wieder; wor: wo.

Rainer Schepper

De Struwwelpeter in mönsterlänner Platt
Wunnerlicke Geschichten un pössige Beller

En Riemsel vörweg

Wenn de Kinner ardig sind,
Kümp to iähr auk dat Christkind;
Wenn se brav iähr Söppken iättet,
Un dat Braut auk nich vergiättet,
Wenn se, aohne Krach to maken,
Still sind bi de Siebbensaken,
Bi't Spazeeren up de Straot
Von Mama sick leeden laot't
Liggt Präsentkes in'n Hook
Un en ganz schön Bellerbook.

De Struwwelpeter

Kick es an, dor steiht he!
Äs Struwwelpeter geiht he.
Man süht et all von wieden:
Siene Niägel snieden
Lait he sick all baoll kinn Jaohr;
Nümmer kämmde he sien Haor.
»Bä!« röpp dao wull jeder,
»Rugge Struwwelpeter!«

De Geschichte von den leigen Friederich

De Friederich, de Friederich,
Dat was en leigen Wüterich !
He fonk de Fleigen vull von Wut
Un reet iähr dann de Flüegels ut.
He sloog de Stöhl un Vüegels daut,
De Katten liedden graute Naut.
Un kiek es, düt was allto nietsk:
He sloog dat Graitken met de Pietsk !

An'n Pütt stonn es en grauten Rüern
De wuß den Duorst nich mähr to stüern.
De Friederich, luerbiettsk un grell,
Sloog met de Pietsk em up dat Fell.
De Rüer hüülde, et was iärg,
He kreeg en Tratt un düftig Sliäg.
Dao beet de Rüer em in den Foot,
Un kräftig! Un et flaut dat Bloot.
De leige Friedrich, iätterbiettsk,
De raip un green, et was to niettsk.
De graute Rüer dann, nich fuul,
Laip gau nao Huus, de Pietsk in't Muul.

In't Bedd moß Friedrich met sien Been,
Har graute Pien an sienen Tehn.
Nu was nich ganz viell mähr to huoppen.
De Doktor gaff em bittre Druoppen.

De Rüer an Friedrichs Disken satt,
Wo he den grauten Koken fratt.
Fratt auk de leckre Liäwerwuorst
Un drank den Wien för sienen Duorst.

De Pietske honk he met Bedacht
An'n Stohl un namm se guett in acht.

De wahne trurige Geschichte met dat Stickenkästken

Paulinchen was alleen to Huus,
De Ellern wäg. Un baoll met Suus
Un Bruus sprank se dohiär
Un sank un danzte krüüs und quiär.
Se saog up eenmaol up dat Schapp
De Sticken, un met eenen Snapp
Har se se auk all in de Hand.
Dat Wichtken was ut Rand un Band.
»Ick bööt dermet en Höltken an!«
Raip se un gaff sick auk faorts dran.

Von Minz un Maunz, de Katten,
Wat konn dat Maunzen batten?
Se drüggeden met de Poten:
»Du saß dat sieen loten!
Dien Vader schimpt! Miau! Mio!
Laot't staohn! Süss brenns du äs derto!«

Paulinchen häort nich, wat se schreit.
Dat Höltken baoll in Flammen steiht.
Dat Flämmken wäß, dat Füer tüht,
As man't up't Beld hier dütlick süht.
Paulinchen ower freit sick dran
Un springt dör'n Stuoben, wat se kann.

Von Minz un Maunz, de Katten,
Wat kann dat Hülen batten?
Se drügget met de Poten:
»Du saß dat sieen loten.
De Moder schimpt! Miau! Mio!
Haoll in, süß brenns du äs derto!«

Un wanners brennt dat ganze Kleed,
De Schüötte brennt. Et wät iähr heet.
De Hand de brennt, et brennt dat Haor,
Dat ganze Kind brennt; et is waohr!

Von Minz un Maunz dat Kriesken
Schallt üöwer Feld un Wiesken:
»To Hölpe alle, well dor sind,
In Füer steiht dat ganze Kind!
Miau! Mio! Miau! Mio!
To Hölpe! Wo is Hölpe, wo?«

Verbrannt is alls, o Här, o Här!
Dat arme Kind, et is nich mähr!
En Haipken Aske bleef un Rauk,
Un beide Schöhkes staoht dor auk.

Un Minz un Maunz in Pienen,
De sitt't un sind an't Grienen:
»Miau! Mio! Miau! Mio!
Wo sind de armen Ellern? Wo?«
De Träönenbiäckskes beide,
De laupt nu in de Weide.

De Geschichte von de swatten Jungens

Et gong spazeern up sienen Patt
En Jungen, well von Huus ut swatt.
He holl, de Sunn brann mörderlick,
En Sunnenschirmken üöwer sick.
Dao kamm haran von eene Kant
De Ludwig, Fiähnken in de Hand.
Auk Kasper kamm met flinken Tratt
Met siene Britzel, bruun un hatt.
Un auk de Wilm was faorts derbi
Met sienen Riepen, rund un nie.

Se lachten luuthals allbineen
Äs dor dat Möhrken so alleen
Gonk un so swatt äs Enket scheen.

De graute Niklas saog den Spott,
Kamm met den grauten Enketpott
Un drüggede un sagg to iähr:
»Laot't mi den Swatten dor met Friär!«
Wat könn he denn derto, dat he
So swatt wöör un nich witt äs se.

De Jungens möken sick nicks druut
Un lachten em auk no wat uut.
Se lachten sick wull baoll half krumm;
Den Swatten häöllen se för dumm.

Män Niklas kamm nu in Venien.
Dat konn jä auk nich anners sien.
He pook de Jungens allbineen
Bi Kopp un Bücks un Arm un Been,
Den Wilm un auk den Ludewig,
Den Kasper dann, et holp em nich.
He duukt iähr in de Enket deip,
Obschonst dat Kasper schann un reip.
Bis üöwer'n Kopp in't Enketfatt
Von alle drei nu jeder satt.

Hier sühs du se, wu swatt se sind,
Viell swatter äs dat swatte Kind!
Dat gonk fördann in'n Sunnenschien,
De annern ächteran vull Pien;
Un härn en lück Vernüll se bruukt,
Här Niklas iähr nich unnerduukt.

De Geschichte von den willen Jiäger

Et trock de wille Jiägersmann
Sien niee gräsgrön Röcksken an;
Namm Taske, Pulver un Gewiähr
Un laip dör't wiede Feld dohiär.

He har de Brille up de Niäs;
Denn siene Augen stönnen twiärs.

Dat Hiäsken, wat he scheiten will,
Hät sick verstoppt un lacht ganz still.

Baoll scheen de Sunne allto heet;
Dao kamm de guedde Mann in Sweet,
Lagg dat Gewiähr in't gröne Gräs.
Of uese Hiäsken dat wull päß?
Un äs de Jiäger snuorkt un slaip,
Dat Hiäsken stillkes to em laip
Un namm de Flint un auk de Brill
Un sleek sick wäg ganz sacht un still.

De Brille satt't sick up de Snuut.
De Jiäger ower namm Rietuut,
Dat Hiäsken lagg de Flinte an,
De Jiäger springt, wat he män kann.
Un röpp in Angst un Naut, nu süh:
»To Hölpe, Lü! To Hölpe, Lü!«

Dann kümp de wille Jiägersman
An'n Pütt vör sienen Huse an.
He springt harin in siene Naut.
Dat Hiäsken siene Flint laoßschaut.

De Jiägersfrau an't Fenster satt
Un Kaffee drank un Koken att.
Dat Köppken schaut de Has entwee;
Dao raip de Frau: »O weh, o weh!«
Doch bi den Pütt ganz stillkes satt
Dat Hasenkind un Klaower fratt.
De Schüören flüögen em an't Gatt,
Sien Fell was ganz von Kaffee natt.
He raip: »Well hät mi so verbrannt?«
Un haoll den Liäppel in de Hand.

De Geschichte von den Dummenlutsker

»Konrad!« segg de Moder hier,
»Ick gaoh wäg un kumm baoll wier.
Si nett ardig, häörste wull?
Junge, maak mi bloß nich dull!
Un vöraf, mien Konrad, häör!
Lutsk nich an den Dummen mähr;
Denn de Snieder met de Schär
Giff di süss ne strenge Lähr,
Snitt di af, o Här, o Här,
Beide Dummens met Plaseer!«

Moder geiht de Düör harut.
Wupp! Den Dummen in de Snuut.

Bauz! Dor geiht de Düör wier up,
Un harin met eenen Swupp
Springt de Snieder vuller Hast.
Konrad lutskt un steiht verbast.
Weh! Dor snappt de Schär all to.
Wo sind beide Dummens, wo?
Süh, wu Konrad nu dor steiht
Un in Piene grinnt un schreit.

Äs de Moder wierkamm,
Was he grienensmaot un tamm.
Moder sagg: »Wat ick di segg:
Nu sind beide Dummens wäg!«

De Geschichte von'n Soppenkasper

De Kasper, de was kärngesund,
En dicken Jungen, kuegelrund,
Un he har Backen, raut un frisk;
De Soppe att he gärn bi Disk.
Män eenmaol fonk he an un sagg:
»Ick iätt de Sopp nich, de'k nich magg!
Nee, nee, ick iätt de Soppe nich!
Nee, miene Soppe iätt ick nich!«

Den naigsten Dag – jä kiek es an!
Dao fonk he all to magern an.
He danzde üm den Disk un sagg:
»Ick iätt de Sopp nich, de'k nich mag!
Nee, nee, ick iätt de Soppe nich!
Nee, miene Soppe iätt ick nich!«

Den diädden Dag an Buuk un Back
Wu was de Kasper minn un swack!
Män äs de Soppe kamm up'n Disk,
Dao raip he wier risk un frisk:
»Ick iätt de Sopp nich, düt Gemisk!
Nee, nee, ick iätt de Soppe nich!
Nee, miene Soppe iätt ick nich!«

Den veerden Dag was he so minn,
De Kasper, äs en drügen Pinn.
Up weinig Grämmkes namm he af
Un lagg an'n füften Dag in't Graff.

De Geschichte von den Zappel-Philipp

»Of de Philipp nu wull still
Rüh'g bi Diske sitten will?«
Sagg Papa to sienen Suohn.
Män sien Waort was ratz verluorn.
Un de Moder keek ganz stumm
Üöwer'n Disk. Se namm et krumm,
Denn de Philipp wull nich häörn,
Bleef an't Ränkstern un an't Wehrn.
He hampelt
Un strampelt,

He rappelt
Un zappelt
Up den Stohl nao ächten, vörn.
»Philipp, kanns du dann nich häörn?«

Kiekt, ji leiwen Kinner, seiht,
Wu't met Philipp wiedergeiht!
Is de Junge dann rein wild?
Döht nich, wat de Ellern willt,
Bis de Stohl nao ächten fäöllt;
Et giff nicks mähr, wat em häöllt;
Ritt dat Diskdook up de Siet.
Un man süht: to glieker Tied
Fallt nu Tellers, Flask un Braut.
Vader is in graute Naut,
Un de Moder kick ganz stumm
Üöwer'n Disk. Se nimp et krumm.

Philipp is nich mähr to seihn,
Un de Disk steiht blank un rein.
Wat de Vader iätten wull,
Is nu wäg. Et is to dull.
Soppe, Braut, dat ganze Iätten,
Alles könnt se nu vergiätten.
Soppenschüettel gonk in Schäörn,
Vader kannste schennen häörn
Vull Venien un Bisterie;
Un dat Iätten is vörbi.

De Geschichte von Hans Kiek-in-de-Luft

Wenn de Hans nao Schole gonk,
Faorts sien Aug' an'n Hiemmel honk.
Nao de Däcker, Wolkens, Swalwen
Keek he, ower nich en halwen
Blick vör siene Fööt,
Wat em auk kamm in de Mööt.
Jeder raip all unbeschuft:
Seiht den Hans Kiek-in-de-Luft!«

Kamm en Rüe in vulle Il;
Ower Hänsken keek derwiel
Stief harup.
Un in'n Swupp
Denn kineen raip: »Hans, giff acht!« –
Unbedacht
Rumsdibums! Dor liggt an'n Grund
Rüe un Hänsken kunterbunt.

Hier geiht he an Öwers Rand
Met de Mappe in de Hand.
Nao den blaoen Hiemmel haug
Keek he, wo de Swalwe flaug,
Un et feihlde bloß een Tratt,
Dat he – plumps – in't Water satt.
Un de Fiske, gar nich fuul,
Keeken to met laosse Muul.

Äs ick segge, plumps, de Hans
Stüött't harin in't Water ganz.
Un de Fiske vuller Schreck
Swömmen in den naigsten Eck.

Doch tom Glück, dor kuemmt nu twee
Mannslü met iähr ganz Gereh.
Un met iähre langen Stangen
Häfft se Hänsken jüst no fangen.

Süh, nu steiht he klaternatt.
Water löpp von Kopp un Gatt,
Löpp ut Mauen un ut Bücks
In de Stiewweln. Un ganz fix
Früß em, dat he steiht met Biewwern.
Well sall drüge Döök em liewwern?

Un de Fiske kuemmt haran,
Kiekt den dummen Jungen an,
Sind vergnögt un lacht em ut,
Treckt em spöttsk ne scheewe Snut,
Lacht un lacht ne ganze Tied,
Un de Mappe swemmt all wiet.

De Geschichte von den fleigenden Robert

Wenn de Riängen düftig bruust
Un de Sturmwind hüült un suust,
Mott man alle Kinner luoben,
De an'n Huse blieft in'n Stuoben.
Robert ower dach »Aowat,
Et mäck Spaß, wenn't buten natt!«
Namm sien Pemplü in de Hand
Un gonk munter üöwer Land.

Wat de Sturm dör't Land nu tüht,
Beigt de Baime up de Siet,

Päck dat Pemplü, büöhrt et haug,
Dat de Robert män so flaug
Buoben dör de Luft äs dull;
Konn nu schreien, wat he wull.
Kinn Mensk häört auk män en Luut,
Un de Hoot flügg wiet vörut.

Met sien Pemplü flügg he färn
Dör de Wolken nao de Stärn.
Un de Hoot flügg, wat he kann,
Stött tolest an'n Hiemmel an.
Wo de Wind iähr dann hendruogen,
Weet kinn Menske, ungeluogen.

Glossar

ächten: hinten; ächteran: hinterher; allbineen: alle zusammen; äs derto: ungeheuer; **B**ack: Backe; batten: helfen; Bisterie: Verwirrung; bööt: zünde; buoben: oben; büöhrt: hebt; buten: draußen; Buuk: Bauch; **D**öök: Tücher; **E**nket: Tinte; es: mal; **f**aorts: sofort; Friär: Frieden; früß: friert; **G**att: Hinterteil; gau: schnell; Gereh: Gerät; green: weinte; grell: böse; **h**eet: heiß; Hook: Ecke, Winkel; huoppen: hoffen; **i**ätterbiettsk: böse; **K**laower: Klee; **l**ück: bißchen; luerbiettsk: hinterlistig; **m**än: nur; Mauen: Ärmel; minn: dünn; Mööt (in de M...): entgegen; **n**iet(t)sk: schlimm; **p**össige: passende; **r**aip: rief; Ränkstern: Hampeln; ratz: ganz; risk: aufrecht; **s**aß: sollst; schann: schimpfte; Schapp: Schrank; Schüören: Scherben; stüern: steuern, beherrschen; Sweet: Schweiß; **t**üht: zieht; twiärs: quer; **u**nbeschuft: unverschämt; **V**enien: Wut; verbast: verdutzt; Vernüll: Vernunft; verstoppt: versteckt; **w**anners: bald; wäß: wächst; wät: wird; well: welche.

Luise Peters

De Struvelpeter up ostfreeske Platt
Pläseerelk Geschichten un nümige Biller

Vorspruch

Kinner de sük nütjes hollen
Un recht leev sünd to hör Ollen,
Alltied moi hör Sopp upeten
Un hör Schoolbrood neet vergeten,
De ok sacht sünd bi hör Saken,
Nix an Spölgood stückenmaken,
Bi 't Spazeerngahn up de Straten
Sük van Moder föhren laten,
Brengt dat leve Christkind ok
Geern een moje Billerbook.

De Struvelpeter

Kiek di mal de Fent an.
Bah! dat de so gahn kann!
Fingernagels snieden
Much de Fent neet lieden.
Un he bruukt dat hele Jahr
Noit een Kamm mal för sien Haar.
Bah! Pleeg di doch beter,
Malle Struvelpeter!

De Geschicht van de quade Friederich

De Friederich, de Friederich,
De Fent is quaad un damelig!
He fangt de Flegen in sien Wut
Un ritt hör beide Flögels ut.
Ok sleit he Stohl un Vögels dood,
De Katten lieden grode Nood.
Un hör blot, sülvst sien Kinnermaid,
Dat Gretchen, he mit Pietske sleit!

An d' Pütt stunn mal een Hund, recht groot,
De mit sien Snuut dat Water slook,
Bit dat tomal de Friederich kwamm.
He sleek sük mit sien Pietske ran
Un sloog de Hund, de huulde up,
He trappte hum un haude drup.
Do beet de Hund hum in dat Been,
So deep, dat man dat Blood kunn sehn.
De Friederich, de mook dat mall!
He gierde up mit een Krawall.
Do reet de Hund na Huus gau ut,
De Pietske hull he in sien Snuut.

Up 't Bedd muß Friederich nu gahn,
He kunn vör Pien up 't Been neet stahn;

De gode Dokter bi hum bleev
Un bitter Drüppen hum verschreev.

De Hund an Friedrichs Tafel satt,
War he de grode Koken att;
Att ok van d' Wurst een gode Körst
Un drunk de Wien noch för sien Dörst.
De Pietske, de he mitbrocht hett,
He neet mehr ut de Ogen lett.

De leep trürige Geschicht mit de Striekholten

Paulinchen was in Huus alleen,
Se un de Katten, anners keen.
As se so dör de Kamer sprung
Un vör sük hen een Liedje sung,
Sach se vör sük up d' Schapp wat stahn,
War gode Kinner neet an gahn.
Een Striekholtdöske funn se dar.
»Mien Spöltüg«, reep se, » wunnerbar!
Ik steek mi futt een Holtje an,
Wat ik so good as Moder kann.«

Un Minz un Maunz, de Katten,
De up de Footdeel satten,
Vull Nood hör Poten tillen,
Wiel se so 'n Spill neet willen:
»Miau! Mio! Miau! Mio!
Laat stahn, un maak neet so 'n Gedoo!«

Paulinchen hört up d' Katten neet.
Dat Holtje brannt glieks lecht un heet,
Dat flackert lüstig, gnistert luut,
Jüst so, as 't up dat Bild sücht ut.
Paulinchen geiht vör Freid tokehr
Un hüppt in Kamer hen un her.

Un Minz un Maunz, miauen,
Wiel se dat Spill neet trauen.
Se fangen an to trillen,
Hör Nood is neet to stillen:
»Miau! Mio! Miau! Mio!
Wenn Flamm di grippt, verbrannst as Stroh!«

Un dar! Een Flamm sleit an dat Kleed,
De Schuut lücht't up, brannt gleinig heet.
Darna brannt ok hör Hand un Haar,
Uplesd dat hele Kind sogar.

Un Minz un Maunz, de Deeren,
Se sitten luut to reeren:
»Koomt her! Koomt her! war Helpers sünd.
In vullste Für steiht al dat Kind.
Miau! Mio! Miau! Mio!
To Hülp! dat Kind verbrannt man so!«

Verbrannen deit, bit nix mehr dar,
Dat arme Wicht mit Huud un Haar.
Een Bültje Arske naast man find't
Un een Paar Schohkes van dat Kind.

De beide Katten trüren
Un sitten hen to küren:
»Miau! Mio! Miau! Mio!
War sünd de Ollen blot? Warso?«
Un Kattens Tranen lopen,
As gung een Slüßdör open.

De Geschicht van de swarte Knevels

Dar gung spazeeren vör de Foor
Een pickswart Fent, een lüttje Mohr.
Wiel Sünntje brannde up sien Kopp,
Mook Mohr sien Schirm up, in 't Galopp.
De Ludwig kwamm, as stunn in Brand,
He droog een Fahntje in sien Hand.
Mit felle Stapp ok Kasper kwamm;
He beet in Loop een Kookje an.
Un ok de Wilhelm was neet wied,
He hull een Haupel an sien Sied.
De dreen, se lachden sük haast slapp,
As Mohr vörbi leep over d' Padd,
As wenn he unner Enkert satt!

Dat Lachen dee de Niklaas sehr,
He broch een Enkertfatt darher,
Un streng he an de Kinner see:
»Laat blot dat Mohrenkind tofree!
Wat kann denn so een Mohr darför,
Dat he neet hett een witte Klör?«
De Kinner aver nammen 't licht
Un lachden frech hum in 't Gesicht,
Se lachden mit sük dreen in Chor
Over de arme swarte Mohr.

De Niklaas mook dat düll un wild,
Du süchst dat hier up disse Bild!
He packt de dreen un hollt hör fast,
Bi d' Arm un Kopp, heel sünner Last.
De Wilm un Ludwig, in een Stück,
Ok Kasper, man de wehrde sük.
He dumpelt hör in d' Enkert deep,
Sülvst as de Kasper » Für« noch reep.
Bit over d'Kopp in d' grode Fatt
Hett Niklaas hör in d' Enkert hatt.

Du süchst dat hier, wo swart se sünd,
Völ swarter as dat Mohrenkind.
In Sünnenschien geiht Mohr vöran,
Dree Enkertkinner achteran.
Un harr'n se Mohr vernarr neet bruukt,
Harr Niklaas hör neet unnerduukt.

De Geschicht van de wilde Jäger

Dar truck de wilde Jägersmann
Sien grasgrön neje Packje an;
Namm Randsel, Pulverhörn un Flint
Un leep in 't Feld, gau as de Wind.
Liek up sien Nös droog he een Brill,
Wiel he een Haas doodscheten will.

Ut Buuskwark luurt een Haaske rut
Un lacht de wilde Jäger ut.

De Sünnenschien, de brannde naar,
Do wur hum dat Gewehr to swaar.
He leggt sük in dat gröne Gras.
Dat kummt de Haas recht good topass!
So as de Jägersmann deep slöppt,
De Haas versichtig nahder löppt,
He nimmt hum d' Flint of un de Brill
Un sliertjed sük darvan heel still.

De Brill hett Haas up d' Nös sük sett,
Wiel de hum seker beter lett,
Un scheten will he mit mit 't Gewehr.
De Jägersmann maakt een Gereer
Un löppt darvan un bölkt blot noch:
»To Hülp, ji Lü, nu helpt mi doch!«

Nu kummt de wilde Jägersmann
In d' Rünn bi d' depe Püttstee an.
He springt so drin. Sien Nood is groot,
Wiel Haas al schütt mit Büß vull Lood.

De Jägersfrau an t' Fenster satt,
Se drunk nett van hör Koffje wat.
De Tass schoot Haas glatt middendör,
Do reep de Frau: »Wat een Malör!«
Man dicht bi d' Pütt satt still up d' Maas
Van Haas dat Kind, de lüttje Haas.
De duukjet sük in 't Gras heel deep.
As Koffje hum up 't Nöske leep,
Do bölkt he: »Well hett mi verbrannt?«
Un hull de Lepel in de Hand.

De Geschicht van de Duumsuger

»Konrad«, see de Moder luut,
»Du bliffst hier un ik gah ut.
Wees moi örnlik, leev un nett,
Dat to klagen nüms wat hett.
Un besünners, Konrad, hör!
Nuckel neet an 't Duumke mehr,
Denn de Snieder mit sien Scheer
Kummt in Loop heel gau darher;
Un snitt di de Dumen of,
So as was 't een Stückje Stoff.«

As de Moder geiht, do kummt,
Swupp! de Duum weer in sien Mund.

Hör! dar is an d' Dör al well,
Un herinstörmt kummt heel fell
Sniederbaas in grode Sprang
Un kickt Dumensuger an.
Oh! nu geiht dat klipp un klapp,
Beide Duumkes: Tweemal snapp!
Mit de grode scharpe Scheer.
Aua! Dat deit Konrad sehr!

As de Moder Konrad sücht,
Do snappt se vör Schrick na Lücht.
Trürig, wo hör Jungske lett,
De an keen Hand Duumkes hett!

De Geschicht van de Ssoppen-Kasper

De Kasper, de was heel gesund,
Een stahfast Jungske, dick un rund.
Sien Backen leten rood un frisk;
De Ssopp att smakelk he an d' Disk.

Man eensdaags, as de Ssopp rinkwamm,
Do fung de Fent to reeren an:
»Ik eet de duddig Ssopp neet mehr,
Nee, nee, de Ssopp eet ik neet weer.«

Ok anner Dag kwamm nix in d' Mund.
De Jung verlor al mennig Pund.
So as de Ssopp up d' Teller kwamm,
Fung weer de Jung to reeren an:
»Ik eet de duddig Ssopp neet mehr,
Nee, nee, de Ssopp eet ik neet weer.«

An d' darde Dag, dat gung heel radd,
Do was de Kasper al leep swack!
Un as de Ssopp up d' Teller kwamm,
Keen Löpel vull he darvan namm.
He fung up d' Stee to reeren an:
»Ik eet de duddig Ssopp neet mehr,
Nee, nee, de Ssopp eet ik neet weer.«

An d' veerde Dag was 't al to laat,
He was so fien as een Stück Draht
Un woog viellicht noch knapp een Lood.
An fievde Dag al was he dood.

De Geschicht van de Hampel-Philipp

Of de Philipp eenmal still
Woll an d' Tafel sitten will?
Un so proot de Vader dann,
Eernst sien Söhntje darup an.
Man de Moder kickt blot stumm
Up de hele Tafel rum.
Philipp aver hört wat slecht,
Hört neet drup wat Vader seggt.
Er ruckelt
Un schukelt,

He hampelt
Un trampelt
Up de Stohl leep hen un her.
»Philipp, dat mißhaagt mi weer!«

Kiekt, leev Kinner, jo dat an,
Wat darbi geböhren kann.
Boven steiht dat up een Bild,
Wo he rumhampelt as wild,
Bit de Stohl na achtern glitt
Un de Philipp mit sük ritt.
Wenn he ok na 't Diskdook grippt,
Helpt dat nix, wiel he al kippt.
Moder word an Reev alls quiet,
Un mit hum to glieke Tied
Fallen Tellers, Flessen, Brood.
Vader sücht vör Wut al rood!
Man de Moder kickt blot stumm
Up de hele Tafel rum.

Philipp is verstoppt tomal,
Un de Tafel lett recht kahl!
Vader meent: »Wat eten wullt,
Unnern up de Footdeel rullt!«
Alls wat geven hett to Bieten
Dee de Fent van d' Tafel rieten.
Kört wur Ssoppenschöddel slaan,
Spraaklos eerst de Ollen stahn,
Man dann gahn se leep tokehr,
Hebben nix to eten mehr.

De Geschicht van Hanns Kiek-in-de-Lücht

Wenn de Hanns na d' School hen gung,
Futt sien Blick an d' Hemel hung.
Na de Swaalvkes, Wulken, Dacken
Staart he rup, as wull hör packen.

Vör de egen Foten dicht
Kickt he neet of dar wat liggt.
So röppt elk futt de hum sücht:
»Kiek, dar is Hanns Kiek-in-d'-Lücht.«

Kummt een Hund an in d' Galopp;
Hanns hollt weer mal hoog sien Kopp
In de Lücht,
Nix he sücht.
Keen hum röppt: »Seh di vör!«
So 'n Malör
Rumms! un Bumms! Beid' an d' Grund,
Liggen Hännschen un de Hund.

Eensdaags gung an d' Waterskant
Hans mit 't Mappke in sien Hand.
Keek na d' Hemel stillto hoog,
Sach, dat dar een Swaalvke floog.
Keersenliek leep he sien Padd,
Dat he haast in 't Water satt.
Un de Fisken, dree an Taal,
Wassen heel verbaast tomal.

Noch een Tree, do was 't geböhrt!
Hanns is in dat Water stört't.
De dree Fisken moken kehrt,
Hebben sük so leep verfeert.

Wat een Glück! dar komen twee,
De hum fisken ut de See.
As de Mannslü hum berecken,
Doon s' hum ut dat Water trecken.

Mersenatt steiht Hanns nu dar.
Nee, dat is keen Spaß – för wahr!
Unner Water sitt de Fent,
Dat 't hum ut de Haaren rennt,
Ut de Plünnen un ut d' Ohren,
Dat 't hum dücht't, dat harr al froren.

Swemmend komen dann al weer
De dree Fisken flink darher,
Steken Koppen ut de Flut,
Un se lachen machtig luut,
Lachen ok noch lange Tied.
Hanns sien Mappke swemmt al wied.

De Geschicht van de flegende Robert

Wenn andaal de Regen ruust,
Wenn de Störm dat Feld dörbruust,
Kannst keen Hund na buten drieven,
Ok de Kinner binnen blieven.
Blot de Robert meende wiss,
Dat 't in buten beter is!
Un he stappt in 't Feld herum
Mit sien Regenschirm as dumm.

Hui, de Störm, de knücht un fleit,
Dat de Boom sük bugen deit.

So tomal faat hum de Wind,
Un dann flüggt dat arme Kind
Hoog na boven dör de Lücht.
Keen hum hört un keen hum sücht,
Wo he an de Wulken sleit
Un darbi sien Hood weg weiht.

Schirm un Robert flegen wied
Dör de Wulken lange Tied.
Un sien Hood flüggt wied vöran,
Stött uplesd an d' Hemel an.
War de Wind mit hör is bleven,
Kann keen Minsk up Antwoord geven.

Glossar

andaal: herunter; **b**oven: oben; berecken: erreichen; Büß: Büchse; buten: draußen; **d**amelig: gedankenlos; dee: tat; duddig: dumme; düll: böse; **e**lk: jeder; Enkert: Tinte; **f**ell: schnell; felle: schnellem; Fent: Junge; Foor: Tor; Footdeel: Fußboden; futt: sofort; **g**au: schnell; geböhren: geschehen; Gedoo: Unruhe; Gereer: Geschrei; gierde: schrie; gleinig: glühend; **h**aast: fast; heel: ganz; heet: heiß; hele: ganze; hollen: (ver)halten; hör: sie; **k**eersenliek: kerzengerade; Klör: Farbe; Kookje: Kuchen; Körst: Schicht, Endchen; küren: spähen; **l**aat: spät; leep: schlimm, außerordentlich; leten: sahen aus; lett: kleidet, sieht aus; Lood: Schrot; Lücht: Luft; **M**aas: Hintern; mall: verrückt; man: aber; moi: schön; **n**aar: sehr; naast: nachher; nüms: niemand; nütjes: artig; **P**ackje: Anzug; Plünnen: Kleidung; proot: sprach; Püttstee: Brunnenstelle; **q**uiet: los; **r**add: flink; reeren: weinen; Reev: Sachen; Rünn: Dauerlauf; **s**acht: ruhig; Schapp: Schrank; sehr: weh; slapp: schachmatt; sliertjed: schlich; slook: schluckte; Slüßdör: Schleusentor; smakelk: appetitlich; Sniederbaas: Schneidermeister; Spill: Vorgang; Stapp: Schritt; Stee: Stelle; stillto: dauernd; stunn: stand; sünner: ohne; **t**illen: heben; tokehr: toben; tokehr: toben; tomal: plötzlich; trappte: trat; Tree: Tritt; trillen: zittern; trüren: trauern; **v**erbaast: verdutzt; verfeert: erschrocken; vernarr: zum besten; **w**arso: wo; wassen: waren; weer: wieder; well: jemand; wo: wie; wull: wollte.

Arnd Immo Richter

De Hamborger Strubbelpeeter
Vergneugte Dööntjes un drollige Biller

Introitus

Wenn de Kinner goot pareert,
Warrt se Wiehnachen bescheert;
Wenn se morns ehr Müsli eeten
Un ook Kaba ni vergeeten,
Wenn se – ohn' Stohoj to mooken –
Scheert sick üm ehr eegen Sooken,
Bi't Spazeeren op de Strooten
Muddern an de Hannen footen,
Warrt' vun d'Öllern honoreert
Un en ›Game Boy‹ jüm bescheert.

Strubbelpeeter

Kiek, dor sühst' em beeter,
Gitt! de Strubbelpeeter!
An sien beiden Hannen
Nogels lang as Grannen,
Leet jüm wassen meist een Johr;
Keen' dröff an sien Beatle-Hoor.
Jeedeen meent dor: »Gitt – ih!
Strubbelpeeter, schoom di!«

De Geschicht vun'n Dullkopp Fietsche

Lütt Fietsche, du, dat gläuvst du ni,
Dat weur een Dullkopp, segg ik di!
He ketsch de Fleegen vun de Wand,
Ziep jümehr' Been' ut mit de Hand.
He sleug de Steuhl in Gruus un Muus
Wörg Vogels, joog de Katt ut't Huus.
Dat weur di so en leegen Fent:
Geev Greet de Pietsch – süh, wo se flennt!

Een Wuffi suupt hier ut'n Börn,
Den Steert noh achtern, Muul noh vöörn.
De eische Fietsche warrt dat wohr
Un – ratz – is mit sien Pietsch he dor;
Een Jack vull kriegt dat stakkel Deert,
Dat jüünst un treckt fuurts in den Steert.
Man – fatz – biet' he in Fiet' sien Been,
Deep in dat Fleesch wruckt he sien Tehn'.
De eische Fietsche blarrt un schreet –
Un deit sick mit'nmool heel leed. –
Uns' Wuffi is wieldess ni fuul:
Neiht ut – de Pietsch hett he in't Muul.

Uns' Dullkopp mutt nu in de Fall,
Dat Been deit weh – he warrt meist mall!
De Dokter grient un seggt vull Spiet:
»Wörg dat man dool, mien leebe Fiet'!«

Uns' Wuffi warrt dat Nachtmohl wies
Un mookt sick ran an Fiet' sien' Spies:
De Wuss vöörweg un denn den Kooken,
Suupt ook den Wien – wat lecker Sooken!

De oole Pietsch hangt öber'n Stohl:
Amenn bruukt he ehr annermool!

De unbanni truurige Geschicht mit de Rietstickens

Uns' Gesche weur mool heel alleen,
Vun beide Öllern niks to sehn.
Se döödel dräumi döör de Dööns,
Jump, hink un duudel sick ook eens,
Un süht mitmool op de Komood,
Dat dor de Sweefelstickens stoht.
»Kiek«, see se, »dat's jo nüüdeli!
Woll Speelkroom?! Dor goh ik nu bi!
Een vun de Stickens brenn ik an,
Ik kann al lang, wat Muddern kann!«

Man Miez un Mauz, de Puusen,
De kööönt dat ni verknuusen.
Se wiest mit jümehr Pooten:
»De Vadder hett' verbooden!
Miau! Mio! Miau! Mio!
Pass op! Glieks brennt dien Pettikoo!«

Man Gesche scheert sick dor ni an!
Se mookt sick an de Schachel ran,
Ritsch-ratsch, dat Sticken lücht al schier,
Jüst so as op uns' Kommik hier.
Vöör Freid bringt Gesche sick meist üm,
Un jumpt schier as en Spööklicht rüm.

Man Miez un Mauz, de Puusen,
De kriegt nu sacht dat Gruusen.
Se drauht mit jümehr Pooten:
»De Mudder hett' verbooden!
Miau! Mio! Miau! Mio!
Smiet weg! Ans brennt dien Pettikoo!«

Vergeevs! Dat Füür kriggt ehr tofoot
Un ratz-fatz brennt de Pettikoot.
Ierst kümmt de Rügg un gau dat Hoor,
Amenn brennt Gesche ganz un gor.

Un Miez un Mauz, de gooden,
Böört wedder hoog ehr Pooten:
»Herto, ji Lüüd, vun dicht un feern!
Dat Füür verslingt uns' lütte Deern!
Miau! Mio! Miau! Mio!
Nu brennt ni bloots ehr Pettikoo!«

Een Hümpel Asch is Gesche nu,
Verbrennt Kleed, Büks, dat Kind petuu;
De leddi Scheuh sünd allns, wat blifft,
Un wiest, dat' ehr nu ni miehr gifft.

Un Miez und Mauz, de lütten,
De mööt nu ut sick schüdden:
»Miau! Mio! Miau! Mio!
Woneem blievt bloots de Öllern? Wo?«
Un jümehr Troonen ruuschen
Üm Gesch' ehr lütte Puuschen.

De Geschicht vun de swatten Jungs

Een Asylant ut Afriko,
Vun buuten swatt, vun binnen froh,
Spazeer in'n Park so'n lütte Stünn
Mit Paraplü mool in de Sünn.
Dor booben sühst du em jüst gohn.
Glieks keum Jens-Uwe mit sien Fohn,
Un Hinnerk wörr em ook al wies,
Keum mit sien' Kringelkooken lies',
Ook Willy, in de eene Hand
Bringt jümmers he sien Trünnelband.
All dree, de lachen lang un breet:
»En Neeger! Wo deit he uns leed:
Swatt is he as Afkootensweet!«

Do keum de groote Sünnerkloos,
He is vun'n Blackpott jo de Boos!

He meen: »Ji Jungs, heurt mi mool to,
Un loot den Swatten fiks in Roh!
Wat kann de Asylant dorför,
Dat buuten witt ni is sien Klöör?«
De Jungs, de meuken em en Snuut,
Un lachen em amenn noch ut.
Se lachen duller as tovöör
Över den swatten Minsch sien Klöör.

Heel füünsch wörr nu uns' Sünnerkloos, –
Hier steiht he bi de Dintenvoos!
He kreeg de Snöösels batz tofoot,
Mit allens, wat in jümehr Poot,
Jens-Uwe, Trünnel-Willy ook,
Lütt Hinnerk wull em noch an't Dook.
He düüker jüm in'n Blackpott dool.
Uns' Hinnerk reep: »Wat Schiet nochmool!«
Dat Black güng jüm heel över'n Kopp
Un meuk amenn bloots nochmool ›plopp‹.

Du sühst jüm nu, wo swatt se sünd,
Veel swatter as uns' Neegerfründ!
De löppt vöörweg mit Paraplü,
Denn achteran de Snöösels, süh!
Un harrn se ni so dreist spijöökt,
Harr Sünner jüm ni swatt verflöökt.

De Geschicht vun'n willen Greunrock

Eens trock de wille Jägersmann
Sien niekäupt greun Kledooschen an;
He pack sien' Büüdel, lang de Flint,
Un ruut, 'neem all de Hoosen sünd.

He harr sien Glöös ook op de Röön,
Hier stappt he ut – en Pack vull Knööv!

De Hoos verstickt sick achter'n Kohl,
Un grient: »Der Greunrock kann mi mool!«

De Sünn piekst em döör Hoot un Hoor,
De Knarr, de wörr em gor to swoor.
He smiet sick dool bi'n groote Föhr;
»Nu kriggt«, meen Matten, »he Mallöör!«
Un as uns' Greunrock greesi soogt,
Hett Matten driest sick neeger woogt,
Lang sick de Knarr un ook de Glöös
Un sleek we'er af ohn' veel Gewees.

De Brill sitt nu op Matt' sien' Nees,
De Greunrock peest so witt as Kees.
Op em süht nu de Hoos dat af,
De Greunrock löppt in' stieven Draff.
Dat Hart sitt em al in de Büks,
He bölkt: »Helpt, Lüüd! Ji markt ook niks!«

De Greunrock kümmt mit leste Noot
Bihuus un jumpt glieks in den Soot.
Nerrn mookt dat ›plumps!‹, un booben
›krack!‹;
De Knarr-Hoos sitt em in de Nack.

Fru Greunrock keek ut' Finster ruut,
Un säup ohn' Arg ehrn Koffie ut.
Den Muck, den baller Matten twei;
Do schreeg se luut, de oole Kreih!
Den Hoos sien Söhn, de seet ni wiet:
Dicht bi den Soot de heele Tiet.
He duuk sick in de greunen Grääs
Un kreeg den Koffie op de Nees.
He blarr: »Wat is de Breuh so hitt!«
Un nehm den Koffieleepel mit.

De Geschicht vun'n Duumenlicker

»Kuddel!«, meen de Mudder mool,
Du bliffst hier, wiel ik wat hool.
Wees fein olli un ook froom,
Bit ik wedder bi di koom.
Achter't Ohr sasst du di schrie'm:
›Loot dat Duumenlicken blie'm!‹
Denn de Snieder kümmt in'n Draff,
Sniedt di fuurts de Duumens af
Mit sien groote Sniederscheer,
Deit, as weur dat man Papeer!«

Af geiht nu de Mudder, un
Jupp! de Duumen stickt in'n Munn'.

Flupp! do geiht se op de Döör,
Un nu hebbt wi dat Mallöör:
Hoppt de Snieder in de Stuuv,
Kiekt noh Lee un ook noh Luuv,
Süht lütt Kuddel-Duumenlick
Un de Scheer mookt tweemool ›klick!‹
Kuddel hett sick dull verjoogt,
Hett veel blarrt un banni kloogt!

Do kümmt Mudder we'er tohuus,
Heurt al buuten dat Gedruus.
Stief steiht Kuddel in de Stuuv,
Ohn' sien Duumens, lee un luuv.

De Geschicht vun'n Suppenheini

Fründ Heini, de weur dick un drall,
Vun buuten un vun binnen krall.
Un Billen harr he appelroot;
Sien Supp slapp he ook giern un goot.
Mitiens, do füng he an to schrie'n:
»Ik bün dat leed, de ool Terrien!
Ik loot de Supp ganz eenfach stohn!
Jo, man, de Supp, de loot ik stohn!«

Un annern Dag, – kiek di dat an! –
Veel spiddeliger is de Mann.
Do füng he wedder an to schrie'n:
»Ik bün dat leed, de ool Terrien!
Ik loot de Supp ganz eenfach stohn!
Jo, man, de Supp, de loot ik stohn!«

Den drütten Dag gor, leeve Tiet!
Wo is dat mit uns' Hein al wiet!
Spiersmall is he. Man bi d'Terrien,
Do füng he wedder an to schrie'n:
»Ik bün dat leed, de ool Terrien!
Ik loot de Supp ganz eenfach stohn!
Jo, man, de Supp, de loot ik stohn!«

Den veerten Dag, do kümmt dat ruut:
Fründ Hein süht as en Fooden ut.
He weug woll noch fiefhunnert Gramm, –
Weur annerdoogs al stief un klamm.

De Geschicht vun'n Jibbel-Fips

»Wat uns' Fips mool muusenstill
Hüüt an'n Disch woll sitten will?«
Soans nimmt mit iernste Wöör
Vadder sick sien' Jungen vöör.
Un de Mudder kiekt bedröppt,
Wo dat nu woll wedder löppt.
Fips, de is ook hüüt fiks dull,
Heurt ni, wat sien Vadder wull:
He schunkelt
Un junkelt,
He hibbelt
Un jibbelt

Op den Stohl mool hen, mool trügg.
»Fips, glieks geiht wat in de Brüch!«

Jungs un Deerns, seht, wo dat geiht,
Wat sick füdderhen nu deit!
Dat wiest booben de Kartuun.
Fips, de wippwappt meist as duun,
Bit de Stohl noh achtern kippt,
Wiel uns' Fips so banni wippt.
Niks gifft' dor, wat em noch stütt.
Dool seilt Buddel, Broot un Grütt,
As he noh dat Dischdook foot.
Vadder is in groote Noot.
Un de Mudder kiekt bedröppt,
Süht, wo't nu al wedder löppt.

Fips, de hett nu af sick mellt,
Un den Vadder beus vergrellt.
Wat sien Vadder eeten wull,
Dor liggt nu de Deel mit vull;
Vun de Schöttel blee'm bloots Schöören,
Niks verlohnt sick optoböören.
Broot un Wien un ook de Grütt,
Niks vun all is noch wat nütt;
Fuchti beide Öllern sünd,
Wiel se niks to eeten findt.

De Geschicht vun Hannes Heeben-Kieker

Op sien' Schoolweg ünner d'Week,
Alltiet he noh'n Heeben keek:
Noh de Lünken un de Swulken,
Männigmool bloots noh de Wulken.

Hannes wörr dor ni bi meud,
Keek bloots nie nich op sien Feut.
Dorüm heet dat ook an'n Diek:
»Hier kümmt Hannes Heeben-Kiek!«

Mit'nmool keum dor en Hunn'.
Hans keek wedder in de Runn'
Hoog dat Oog.
Keeneen froog:
»Hannes, kannst' den Hunn' ni sehn?!«
Wat is schehn?
Rumpelpump! – dor liegt glieks twee:
Hunn' un Hannes op een Stee'!

As he mool noh'n Hooben güng,
Dor ook wedder Swulken füng,
Mit sien Schooldasch ünner'n Arm,
Geev em ook keeneen Alarm.
Drüm seilt he glieks pielliek grood
In de muddelige Floot.

Un dree Stint in eene Reeg
Wunnert sick, dat he niks seeg.

Noch een Stapp! Platsch – fallt he rin;
Hannes liggt in't Wooter binn'! –
De dree Stint hebbt sick verfehrt,
Sick verstickelt, Deert för Deert.

Sott harr Hannes! Dor sünd twee
Schauerlüüd an düssen Quai,
Un se hebbt em mit ehr Stookens
Ruutfischt an de iesern Hookens.

Kiek, dor steiht he kwietschenatt
Un hett allns mool wedder satt.
Wooter drüppt ut Hoor un Büks,
Un he früüst ook al ganz fiks;

Hannes bibbert mit de Lipp:
Schiens kriggt he nu noch de Gripp!

Nerrn sünd wedder de dree Stint,
De dat Heele spoossi findt;
Stickt ehr Köpp ruut ut de Floot,
Lacht sick binoh halvi doot,
Lacht dor noch en heel lang Tiet;
Man de Schooldasch drifft al wiet.

De Geschicht vun'n Fleegen Norbert

Wenn de Reegen nedderdruust,
Un de Storm döör d'Wischen bruust;
Blievt de Jungs un ook de Göören
Fein tohuus bi dichte Döören. –
Norbert steiht alleen mit dor:
»Buuten is dat wunnerbor!« –
Mit sien' Scherm, dor stookert he,
Döör de Modderwischen, – nee!

Hui, wat quüücht de Storm un fleit',
Dat de Bäum sick doolwarts dreiht!
Süh! den Scherm griept nu de Wind,
Un uns' Norbert seilt noh günt --
Siet so wiet un gau un hoog,
Un is nu al meist ut' Oog.
Keeneen heurt sien kladdri Schreen,
Wietaf seilt de Hoot alleen.

Heel noh'n Heeben geiht de Floog,
Norbert seilt noch een poor Doog;
Hoot vöörweg, Kierl achteran,
Stött amenn an'n Heeben an.
Wo de Wind jüm hen deit dreegen,
Weet keen Minsch, – dor müss een leegen.

Glossar

Afkootensweet: ›Anwaltsschweiß‹, Tinte; banni: sehr; **B**ille: Backe; böört: tragen, erheben; **D**eert: Biest; döödel: bummelte; dool: herunter; Dööns: Wohnstube; dröff: durfte; duun: betrunken; **e**isch: unartig, böse; **F**ent: Bursche; fuchti: wütend; fuurts: schnell, sogleich; **g**au: schnell; Gewees: Aufsehen; Granne: Ährenborste; Grütt: Grütze; güntsiet: jenseits; heel: ganz; **H**ooben: Hafen; **j**üm: ihnen; jümehr: ihre; jüünst: winselt; **k**etsch: fing; kladdri: jämmerlich; Klöör: Farbe; Knööv: Kraft; krall: munter, gesund; Kreih: Krähe; **l**eddi: leer; Lee: links; leegen: böser; Luuv: rechts; **m**all: verrückt; man: aber, nur; Matten: ›Matthias‹; seit dem Gedicht von Klaus Groth (»Matten Has'«) niederdt. Synonym für ›Hase‹; meist: fast; Modderwischen: matschige Viehweiden; Muck: Kaffeetasse; **'n**eem: Kurzform für ›woneem‹; neiht ut: haut ab; nüüdeli: ›niedlich‹; **o**ptobören: aufzuheben; **p**etuu: ›partout‹, ganz und gar; pielliek: ›pfeilgleich‹, kerzengerade; **R**ööv: Rübe; **S**chöören: Scherben; soans: auf diese Weise; Soot: Brunnen; Sott: Russ, Glück; spiersmall: spindeldürr; Spiet: Spott, Hohn; spijöökt: herumgealbert; Spööklicht: Irrwisch; stakkel: arme; Stee': Ort; Steert: Schwanz; **t**ofoot: zu fassen; **v**erfehrt: erschreckt; verflöökt: verflucht; verjoogt: erschreckt; **w**ieldess: unterdessen; Wischen: Wiesen; woneem: wo; wruckt: reißt.

Friedrich Wille

De ostfälische Struwwelpeter Kregele Stippstörekens un nuidliche Bilder

En betten vornewech

Wenn de Lüttjen artich sind
Klaar, dat denn et Christkind kümmt.
Wenn se düchtich Ssuppe etet
Un et Braud auk nich vergettet,
Wenn se ohne Prott un Krach
Ganz leif spielet overdach,
Döo't bai'n Iutgahn up en Straten
Mutter ühre Hand anfaten,
Ja, denn gifft et wat geschenket,
Un en Böok mit Bildern wenket.

De Struwwelpeter

»Kucke maal!« secht jeder,
»Püh! De Struwwelpeter!«
An sain'n beiden Hännen
Kannst diu glaik erkennen:
Negel snatt hei nich ein Jahr;
Kämmen latt hei nich et Haar.
»Püh!« röppt da woll jeder,
»Gasterige Peter!«

De Geschichte von'n böisen Friederich

De Friederich, de Friederich,
Dat was en slimmen Woiterich!
Hei kasche sek de Fleigen riut
Un ratt 'ne ühre Flögels iut.
De Vögel slöoch hei daut un Stoihle,
Un saine Wiut an Katten koihl' he.
Et Greetjen die hei öfters kloppen
Frech mit der Swöppen an de Moppen.

An'n Borne, wuu en Hund man droop,
Dei Water mit sain'n Miule soop,
Da sliek sek hen de Friederich,
Un ohne Swöppe was hei nich.
Hei slöoch den Tieben, bet dei jaule,
Un trampe töo; un danaa baule,
Da batt de Hund 'ne in et Bein,
Bet dat viel Blöot da was te seihn.
De bitterböise Friederich,
Dei bölke up ganz fürchterlich.
De Hund lapp wech in düsser Stunne
Un harr de Swöppe in sain'n Munne.

De Friedrich sall in'n Bedde laien,
Sain Bein deit weih, hei mött liut schraien.
Auk de Herr Dokter mött err sain
Un gifft 'ne bitt're Meddezain.

De Tiewe satt an Friederichs Dische
Wuu hei den Kööken hinderwische.
Hei att auk göoe Levverwost
Un püttje Wain forr sainen Dost.
De Swöppe harr hei mieebrocht
Weil hei se nich verleisen mocht'.

De ganz bedroivete Vertellige von Straikhöltern

Forr sek alläine was Pauline,
De beiden Eldern wörrn nich inne.
As se niu in'er Stoben stund
Un Sing un Sang nich lustich fund,
Sach se ne Straikholtschachtel stahn,
Un die glaik naa den Dinge gahn.
»Ei«, sie se, »Oh, dat froiet mek!
Kann schöön mie pöitern, meine ek.
Ek sticke mek en Straikholt an,
De Mutter het dat auk edaan.«

Un Minz un Maunz, de Katten
De Foite glaik hauch ratten.
Se drauhen mit en Pauten:
»Verboen von en Grauten!
De Vader will et nich! Miau!
Laat stahn! Süst brennst de lichterlauh!«

Paulinchen hÖÖrt de Katten nich!
Et lüttje Holt brennt flackerich,
Et brennt ganz lustich, knistert liut,
Man suiht et iut'n Bille riut.
Paulinchen aver rank un slank,
Et hüppet in'er Stoben lang.

Doch Minz un Maunz, de Katten,
De Foite glaik hauch ratten.
Se drauhen mit'n Pauten:
»Verboen von en Grauten!
De Mutter will et nich! Miau!!
Smait wech! Süst brennst de lichterlauh!«

O weih! Et Kläid, dat lüchtet al,
De Schörte brennt glaik overall.
Et brennt de Hand, auk brennt et Haar,
Un niu et ganze Kind söogaar.

Un Minz un Mauz, de tweie,
Se jamert, weih, o weihe!
»Ach, kumet doch! Ach, helpet glaik!
Et ganze Kind brennt flammenraik.
Paupau! Miau! Paupau! Miau!
Hülpe! Et Kind brennt lichterlauh!«

Et Kind mit Hiut un Haar verbrennt,
Söo dat et keiner mehr erkennt.
Et het en Hucken Asche gieben,
Un häil sind blaut de Schöohe blieben.

Un Minz un Mauz, de lüttjen,
Se latet Tranen sprüttjen:
»Paupau! Miau! Paupau! Miau!
Wuu sind de armen Eldern? Au!«
Un ühre Tranen fleitet,
As of de Biekens geitet.

De Geschichte von'n swarten Jungen

Ganz kollpeckrabenswart vorr'n Dore
Gung sachte hen un heer en Mohre.
Up sainen Kopp de Sunne brenne,
As hei da mit'n Schirme renne.
De freche Liudchen kamm snell näger;
Hei was en lüttjen Fahnendräger.
Un Kaspar was auk glaik ter Stie
Un brochte sek ne Krengel mie.
Auk Willem stromere da rümmer,
Hei triule sainen Reifen jümmer.
Se bölken slimme Wure riut
Un lachen over't Mohrchen liut,
Et seige swart as Tinte iut.

De graute Niklas höre dat.
Hei namm sain grautet Tintenfatt

Un sie: »Jai Kinder, höret heer!
Den Swarten bruiet jai nich mehr!
Dei het jök overhaupt niks daan,
Kann nich söo witt as jai da stahn!«
De Jungens aver kreigen Wiut
Se lachen ühne liuthals iut.
Se lachen liuer as vorrheer
Over den Mohren jümmer mehr.

Wild wuurd de Niklas as man ein,
Up düssen Bille kannst d'et seihn!
Hei was et, dei de Jungens packe
An Arm un Kripps, an Kopp un Jacke.
Willem un Liudchen wörrn töo keck,
De Kasper auk, dei wiehre sek. –
Hei ducke se in Tinte deip,
Auk Kasper, dei liut »Fuier« reip.
In't Fatt ganz deip bet over'n Poll
Ducke se Nikolas rinter woll.

Seih dek de duistern Bunken an!
Viel swärter as en Mohr sain kann.
In'n Sunnenschaine geiht de Mohr,
De Tintenjungens hindedoor;
Un wörrn se nich frech rümmergahn,
Härr Niklas se nich rinterdaan.

De Geschichte von'n willen Jäger

Et tooch de wille Jägersmann
Sek sainen groinen Rock nait an,
Grapp Tasche un et Pulverhöörn,
Forr't Feld de Flinte namm hei geern.
De Nese smücket niu sain Brill,
Weil hei en Hasen scheiten will.

In'n Bläern sitt de Hase niu
Un lachet over'n Jäger schiu.
Niu pennecke de Sunne klaar,
Da wuurd 'ne sain Gewiehr töo swaar.
Hei lechte sek in't groine Grass,
Dat allet sach de lüttje Haas.
De Jäger slapp un snorke liut,
De Hase kroop iut Bläern riut.
Hei grapp de Flinte un en Brill
Un sliek sek stikum wech un still.

En Brill harr sek et Hääsjen niu
Sümst up de Nese settet schiu;
De Flinte woll et scheiten – paff!
Mit Frochten tooch de Jäger af.
Hei bölke liut un lapp teruie
Un jamere: »Ach helpet, Luie!«

De wille Jäger snurtsche denn
In'n Swainsgalopp naa'n Borne hen.
Hei sprung glaik rinter, denn – piff-paff!
De Hase schoot de Flinte af.

De Jägersfriue kucke riut
Un drunk ühr Kaffeköppjen iut.
Et Hääsjen schoot et aver kort,
Da rapp de Friue: »Weih un Mord!«
Doch stikum bai en Borne satt
Et Hasenkind, dat duurten fratt.
Et hauge Grass et ümmesloot,
De Kaffe up de Nese floot.
Et bölke: »Wat en slimmen Brand!«
Un heilt en Löppel in'er Hand.

De Geschichte von'n Diumenuckeleer

Mutter sprook: »Kunraad, ek gah!
Sai schöön leif un blaive da!

Make mek kein dummet Tuich;
Blaif schöön aartig, sai kein Luich!
Ach, un Kunraad, höre heer!
Siuge nich an'n Diumen mehr.
Süst bist diu glaik bannich paff,
Denn de Snaier snitt – sniff-snaff! –
Mit der Schere Diumen af,
Söo as of't Pupaier gaff.«

Kunraad, dei alläine stund,
Namm en Diumen – swupp! – in'n Mund.

Batsch! De Düür weerd uperetten.
Kunraad, ach, is dat beschetten!
Weer da ganz snell rinterkümmt
Sek den Nuckeljungen nümmt,
Is de Snaier. Diu bist paff,
Hei snitt beide Diumen af
Mit der Schere scharp un graut;
Kunraad bölket da man blaut.

Ssuih, de Mutter is wier inne
Suiht et scheiwe Miul von'n Kinne!
Hei het keine Diumen mehr,
Dat bedroivet ühne sehr.

De Geschichte von'n Ssuppen-Kaspar

De Kaspar, dei was blank un rund,
En starken Junge, keerngesund.
Hei harre Backen frisch un raut;
De Ssuppe att hei un sain Braud.
Doch mit en Male was et iut:
»Näi, keine Ssuppe!« rapp hei liut!
»Ek ete maine Ssuppe nich!
Näi, maine Ssuppe eet ek nich!«

En andern Dach, wat suiht man da?
Hei was viel läiger – is ja schaa!
Da höre man 'ne wier liut bölken.
Hei att nich maal en lüttjet Schölken.
»Ek ete maine Ssuppe nich!
Näi, maine Ssuppe eet ek nich!«

En dridden Dach, ach wat was dat!
Wuu is de Kasper läich un matt!
Doch as de Ssuppe rinterkamm,
Was hei forr't Eeten wier töo klamm,
Söo dat hei keine Ssuppe namm.
»Ek ete maine Ssuppe nich!
Näi, maine Ssuppe eet ek nich!«

An'n veirten Dage, slapp un lahm
Was Kasper, läiger as en Faam.
Hei wooch blaut noch en halvet Laut
Un ging an'n föfften Dage daut.

De Geschichte von'n Wemmel-Phailipp

»Phailipp, sai doch maal söo leif,
Sitte nich an'n Dische scheif!«
Söo sprook mit en eernsten Tone
Leif de Vader töo sain'n Sohne.
Mutter will wat overleggen,
Aver se deit gaar niks seggen.
Doch de Phailipp höre nie,
Wat de Vader ühne sie.
Hei kippelt
Un wippelt,
Hei hampelt
Un strampelt.
»Dain Gewemmele is slecht,
Phailipp, dat is ösch nich recht!«

Kucket, Kinder, wuu et steiht,
Wuu et niu mit Phailipp geiht!
Kucket richtich up et Bild!
Phailipp wemmelt viel töo wild,
Bet de Stöohl naa hinnen fällt,
Keiner, dei de Decke hölt.

Ssuih, niu bölket hei ganz liut.
Keiner helpet, et is iut.
Telders poltert, Pulle, Braud.
Vader is in slimmer Naut,
Mutter will wat overleggen,
Aver se deit gaar niks seggen.

Phailipp lait niu platt da unnen,
Wege is hei, ganz verswunnen.
Härre Phailipp stille seten,
Geiwe et niu wat te eten.
Braud un Ssuppe runderretten,
Up en Dische nich en betten.
Ssuppenschöttel lait da under,
Allet is von'n Dische runder,
Beide Eldern het niu Wiut,
Hevvet niks mehr, iut is iut.

De Geschichte von'n Hans Kuck-in-de-Luft

Wenn de Hans naa'r Schöole wolle,
Kucke hei nich as hei solle.
Naa en Wolken kucket hei,
Auk naa'n Swöilekens – juchhei!
Jümmer kucket hei ganz wait,
Suiht nich, wat vorr'n Foiten lait.
Viele reipen: »Öi, hopplaa!
Hans Kuck-in-de-Luft kümmt da!«

Wenn da maal en Tiewe lapp,
Was da keiner, dei liut rapp:
»Öi, de Hund!«
Hans, dei fund:
In er Luft, da flücht wier wat! –
Wat is dat?,
Bumms! Rabumms! – da laiet sei:
Hund un Hänsjen, düsse twei.

An'er Leine was sain Gang
Mit der Boikertasche lang.
Hei sach, wuu de Swöilkens flogen,
Oben ühre Kringe togen.
Hei kümmt just dicht an et Water.
Na, dat gifft glaik en Theater.
Seih maal, wat de Fische kucket,
Wat se staunet un nich ducket.

Noch en Schritt! Un plumps! Koppover
Störtet Hans et Oiwer rover! –
De drei Fische sind ganz paff,
Diuket wech un hauet af.

Doch töo'n Glücke kumet twei
Mannsluie snell dichtebai;
Un se hevvet lange Stangen,
Könnt 'ne iut'n Water fangen.

Seihet maal! Ganz natt sain Aas!
Dat is mek en beren Spaass!
Natt is hei von oo'm bet unn'n,
Haare, Nese un de Plunn'n.
Kucket, wat de Junge drüppet,
Frösterich da rümmerhüppet!

Forr de Fische alle drei
Is dat allet einerlei.

Steket ühren Kopp wait riut,
Man hööört ühre Lachen liut;
Lachet waier lange Tait,
Saine Tasche swemmet wait.

De Geschichte von'n fleigenden Robert

Wenn de Regen briusen deit
Wenn de Storm duur Felder geiht,
Blifft en Junge un en Meken
Leiver in'er Stoben steken.
Robert dachte: ›Wat sall dat?
Biuten is et schöön un natt.‹
As hei duur et Feld lang patsche
Mit'n Schirme, wat dat quatsche.

Hui, wat da de Sturmwind geiht,
Dat en Baum sek böigen deit!
Ssuih! En Schirm nümmt sek de Wind,
Robert flücht niu un verswinnt
Duur de Luft al hauch un wait,
Un hei bölket lange Tait.
An de Wolken stött hei ran,
Un de Hööt flücht, wat hei kann.

Schirm un Robert fleiget waier
Duur de Wolken wech von haier.
Un de Hööt flücht vornewech,
Stött telest an'n Himmel – Pech!
Wuu de Wind se henebrocht,
Da het se nein Minsche socht.

Glossar

as man ein: wie einer sein kann; **b**aule: bald; beren: großer; bet: bis; Biekens: Bäche; biuten: draußen; bölken: schreien; Bunken: unartige Jungen; **d**iuket: tauchen; ducket: tauchen; **e**rr: da; **F**aam: Faden; **g**eitet: fließen; **h**aier: hier; jai: ihr; **j**ök: euch; jümmer: immer; **k**asche: fing; klamm: träge, steif; **L**uich: Lügner; **m**ek: mir; **n**ein: kein; **ö**sch: uns; **p**ennecke: brannte; Plunn'n: Kleidung; püttje: trank; **s**cheiwe: schiefe; schiu: scheu; Schölken: Schälchen; snurtsche: hastete; socht: gesucht; Stie: Stelle; stikum: heimlich, still; **t**eruie: zurück; triule: rollte; Tuich: Zeug; **ü**hne: ihn; **v**erleisen: verlieren; **W**ure: Worte.

Heinz Pantzier

De Struwwelpeter up Mäkelborger Platt
Vergnäuglich Riemels un schnaaksche Billers

Vorrä'

Christkind mit den Wihnachtsstiern
Mach de orrig Kinner giern,
De maneerlich sünd bi't Äten,
»Bitte«, »Danke« nich vergäten,
De vergnäugt ehr Spillwark drieben,
Dorbi still un fründlich blieben,
Muddern an de Hand anfaten,
Ümmer sik wat seggen laten:
So weck Kinner, leiw un klauk,
För die gifft't een Billerbauk!

De Struwwelpeter

Kiek mal eins, dor steiht he,
›Struwwelpeter‹ heit de!
Fingernagels schnieden
Künn he gor nich lieden;
Let ehr wassen so bi'n Johr,
Strählen wull he nich sien Hoor:
»Äks!« heit't, »holl di beter,
Schietig Struwwelpeter!«

De Geschicht von den eischen Friederich

De Friederich, de Friederich,
Een gauden Kierl dat wier de nich;
He güng up Fleigengriepen ut
Un ret ehr groff de Flögels rut,
Schlög Stäuhls in'n Dutt un Vagels dot,
De Not wier bi de Katten grot.
He mök bi't Pietschen väl Getös',
Wier gor ok tau sien Greten bös'.

Een groten Hund stünn an de Pump,
Drünk Water dor; man up'n Schlump
Schlek mit de Pietsch sik hemelich
Hentau de eische Friederich.
He schlög den Hund, de jaulte up,
He trä' un schlög em Schwupp bi Schwupp.
Dor öwer güng't mit eins: »Rawau!«
Scharp beeten grote Riettähn tau!
Nu bölkte Friedrich as verdull
Un scheet dorbi sien Büxen vull.
Man stolt nah Hus de Hund nu lep;
Mank siene Tähn drög he de Swep.

In't Bedd mößt sik de Lümmel legg'n;
Sien Been dä' weih, 't wier nich tau segg'n.
De Dokter stünn mit iernste Mien'
Un gäw em bidder Medezin.

Taufräden seet de Hund an'n Disch.
He freet de Kauken, grot un frisch,
De Läwerwust ok, de wier fien,
Un drünk statts Water nu den Wien.

De Pietsch hett he tau Sieden bröcht
Un paßt scharp up, dat kein ehr söcht.

De heel trurig Geschicht mit de Swawelsticken

Paulinken wier tau Hus alleen;
De Öllern wech; wo wier dat schön!
As se nu in de Stuw rümsprüng
Dull danz un ok utlaten süng,
Segh se de Rietholtbüss dor stahn.
»Dat mücht woll ok bi mi eins gahn«,
Sprök se, »wo lett dat doch so fien,
Dat sall upstunns mien Spältüg sien.
Een Sticken mokt noch nich väl Rok,
Wat Mudder kann, dat dau ik ok!«

Man Minz un Maunz, de Katten,
Drauhn mit ehr Pot', ehr schwatten:
»De Vadder hett't verbaden!
Dau't nich! Dat lat di raden!
Mijau! Mijo! Mijau! Mijo!
Lat't stahn, süss brennst du as drög Stroh!«

Paulinken hürt de Katten nich.
De Rietsticken lücht wunnerlich;
Dat fluckerflackert! Kiekt, dat lett,
As't Dr. Hoffmann teikent hett.
De Diern hopst rüm liek us'n Ball
Un löppt de Stuw eins up, eins dal.

Man Minz un Maunz, de Katten,
Drauhn mit ehr Pot', ehr schwatten:
»De Mudder hett't verbaden!
Schmiet't wech, du kümmst tau Schaden!
Mijau! Mijo! Mijau! Mijo!
Pust't ut, süss brennst du as drög Stroh!«

Jeja! Dor grippt de Flamm dat Kleed,
De Schött brennt up, as wier s' ut Reet,
Dat heele Kind is in Gefohr,
Dat seihn de lütten Katten klor!

Un Minz un Maunz, de schriegen,
Üm Hülp fix rantaukriegen:
»Hertau! Hertau!« vull Ungedür
»Paulinken steiht vullup in Für!
Mijau! Mijo! Mijau! Mijo!
De Diern brennt as een Popp ut Stroh!«

So is nu allens runnerbrennt,
Dat säute Kind, dat jedein kennt.
Een Hümpel Asch blew, schier un fien,
Ok ehr bei' Schauh – mößt dat nu sien?

Un Minz un Maunz, de Katten,
Bör'n up ehr Pot', ehr schwatten:
»Mijau! Mijo! Mijau! Mijo!
Wo sünd denn blot de Öllern? Wo?«
Wat will'n s' ehr nu verkloren?
So sitten s' dor un rohren.

De Geschicht von de schwatten Jungs

Spazier'n güng eens vör Dör un Duur
Een kahl'npickrabenschwatten Muhr.
Up sienen Bregen scheen de Sünn;
Man gaud, dat he sien Sünnschirm fünn.
Flüch kem de Lurwig antaugahn,
Schwenkt in de Fuust sien lütte Fahn;
Ok Kaspar harr heel flinke Fäut

Mit sien brun Kringel, lickersäut;
De tücksche Willem von bian
Rull fix sien runnen Trünnel ran.
Se tarrten un grifflachten sihr
Un güng'n den Muhr nich ut de Kihr,
Wildat he schwatt as Tinte wier.

Dat wür' de grote Niklas wies;
Fix mit sien Blackpott kem de Ries'
Un sprök: »Ji Kinner, hürt mi tau,
Lat't mi den Neger blot in Rauh!
Sien Farw is schwatt, un juch is witt,
Kein kann dorför, wat up em sitt!«
De Schlüngels öwer hürten nich,
Spijökten wierer, schnodderich,
Un högten sik un lachten hier
Den schwatten Jung'n ut ümmer mihr.

Dat bröcht den groten Nikolas,
As't upmolt is, in Hitt und Brass.
He grep de Lümmels sik tauhop
Bi Jack un Büx, an Reem un Knop,
Den Lurwig un den Willem hier,
Den Kaspar ok, de güng tau Kihr,
Un stippt ein nah dat anner Kind
Fix rin in siene schwatte Tint'.
Wat ok de Kaspar »Fürjo!« reep,
He kem mit rin un liek so deep!

So kem'n de drei ut't Tintenfatt;
Kiek! schwatter sünd se noch as schwatt,
Wo se dor achtern Muhr hergahn
Mit Trünnel, Kringel un mit Fahn.
Je, harr'n s' man so feniensch nich lacht,
Harr Niklas nich an't Farwen dacht.

De Geschicht von den willen Jäger

Just tröck de wille Jägersmann
Sien grasgräun niege Jopp sik an,
Nöhm Jagdtasch, Flint un Pulverhurn
Un lep tau Feld in't wassen Kurn.
De Brill vör Ogen söcht he dull
Den Has, den he dotscheten wull.

Lütt Matten seet dalduckt in't Krut,
Lacht driest de unwies Gräunrock ut.

Heit scheen de Sünn up Mütz un Hoor;
Den Jäger wür' sien Büss tau schwor.
In't gräune Gras mök her sik lang;
De klauke Has wier gor nich bang.
Denn as de Knallkierl leg un schlep,
Fründ Mümmelmann fix tau em lep,
Nöhm em de Brill weg un de Flint
Un sprüng tau Sieden as de Wind.

De Brill nu up sien Näs, so hett
De Has sik stracks in Anschlag sett't.
Au je! Wat wür den Scheitmann leeg,
As he up sik sien Knarr richt segh.
Fuurts lep he los in grote Not:
»Lü', helpt mit blot, Lü' helpt mi blot!«

Gra' kem de wille Jägersmann
Noch bi sien eigen Husborn an.
He sprüng koppöwer rin man swind;
Bautz! – schööt de Has all los de Flint.

De Jägersfru an't Finster was;
Se drünk dor ut ehr Kaffeetass.
De dröp de Has mit Kullerblie.
Lut reep de Fru: »Schietscheiterie!«
Man achtern Sod späl as 'n Stint
Vergnäugt den groten Has sien Kind.
Heet flööt de Kaffee up sien Näs.
Glieks gäw he Hals mit väl Gewäs:
»Weckein bräuht mi denn hier tau Dod?«
Un wischt de Schnut af mit sien Pot.

De Geschicht von den Dumenlutscher

Mudder steiht all in de Dör:
»Konrad, hür, ik heff wat vör.
Driew kein Undög, is dat klor?
In'ne Stunn bün'k wedder dor.
Un denn, Konrad, mark di fien:
Lat dat Dumenlutschen sien!
Denn de Schnieder mit sien Schier,
De is ein, twei, drei süss hier,
Un de fackelt gor nich lang,
O mien Söhn, dorvör wäs bang!«

Man gra' is de Mudder rut,
Flutscht de Dumen in de Schnut.

Ratzbatz flücht all up de Dör,
Un de Schnieder hüppt hervör,
Höllt de Schier wiß in sien Hänn,
Un dat Lutschen kümmt an't Enn.
Denn nu geiht dat Kliff un Klaff,
Fix sünd de bei' Dumens af,
Mit de scharpe Schniederschier,
Un dat Blaut dröppt ümmer mihr.

As nah Hus de Mudder kihrt,
Trurig mit den Konrad wier't:
Ut is dat mit sien Gezuutsch,
Denn de Lutschers sünd nu futsch!

De Geschicht von den Suppenkaspar

Een lütten Jung, de Kaspar heet,
Wier gaud bi Liew un rund as breet.
Sien Backen leeten frisch un rot,
Mit Äten harr he gor kein Not.
Up eins man mök he grot Geschree:
»Ik ät vondaach kein Supp nich, nee!
Ik ät mien Supp nich, ät ehr nich,
Nee, nee, mien Supp, de ät ik nich!«

Den annern Dach, nu kiek eins her,
Dor wier sien Liew all spilliger;
Un wedder gäw dat so'n Geschree:
»Ik ät vondaach kein Supp nich, nee!
Ik ät mien Supp nich, ät ehr nich,
Nee, nee, mien Supp, de ät ik nich!«

An'n drüdden Dach wier dünn sien Back,
Un Kaspar leet all bannig spack.
Man as de Supp kem, ach Harrjeh!
Alltieden mök he sien Geschree:
»Ik ät vondaach kein Supp nich, nee!
Ik ät mien Supp nich, ät ehr nich,
Nee, nee, mien Supp, de ät ik nich!«

An'n vierten Dach all strippendünn,
Dat ein em gra' noch seihen künn,
Hett he man blot noch stahn un döst;
An'n föften sik in Luft uplöst.

De Geschicht von den Jackelphilipp

»Philipp. du entfamig Schleif,
Wäs an'n Disch eins still un leiw!«
Sprök de Vadder, »un denn hür,
Dat sünd hüt mien letzte Wüür'!«
Mudder wier ok gnitterig;
Nee, leiw kek se hüt gra' nich.
Philipp hürte nich de Rä',
De tau em de Vadder sä'.
He jackelt
Un rackelt,

He wippwappt
Un schwippschwappt,
Un de Stauhl kem ut dat Lot:
»Philipp, Philipp, wohr di blot!«

Kiekt eins, wat nu wiererkem,
Wo de Sak ehr Enn woll nehm.
Afmolt is dat all up't Bild:
Philipp wiewagt bannig wild.
Man he kem nich mihr ümrüm:
»Huch!« schreech he, dunn schlög he üm!
Wull an'n Dischdauk sik noch holl'n;
Dat gäw nah, un runnerfoll'n
Sünd nu Töller, Buddel, Brot.
Stracks wür Vadder puterrot,
Un bi Mudder segh de Schnut
Recht von Harten suer ut!

Deck un Philipp wiern een Poor,
Un de Disch stünn lerrich dor.
Wat de Vadder äten wull,
Schmerte nu de Delen vull.
Brot un Supp, dat schöne Äten
Harr de Bengel runneräten;
Ok de Schöttel güng kaputt,
All'ns wier unn'n un up'n Dutt.
Ob de Philipp, de dor leg,
Nu doch eins den Noors vullkreg?

De Geschicht von den Hans Kiek-in-die-Luft

Wenn de Hans tau Schaul hengeiht,
Gliek sien Og an'n Häben steiht.
Nah de Däcker, nah de Swulken
Kiekt he up bet in de Wulken.
Vör sien eigen Fäut hendal
Süht de Bengel nich een Mal.
Wer em wies war', röppt denn klor:
»Hans Kiek-in-die-Luft is dor!«

Rönnt een Hund, dat't man so stöwt;
Hans hett baben, ob ji't glöwt,
Wat in Sicht;
Kein Minsch schricht:
»Hans, paß up, dor rönnt een Hund!«
Nu geiht't rund:
Bauz, perdauz, nu kiek eins hier:
Hund un Hans ligg'n up de Ier'.

Annermal an'n Äuwerrand:
Hans, de Schaulmapp in de Hand,
Hett den Kopp nah'n Puckel bagen,
Kiekt, wo sik de Swölken jagen,
Un so upricht't, piel in Enn,
Löppt he nah dat Water hen.
Man de Fisch dor in de Reeg
Wunnerwarken all de dree.

Wo lang duert't? Denn upmal:
Plumps! Stört Hans koppheister dal.
Wo hebb'n sik de Fisch verfihrt,
Un de Jung hett't Strampeln lihrt.

Hans taun Glück nu lopen twee
Mannslüd hen fix ut de Negh;
Hebb'n an Büx em un an'n Kragen
Ut dat Water rutetagen.
Kiekt, nu steiht he driebennatt!
Hans, een schlechten Spaß is dat.
Water löppt den leegen Wicht
Von sien Hoor in dat Gesicht,
Ut de Jack, de Arms hendalen,
Un em früst taun Schnuppenhalen.

Man de Fisch, de heelen dree,
Schwemmen wedder in een Reeg,
Bör'n de Köpp taun Water rut,
Un se lachen, väl un lut,
Lachen, lachen noch lang Tied;
Un de Schaulmapp schwemmt all wiet.

De Geschicht von den fleigen Robert

Pladdert Rägen up de Ier',
Bruust de Storm as dörchgahn Pier',
Jungs un Dierns nix buten driewen,
Leiwers in ehr Stuwen bliewen.
Robert denkt (wat jedein weit):
›Ik gah rut!‹ – Wat he ok deit.
Buten geiht he up un dal
Ünnern Rägenschirm; upmal,

As de Storm sik düller rögt,
Dicke Telgen dreiht un bögt,

Kiekt, den Schirm bört up de Wind!
Robert, ach, dat wiesnäs Kind,
Flücht tau Höchten flink un licht.
Kein ein hürt em, wo he schricht.
An de Wulken stött he, süh!
Un sien Haut geiht ok perdü.

Schirm un Robert fleigen noch
Dörch de Wulken wierer hoch,
Un de Haut flücht wiet vöran,
Stött tauletzt an'n Häben an.
Wo de Wind ehr hen hett dräben?
Kein Minsch weit, wo se sünd bläben!

Glossar

achtern: hinter; as dörchgahn Pier': wie durchgehende Pferde; **b**aben: oben; bagen: gebogen; bannig: sehr; bian: nebenan; bör'n up: heben hoch; Bregen: Gehirn; buten: draußen; **e**ntfamich: ungezogen; **f**eniensch: heimtückiisch; fuurts: sofort; **g**äw he Hals: ließ sich vernehmen; groff: grob; grofflachten: lachten hämisch; güng tau Kihr: wehrte sich; **H**äben: Himmel; hendal: hinab; holl di beter: halte dich besser; **j**uch: eure; **K**ullerblie: Schrotpatrone; **l**eeg: schlecht; leet(en): sah(en) aus; lett: sieht aus; **m**an: aber; **N**oors: Arsch; **p**iel: senkrecht; **R**eet: Rohr; **s**äut: süß; Schleif: ungelenker Junge; Sod: Brunnen; spack: elend; späl: spielte; Stint: kleiner Fisch; Swep: Peitsche; **t**arrten: neckten; tauhop: zusammen; Telgen: Äste; **u**p'n Schlump: plötzlich; upp'n Dutt: auf einem Haufen; upstunns: jetzt; ut de Kihr: aus dem Weg; **v**erfihrt: erschreckt; vondaach: heute; **w**assen Kurn: wachsende Getreide; weckein: wer; wiesnäs: naseweis.

Uwe und Doris Rieck & Walter und Nadine Sauer

Der Berliner Struppelpeter
Dolle Jeschichten und ulkje Bilder

Vorspruch

Wenn se immer richtich hörn,
Kommt det Christkind zu die Jörn.
Wenn se jern zuhaus bei Muttern
Butterstulln und Eintopp futtern,
Wenn se brav mit ihre Sachen
Spieln und keen Radau nich machen,
Immer schön bei Muttern bleibm
Und ooch sonst keen Unfuch treibm,
Kriejen se, det wär jelacht,
Ooch een Bilderbuch jebracht.

Der Struppelpeter

Kieke mal, da steht er,
Bä! der Struppelpeter!
Fingernäjel schneiden
Kann er jarnich leiden;
Kämmen is ihm janz ejal,
Sein Wuschelkopp is een Skandal!
Drum schreit da gleich jeder:
»Ätsch! der Struppelpeter!«

Die Jeschichte vom bösen Fritze

Der Fritze war, da kiekt bloß hin,
Der schlimmste Bengel in Berlin.
Die Brummer fingk er oft mit List
Und quälte die wie een Sadist;
Er hat det Viehzeuch umjebracht,
Und Tüsch und Stuhl kaputtjemacht,
Und oft hat er ooch ungeniert
Sein Frollein Grete drangsaliert.

Am Brunn hat er een Hund jetroffen,
Der hat sich dort mal sattjesoffen
Und war dabei janz unbedacht.
Schon hat der Kerl sich ranjemacht
Und haut gleich uff den Köter druff.
Der jault, doch Fritze hört nich uff.
Da beißt die Töle ihm in't Been,
Ijitt! Det Blut det spritzt janz scheen.
Der böse Fritze hat jeschrien,
So doll, det hörte janz Berlin.
Doch unser Hund is jar nich faul,
Peest weg, die Peitsche in sein Maul.

In't Bette muß jetz Fritze jehn,
Wat hat er Schmerzen an sein Been.
Der Dokter kommt mit Stock und Hut,
Die Medizin schmeckt jar nich jut.

Der Hund is jetz in't Haus jewetzt
Und hat sich gleich an'n Tüsch jesetzt.
Mit Sonntachskuchen, Wurscht und Brause

Fühlt er sich grade wie zuhause.
Er frißt sich satt janz ordentlich
Und hängt die Peitsche hinter sich.

Die fürchterlich traurije Jeschichte mit die Streichhölzer

Pauliniken war janz alleene,
War det een Fest für unsre Kleene!
Wie sie so durch die Stube springt
Und lustig hopst und fröhlich singt,
Sieht sie uff de Kommode stehn
Ne Streichholzschachtel, wunderschön.
»O«, sacht se, »kieke, det is jut,
Det haut mich um! Wie't Mutter tut,
Mach ick et ooch! Ick kokle, Mann,
Und stecke mir een Streichholz an«.

Und Mietz und Mautz die Katzen
Verziehen ihre Fratzen.
Se schlaren mit de Foten:
»Der Vater hats verboten!
Miau! Mio! Miau! Mio!
Hör uff, sonst brennste lichterloh!«

Pauline aber will nich hörn,
So is det ebent bei die Jörn.
Det Streichholz flackert, brennt wie Zunder,
Da wird die Kreete richtig munter.
Vom Feuer is se janz entzückt,
Saust durch de Bude wie verrückt.

Doch Mietz und Mautz die Katzen
Verziehen ihre Fratzen.
Se schlaren mit de Foten:
»Die Mutter hats verboten!
Miau! Mio! Miau! Mio!
Schmeiß weg, sonst brennste lichterloh!«

O jeh! Jetz springt det Feuer schnelle
Uff ihre Schürze, an die Pelle.
Et brennt der Zopp, et brennt die Hand,
Die janze Jöre steht in Brand.

Und Mietz und Mautz die flenn
Und jauln, wat se nur könn:
»Macht schnell, macht schnell, det is ja oll!
Det arme Mächen brennt wie doll.
Miau! Mio! Miau! Mio!
Kommt her! Det Kind brennt lichterloh!«

Mit Haut und Haarn, mit Kopp und Hand
Is unsre Jöre abjebrannt.
Et bleibm noch nich mal die Klammotten,
Bloß Asche – und die schnieken Botten.

Und Mietz und Mautz, die kleenen,
Die sitzen da und weenen:
»Miau! Mio! Miau! Mio!
Wo bleibm denn bloß die Eltern? Wo?«
Se hocken uff en Rasen
Und heulen Rotz und Blasen.

Die Jeschichte von die schwatten Bengels

Et jingk een rabenschwatter Mohr
Spaziern am Brandenburjer Tor.
Det Klärchen schien ihm uff en Brejen,
Da nahm er eenen Schürm dajejen.
Da kam der Ludwig anjesaust
Mit eenen Fähnchen in die Faust.
Der Kaspar seine Brezel liebt,
Weil er nich jerne Kohldampf schiebt.
Und Willi is ooch nich alleene,
Er hat nen Reifen mit, der Kleene.
Se lachten, et is leider wahr,
Über den Mohr aus Afrika,
Weil der so schwarz wie Tinte war.

Da kam der Nikolaus daher,
Sein Tintenfaß war groß und schwer.

Er sachte: »Kinders, hört mal zu!
Laßt mir det Mohrchen bloß in Ruh!
Der arme Kerl kann nüscht dafür,
Det er nich weiß is so wie ihr.«
Die Bengels machen sich nüscht draus
Und lachen ooch den Ollen aus.
Se gackern und ziehn immer mehr
Über den kleenen Nejer her.

Da wird der Mann fuchsdeiwelswild.
Man sieht det hier uff diesen Bild.
Er schnappt die Bäljer alle feste
An ihren Kopp und anne Weste
Und stippt se in die Tinte rin.
Der Kaspar brüllt: »Det macht keen Sinn!
O! Hilfe, Hilfe, große Not!
Der Nikolaus der macht uns dot!«
Und doch tunkt se der Nikolaus
Janz tief in't Faß und wieder raus.

Jetz sind die Bengels doll blamiert,
Noch schwärzer als der Mohr lackiert.
Der looft voraus, als wenn nüscht wär,
Die Tintenbubies hinterher.
Und bloß weil se so frech jelacht,
Hat Nikolaus se schwarz jemacht.

Die Jeschichte von den wilden Jäjer

Een echt Berliner Sonntagsjäjer
In grüner Kluft, een Brillenträjer,
Jingk voller Lust und Tatendrangk
Eenmal am Grunewald entlangk.

Die Knarre hat er jut jeladen
Und denkt: Heut jibt et Hasenbraten.

Jedoch der kleene Mümmelmann
Sitzt im Jebüsch und macht ihn an.

Bald drückt ihn der Planet zu sehr,
Sein Kreuz tut weh vom Schießjewehr.
Drum haut er sich ins Gras uff't Ohr.
Da hoppelt Meester Lampe vor,
Und wie der Waidmann grunzt janz fest,
Kommt unser Hase aus sein Nest,
Klaut Brille und ooch Karabiner
Und schleicht davon – so een Schlawiner!

Die Gläser setzt der kleene Wicht
Sich selber jetz in sein Jesicht
Und leecht gleich uff'n Förster an.
Da kricht er Angst, der Jäjersmann,
Looft weg und brüllt in seiner Not:
»Det wilde Tier, det schießt mir dot!«

Zuletzt da kommt der Grünrock dann
Bei eenen tiefen Brunnloch an.
Da stürzt er sich koppüber rin,
Der Muckmuck ballert wie von Sinn'.

Die Frau vom Jäjer sitzt zuhause
Und macht jerade Kaffepause.
Der Schuß trifft haarjenau den Pott;
Da brüllt die Olle: »Großer Jott!«
Beim Brunn da hockt im Gras ooch eener,
Een Hasenstöpke, janz een kleener.
Der Kaffe plempert uff den Hasen,
Verbrüht die Nese, er kricht Blasen.
Den Löffel packt er mit die Foten
Und schreit dann: »Det jehört verboten«.

Die Jeschichte vom Daumentutscher

»Konrad!«, saacht die Mutter, »höre,
Ick jeh weg, sei brav du Jöre!
Sei keen Dussel, stell nüscht an,
Du bist groß, jewöhn dir dran.
Mach mir keene Sorjen – und
Laß en Daum schön aus en Mund.
Sonst kommt noch der Schneidersmann
Mit der Riesenschere an,
Und der schnippelt dir die zwee
Ab mein Sohn, und det tut weh!«

Weg jeht Muttern nun, die jute,
Schwupp – der Daum saust inne Schnute.

Bums! Der Schneider stürtzt in't Haus,
Und die Tutschpartie is aus!
Denn er kommt mit schnellem Schritt
Und hat seine Schere mit,
Schneidet eenfach – schnippel, schnapp –
Konrad beede Daum nun ab,
Mit de Schere scharf und groß
Autsch! Wat brüllt der Konrad los.

Gleich als Muttern wiederkommt,
Sieht se die Misere prompt:
Konrad steht uff eenen Fleck,
Seine Daum die sind jetz weg.

Die Jeschichte vom Suppen-Kaspar

Der Kaspar der war kernjesund,
Een Wonneproppen, dick und rund.
Sein Essen war ihm niemals schnuppe,
Am liebsten aß er seine Suppe.
Uff eenmal brüllt er los: »Herrje!
Ick esse keene Suppe, nee!
Ick futter meene Suppe nich,
Nee, diesen Fraß den freß ick nich.«

Am zweeten Tag – ja kiek mal an –
Da war an ihm schon wenjer dran.
Und wieder brüllt er los: »Herrje!
Ick esse keene Suppe, nee!
Ick futter meene Suppe nich,
Nee, diesen Fraß den freß ick nich.«

Am dritten Tag, mich wird janz bange,
War dürr er wie ne Bohnestange,
Doch als die Suppe kam, o weh,
Da brüllt er wieder los: »Herrje!
Ick esse keene Suppe, nee!
Ick futter meene Suppe nich,
Nee, diesen Fraß den freß ick nich.«

Am vierten Tag, wie fürchterlich,
Da war der Kaspar wie een Strich.
Zum Schluß, da nahm er noch mehr ab
Und lag am fünften Tag im Grab.

Die Jeschichte vom Kippel-Philipp

»Philipp, tu beim Essenfassen
Die Menkenke bleiben lassen!«
Saacht bei Tisch, so streng er kann,
Der Papa zum Sohnemann.
Und die Mutter kiekt erschrocken,
Sie is völlig von die Socken.
Doch die Jöre hört nich jut,
Wat da Vaddern saren tut.
Er kippelt
Und trippelt,
Er schuckelt
Und ruckelt

Uff en Stuhl herum wie doll.
»Jung, ick hab de Nese voll!«

Liebe Kinder, jebt mal Acht,
Wat der Philipp Sachen macht.
Seht ihr 't oben uff den Bild,
Wie der kippelt frech und wild?
Bis der Stuhl nach hinten kippt,
Weil der Frechdachs zu sehr wippt.
Nach en Tischtuch grapscht er noch,
Brüllt wie doll und fällt dann doch,
Mit ihm fällt Jeschirr und Brot,
Kelle, Pulle, große Not!
Und die Mutter kiekt erschrocken,
Sie is völlig von die Socken.

Jetz is Philipp janz verschwunden,
Und der Krempel der liecht unten.
Vaters jutes Sonntachsessen
Kannste absolut verjessen.
Alle feinen Leckerbissen
Hat der Fratz vom Tisch jerissen,
Die Terrine is kaputt,
Allet is een Haufen Schutt.
Und die armen Ollen toben:
»Nüscht zu futtern – kaum zu globen!«

Die Jeschichte von Hans Kiek-inne-Luft

Uff en Schulweech jeden Morjen
Glotzt et Hänschen ohne Sorjen
Immer wieder mit sein Fimmel
Nach die Vöjel obm am Himmel.
Uff en Boden dicht bei sich
Kiekt der kleene Bengel nich.
Jeder, der ihn sieht, der ruft:
»Mensch! Der Hans Kiek-inne-Luft!«

Eenmal kommt ne Töle an,
Und wat macht der Hansemann?
Kiekt inne Luft!
Keener ruft:
»Hans, paß uff!
Gleich fallste druff!«
Plumps, pladauz, da purzeln zweee,
Rücklings uff en Damm, o wehe.

Anner Havel jeht jerade
Hans zur Uferpromenade.
Mit der Mappe unterm Arm
Kiekt er ruff zum Schwalbenschwarm,
Und er latscht dabei im Nu
Schnurstracks uff e Havel zu.
Und drei Plötzen jeben Acht,
Wat det dumme Hänschen macht.

Unbewußt macht Hans zum Schluß
Eenen Köpper rin in'n Fluß.
Die drei Füsche schwümm vor Schreck
Blitzeschnelle eenfach weg.

Doch, een Glück, da komm schon zweee,
Kräftje Männer, aus der Nähe,
Habm mit Stöcker ihn erwüscht
Und ooch schnelle rausjefüscht.

Kiekt, da steht er pitschenaß.
Nee, det macht dem Kerl keen Spaß!
Wasser looft ihm aus de Loden
Übern Wanst bis uffn Boden.
Ach, wat schämt die Jöre sich,
Und er schlottert mörderlich.

Volle Pulle komm die Plötzen,
Um sich dolle zu erjötzen,

Lachen ausn Wasser raus
Unser nasset Hänschen aus,
Lachen laut aus vollen Kiem,
Und die Mappe? – Abjetriebm!

Die Jeschichte vom fliejenden Robert

Wenn et wie aus Kannen jießt,
Wenn et draußen jaucht und fließt,
Bleibm die braven Jören immer
Lieb zuhaus im Kinderzimmer.
Aber Robert sacht zu sich:
›Det is grade wat für mich!‹
Mit en Rejenschirm latscht er
Durch die Jejend hin und her.

Ui! Der Sturm bläst een fast um,
Und der Boom der biecht sich krumm.
Kiekt, jetz packt der Sausewind
Rejenschürm und Kind jeschwind.

Beede fliejen meilenweit,
Keener hört, wie Robert schreit.
Durch die Wolken fliejn se hoch,
Robert, Schürm – und Mütze ooch.

Mit en Schürm in seiner Hand
Fliecht der Robert über't Land,
Und der Hut is – unjeloren! –
Bis zu Petrus hinjefloren.
Nich eenmal det klügste Kind
Weeß, wo se jeblieben sind.

Glossar

Botten: Schuhe; Brejen: Gehirn; **g**runzt: schnarcht; **J**öre: Mädchen, kleiner Junge; **K**lärchen: Sonne; **L**oden: lange, ungepflegte Haare; **M**enkenke: Blödsinn; Muckmuck: Hase; **o**ll: schlecht, schlimm; **P**elle: Haut; **T**öle: Hund.

Mitarbeiter an diesem Buch

Birke, Erich, 1932 in Weckersdorf bei Braunau/Heuscheuer (Ostsudeten) geboren. Beruflich in der gesetzlichen Rentenversicherung tätig und Nebenbeschäftigung mit Mundart und Musik. Dialektübersetzungen. Wohnhaft in Hannover. Erstveröffentlichung seiner Struwwelpeterübersetzung in diesem Band. – Gebirgsschlesisch.

Braun, Edith, Dr. phil. (1988), geb. 1921 in Saarbrücken-Malstatt. Diplomübersetzerin, Schriftstellerin und Mitarbeiterin des saarländischen Rundfunks. Veröffentlichungen: Mundartübersetzungen, Volkskundliches und Linguistisches. Lebt in Saarbrücken-Duttweiler. Ihre Saarbrücker Übersetzung des Struwwelpeter wurde erstmals 1984 veröffentlicht. Eine Neufassung erscheint in diesem Band. – Westpfälzisch.

Gerstenberger, Paul, geb. 1932 in Neudorf/Erzgebirge. Dort wohnhaft. Handwerker. Zeitungsbeiträge (Prosa und Gedichte) in Mundart und auf hochdeutsch. Seine Struwwelpeterversion entstand bereits 1985 in Zusammenarbeit mit dem Hrsg. Sie wird hier erstmals veröffentlicht. – Westerzgebirgisch.

Gierlich-Gräf, Maria, geb. 1930 in Großscheuern/Siebenbürgen (RO); lebt seit 1992 in Deutschland (Erding). Veröffentlichung von Gedichten und Liedern; zahlreiche Beiträge in deutschsprachigen Zeitungen; Mundartübersetzungen. Ihre Struwwelpeterübersetzung erscheint erstmals in dieser Sammlung. – Siebenbürgisch-Sächsisch.

Heien, Ernst, Dr. (päd.), Jahrgang 1931. Diplom-Pädagoge im Ruhestand; zuletzt tätig an der Gesamthochschule/Universität Essen (Didaktik der Informatik und Mathematik). Neben fachspezifischen Veröffentlichungen hat er zahlreiche Texte in niederrheinischem Platt verfaßt. Lebt in Wardt bei Xanten. Sein *Santesse Struwwelpitt* erscheint hier erstmals im Druck. – Niederrheinisch.

Huttarsch, Reinhold, geb. 1920 in Wachtl/Mähren. Konrektor i.R. Wohnhaft in Lollar bei Gießen. Veröffentlichung volkskundlicher und ortsgeschichtlicher Art. Mundartübersetzungen. Seine Übersetzung des Struwwelpeter wird erstmals in diesem Band veröffentlicht. – Ostfränkisch/ehem. Sprachinsel Schönhengstgau.

Innerhofer, Maridl, geb. 1921 in Marling bei Meran/Südtirol (I). Verfasserin von Mundartgedichten und -übersetzungen, Kurzgeschichten, Aphorismen und heimatkundlichen Aufsätzen. Lehrerin und Sekretärin, lebt in ihrem Heimatort. Erstveröffentlichung ihrer Struwwelpeterübersetzung in diesem Band. — Tirolisch/Burggrafenamt.

Lienhard, Fredy, geb. 1927 in Erlenbach ZH (CH), wohnhaft in Oberglatt ZH. Pensionierter Lehrer. Kabarettist (Funk und Fernsehen) und Texter. Viele selbständige Publikationen, darunter Mundartübersetzungen und Tonträger sowie Glossen und Verse in Zeitungen. Sein *Strubelpeter* erschien bereits 1969 in Buchform und auf Schallplatte/Kassette und wird hier in einer überarbeiteten Fassung neu vorgelegt. — Hochalemannisch/Zürichdeutsch.

Müller, Manfred, Jahrgang 1934. Dipl. Ing., Architekt, tätig als Geschäftsführer einer Wohnungsbau-Genossenschaft. Dialektübersetzungen und Anthologiebeiträge. Wohnhaft in seiner Heimatstadt Solingen. Seine hier in leichter Überarbeitung abgedruckte Struwwelpeterübersetzung erschien erstmals 1986 im Selbstverlag. — Solinger Platt (Übergangsmundart: niederfränkisch/ripuarisch).

Pantzier, Heinz, geb. 1925 in Schönhausen/Elbe. Kammervirtuose i.R.; über 35 Jahre Flötist im Theaterorchester Rostock. Veröffentlichte plattdeutsche Lieder (vertont von seiner Frau), Gedichte und Geschichten. Lebt in Templin (Uckermark). Seine »Mäkelborger« Struwwelpeterfassung wird hier erstmals gedruckt. — Mecklenburgisch.

Peetz, Anna, geb. 1929 in Beuren (Hochwald), Dr. phil. (1989), Wissenschaftliche Mitarbeiterin im Siedlungs- und Flurnamenarchiv der Univ. des Saarlandes. Sprachwissenschaftliche, orts- und volkskundliche Veröffentlichungen. Wohnhaft in Karlsruhe. Erstveröffentlichung ihrer Struwwelpeterübersetzung in diesem Sammelband. — Moselfränkisch.

Peters, Luise, geb. 1930 in Emden (Ostfriesland), wo sie auch lebt. Unter dem Pseudonym »de Lupe« zahlreiche Veröffentlichungen in ostfriesischem Platt und auf Hochdeutsch, z.T. selbständig, z.T. als Zeitungs- und Zeitschriftenbeiträge. Ihr ostfriesischer Struwwelpeter wird erstmals in diesem Band veröffentlicht. — Ostfriesisch.

Pfisterer, Helmut, geb. 1931 in Leonberg. Berufsschullehrer, auch im Ausland. Seit 1964 Rundfunksendungen, u.a. Hörspiele, in Mundart und schriftdeutsch. Texte für Kabarett und Fernsehen. Zahlreiche Buchveröffentlichungen. Lebt in Stuttgart. Sein schwäbischer Struwwelpeter erscheint erstmals in dieser Sammlung. — Schwäbisch.

Reichert, Klaus-Dieter, geb. 1945 in Radolfzell/Bodensee, lebt in Steinenbronn (Kreis Böblingen) als Konrektor einer Grund- und Hauptschule. Selbständige Veröffentlichungen und Anthologiebeiträge in Mundart und auf Hochdeutsch. Seine Struwwelpeterübersetzung erscheint erstmals in diesem Band. — Niederalemannisch/Mittelalemannisch.

Richter, Arnd Immo, geb. 1939 in Hamburg und dort wohnhaft. Studium der Germanistik, Philosophie und Theologie. Freier Mitarbeiter verschiedener regionaler Tageszeitungen. Verfasser hoch- und plattdeutscher Gedichte und Kurzgeschichten für Periodika und Sammelbände; mehrere selbständige Publikationen. Erstveröffentlichung seiner Struwwelpeterübersetzung in diesem Band. — Hamburgisch.

Rieck, Uwe, geb. 1958 in Berlin. Installateurmeister in Neckargemünd. Wohnhaft in Neckarsteinach-Darsberg. Mitarbeiter am 1995 erstmals erschienenen *Berliner Struppelpeter.* — Berlinisch.

Rieck, Doris, geb. 1959 in Nauen bei Berlin. Kinderpflegerin in Neckargemünd. Wohnt in Neckarsteinach-Darsberg. Mitarbeiterin am 1995 erstmals erschienenen *Berliner Struppelpeter.* — Berlinisch.

Sauer, Nadine, geb. 1952 in Seattle, Wash., USA. Lebt seit 1974 in Deutschland (Neckarsteinach-Darsberg). Hausfrau und Übersetzerin. Mitarbeiterin an mehreren Struwwelpeterübersetzungen, u.a. am *Berliner Struppelpeter.*

Sauer, Walter, Dr. phil. (1971), geb. 1942 in Mannheim, lebt in Neckarsteinach-Darsberg. Akad. Oberrat am Anglistischen Seminar der Universität Heidelberg. Sprachwissenschaftliche Veröffentlichungen, Dialektübersetzungen (darunter mehrere Struwwelpeterfassungen) und Herausgabe von Regionalia. Sein *Oudewäller Struwwelpeder* erscheint hier zum ersten Mal. — Ostpfälzisch/Odenwälderisch.

Schepper, Rainer, geb. 1927 in Münster. Autor, Herausgeber und Rezitator westfälischer Literatur. Zahlreiche Buch- und Schallplattenveröffentlichungen. Mitarbeiter bei Funk und Fernsehen. Seine auf Anregung des Hrsg. für diese Anthologie verfaßte Struwwelpeterversion erschien bereits 1995 als Einzelveröffentlichung. — Westfälisch.

Schlosser, Franz, geb. 1946 in Waldsee/Pfalz und dort wohnhaft. Gymnasiallehrer für Englisch und Französisch am Paul-von-Denis Gymnasium in Schifferstadt. Mehrere (noch unveröffentlichte) Mundartübersetzungen. Hobbylateiner. Erstveröffentlichung seiner Struwwelpeterübersetzung in diesem Band. — Pfälzisch.

Sokop, Hans Werner, Dr. iur. (1964), geb. 1942 in Wien (A). Magistratsjurist (Obersenatsrat), Mundartdichter und Dante-Übersetzer. Wohnt in seiner Heimatstadt. Mehrere Buchveröffentlichungen. Seine bereits 1985 entstandene Struwwelpeterübersetzung wird erstmals in diesem Band veröffentlicht. — Wienerisch.

Spinner, Meinrad, 1940 in Tiefenbach bei Deggendorf geboren. Studiendirektor (Englisch und Geschichte) am Gymnasium Neumarkt/Oberpfalz, wo er auch wohnt. Dialektübersetzungen in niederbayerische Mundart. Seine in Zusammenarbeit mit dem Hrsg. entstandene Struwwelpeterübersetzung erschien erstmals 1990 im Druck. — Mittelbairisch.

Ternes, Irma wurde 1932 in Moers (Ruhrgebiet) geboren, wo sie auch lebt, und war als Postangestellte, Telefonistin und Hausfrau tätig. Sie schreibt auf nieder- und hochdeutsch und hat Beiträge für Anthologien, Kalender und Zeitschriften veröffentlicht. Ihr »Struwwelpitter«, der bereits als Kassette (im Selbstverlag) vorliegt, wird hier erstmals in schriftlicher, leicht überarbeiteter Form veröffentlicht. — »Grafschafter Platt«.

Ulrich, Peter, geb. 1936 in Dresden, wo er aufwuchs. Pensionierter Studiendirektor (Deutsch und Philosophie). Mundartübertragungen (Wilhelm Busch) ins Sächsische. Wohnhaft in Echzell (Hessen). Sein *Dräsdnor Strublbedor* erscheint hier erstmals im Druck. — Ostmeißnisch.

Wiegand, Rosmarie, geb. 1950 in Fahrnau (Schopfheim/Wiesental); wohnhaft in Mannheim, wo sie als Studienrätin für Biologie und Chemie am Lessing-

Gymnasium tätig ist. Ihre in Zusammenarbeit mit dem Hrsg. erstellte alemannische (Markgräfler) Version erschien bereits 1993 als selbständige Veröffentlichung. — Hochalemannisch.

Wille, Friedrich, 1925 in Brunsen/Einbeck geboren; pensionierter Verwaltungsangestellter. Übersetzer der gesamten Heiligen Schrift ins ostfälische Plattdeutsch (bisher nur teilveröffentlicht); mehrerer Bücher im Dialekt. Lebt in Einbeck. Seine Struwwelpeterübersetzung erscheint erstmals in diesem Band. — Ostfälisch.

Bibliographie deutscher Mundart-Struwwelpeter (*Stand: Juli 1996*)

Die Titelaufnahme erfolgt innerhalb der ober-, mittel- und niederdeutschen Dialektgebiete in alphabetischer Reihenfolge nach den Ortsmundarten. Es folgen die großräumige Dialektbezeichnung, Vor- und Zuname des Übersetzers und die weiteren bibliographischen Angaben.

Oberdeutsch

BAMBERG – OSTFRÄNKISCH
Walter Sauer, *Der Fränkische Struwwelpeter. Gpaßiga Gschichtn und lustiga Bildla.* Nidderau: Naumann, 1993. ISBN 3-924490-54-6.

BERN (SCHWEIZ) – HÖCHSTALEMANNISCH
L.M., *Dr Schtrubelpeter oder luschtigi Gschichte und fröhlechi Bilder für Chinder vo 3-6 Jahr vom Dr. Heinrich Hoffmann i ds bärndütsche übersetzt.* Biel und Bern: Kuhn, 1926.

BIETIGHEIM (WÜRTTEMBERG) – SCHWÄBISCH
Werner Gaus, *Dr Strubelpeter oder lustige Geschichten und drollige Bilder von Dr. Heinrich Hoffmann ins Schwäbische übertragen.* Bietigheim: Fleischhauer & Spohn, o.J. [1989]. ISBN 3-87230-509-3.

DEGGENDORF (NIEDERBAYERN) – MITTELBAIRISCH
Meinrad Spinner/Walter Sauer, *Da Boarische Struwwepeta. Gspaaßige Gschichtn und lustige Böidl nach Heinrich Hoffmann.* München: Ehrenwirth, 1990. ISBN 3-431-03129-3. Wieder abgedruckt in diesem Band.

MARLING BEI MERAN/SÜDTIROL (ITALIEN) - TIROLISCH
Maridl Innerhofer, *Dr burggräfler Stroublpeatr. Gspassige Gschichtn und hetzige Bildr.* Erstveröffentlichung in diesem Band.

MÜNCHEN – MITTELBAIRISCH
Alfons Schweiggert, *Der bayerische Struwwelpeter. Elf gspaaßige Gschichtln für Kloane und Große nach Dr. Heinrich Hoffmann.* O.O. [München]: Ludwig, 1990. ISBN 3-7787-3377-X.

NÜRNBERG - OSTFRÄNKISCH
Alfred Raab, *Dä Struwlbeda nachn Heinrich Hoffmann sei Originol in dä Närmbercher Mundoart in dera Ausgob nu ohne Bildla.* Nürnberg: Hofmann, 1991. ISBN 3-87191-167-4. Zweite, verbesserte Auflage: *Dä Struwlbeda von Dr. Heinrich Hoffmann in dä Närmbercha Mundoard frei übertragen.* Frankfurt: Sinemis, 1995. ISBN 3-921345-06-5.

RADOLFZELL (BODENSEE) – MITTELALEMANNISCH
Klaus-Dieter Reichert, *De Strublpeter vum Bodesee. Gschichtle und Bilder vu luschdig bis wilder.* Erstveröffentlichung in diesem Band.

SCHOPFHEIM (MARKGRÄFLERLAND) – HOCHALEMANNISCH
Rosmarie Wiegand und Walter Sauer, *De Alemannische Strubelpeder. Luschtige Gschichte un glungeni Bilder.* Nidderau: Naumann, 1993. ISBN 3-924490-55-4.

STUTTGART – SCHWÄBISCH
Helmut Pfisterer, *Dr Schdrubelpeter ens Schwäbische gschwädzd. Schlemme Gschichda & aechd alde Bilder.* Erstveröffentlichung in diesem Band.

WIEN (ÖSTERREICH) – MITTELBAIRISCH-ÖSTERREICHISCH
Hans Werner Sokop, *Der Struwwepeter. Urige Gschichtn und gspaßige Büder.* Erstveröffentlichung in diesem Band.

WINTERTHUR (SCHWEIZ) – HOCHALEMANNISCH
E[mil] F[ormaigeat], *De Strubelpeter, oder luschtigi Bildli mit glungne Gschichte derzue, vom Heinrich Hoffmann, für Schwizerchind vo 3-6 Jahre in iri Muetersprach übersetzt vom Dr. E.F.* Winterthur: Vogel, o.J., [c.1920].

ZÜRICH (SCHWEIZ) – HOCHALEMANNISCH
Fredy Lienhard, *De Strubelpeter. Schwizerdütsch vom F.L.* Zürich: Ex Libris, o.J. [1969].

Schallplatte: *De Strubelpetter nach em Dr. Heinrich Hoffmann. Züritüütsch vom F.L.* Zürich: Ex Libris, o.J. [1968], EL 12048.
Kassette: *De Strubelpeter und anderi Gschichte … nach em Dr. Heinrich Hoffmann, züritüütsch vom F.L. ufgseit und gspillt vo Drittklässler us Adliswil …* Zürich: Ex Libris, o.J., CAS 8081.
Überarbeitete Fassung (*De Strubelpeter züritüütsch. Luschtigi Gschichte und glatti Bilder*) abgedruckt in diesem Band.

Mitteldeutsch

Bad Berleburg – Niederhessisch
VHS-Kurs »Wittgensteiner Mundarten«, *Der Struwwelpeter. Auf Wittgensteiner Platt.* Bad Berleburg: Privatdruck (O. Benner), 1990.

Beuren/Hochwald – Moselfränkisch
Anna Peetz, *De Beierner Struwwelpeeter. Luschtisch Gschischtscher ón tróllisch Biller.* Erstveröffentlichung in diesem Band.

Braunau (Ostsudeten) – Gebirgsschlesisch
Erich Birke, *Der Struuwelpeter of Braunsch. Lostche Gschechta on drollche Belder.* Erstveröffentlichung in diesem Band.

Dresden – Obersächsisch/Ostmeissnisch
Peter Ulrich, *Dor Dräsdnor Strubelpedor. Schbaßsche Geschichdn un widzsche Bildor.* Erstveröffentlichung in diesem Band.

Düsseldorf – Ripuarisch
Theo Lücker, *Dä Struwwelspit. Der Struwwelpeter oder lustige Geschichten und drollige Bilder erstmalig in Düsseldorfer Platt übertragen vom »Döres«.* Düsseldorf: Buchladen Lewejohann, 1984.

Fränkisch-Crumbach (Odenwald) – Rheinfränkisch/Südhessisch
Elisabeth Kunz, *De Ourewälle Struwwelpäire.* Seeheim-Jugenheim: Selbstverlag, 1988. Ober-Ramstadt: Odenwald-Verlag, 1992. ISBN 3-9802760-1-5.

Frankfurt – Rheinfränkisch/Mittelhessisch
Walter Sauer, *De Struwwelpeder. Verrickde Geschischde un lustische Bilder fer*

klaane und große Kinner im ganze Hesseland. Nidderau: Naumann, 1992, ²1996. ISBN 3-924490-33-3.

FRANKFURT – RHEINFRÄNKISCH/MITTELHESSISCH
Heinz Philipp Müller, *De Struwwelpeter odder aach Lustiche Geschichtcher un drolliche Bildercher von Dr. Heinrich Hoffmann in Struwwelpeters Mundart gebracht*. Frankfurt: H.P. Müller, 1984. ISBN 3-92-1978-16-5. Frankfurt: Sinemis, 1995. ISBN 3-921345-04-9.

GROSS-BIBERAU (ODENWALD) – RHEINFRÄNKISCH/SÜDHESSISCH
Karl Böhm und Cornelia Layer, *De Äschde Ourewäller Schdruwwelpeere. Lusdische Gschischde un drollische Bilder*. O.O., o.V., o.J. [Groß-Bieberau, Selbstverlag, 1992].

GROSSSCHEUERN (SIEBENBÜRGEN, RUMÄNIEN) – SIEBENBÜRGISCH-SÄCHSISCH
Maria Gierlich-Gräf, *Der Siwebiërgesch-Sochsesch Struwwelpoiter. Lostich Geschichten uch käomesch Biëlder*. Erstveröffentlichung in diesem Band.

KARLSRUHE – SÜDFRÄNKISCH
Charlotte Eggarter, *De badische Schdruwwlpeder*. Hrsg. v. Martin Riegger und Ulrich Wiedmann. Karlsruhe: Riegger, 1994. ISBN 3-9803906-0-8.

KOBLENZ – MOSELFRÄNKISCH
»Dugder Igs« [Pseud.], *Dä Kowelenzer Schdruwwelpidder. Lusdije Gescheschde on drollije Belder*. Koblenz: Görres-Buchhandlung, 1984. ISBN 3-89112-000-1.

KÖLN – RIPUARISCH
Heinz Heger, *Der kölsche Struwwelpitter. Kölsche Verzällcher met dä ahle Bilder för Lück met löstijem Hätze*. Bonn: Röhrscheid, 1984. ISBN 3-7928-0480-8.

LAUBACH-MÜNSTER (OBERHESSEN) – RHEINFRÄNKISCH/MITTELHESSISCH
Jürgen Piwowar, *Dea Ohwearhässischea Schdruwwealpehdear. Ea Belldearbuch dsoaum Veeahrläeahsea ean Säeallwearläeahsea*. Nidderau: Naumann, 1995. ISBN 3-924490-73-2.

LEIPZIG – SÄCHSISCH/SÜDWESTOSTERLÄNDISCH
Michael Fritz [Pseud. für Walter Sauer], *Dr sächssche Schdrubelbeder. Ulkche*

Geschichden un butzche Bilder von Heinrich Hoffmann off sächsisch gereimt. München: Ehrenwirth, 1990. ISBN 3-431-03132-3.

LIMBURG – MITTELHESSISCH
Heinz Maibach, *De Nassauische Struwwelpeter. Schiene Geschichte unn komische Bilder.* Nidderau: Naumann, 1994. ISBN 3-924490-70-8.

MANNHEIM – RHEINFRÄNKISCH/OSTPFÄLZISCH
Walter Sauer, *De Pälzer Schdruwwelpeder. Luschdische Gschischde un drollische Bilder.* Neustadt: Meininger, 1984. ISBN 3-87524-066-9. Neuausgabe: *De Pälzer Struwwelpeder. Luschdische Gschischde un drollische Bilder.* Heidelberg: HVA, 1994. ISBN 3-89426-070-X.

MICHELSTADT (ODENWALD) – OSTPFÄLZISCH/ODENWÄLDERISCH
Walter Sauer, *De Oudewäller Struwwelpeder. Luschdische Geschischde un ulgische Bilder.* Erstveröffentlichung in diesem Band.

NEUDORF (ERZGEBIRGE) – WESTERZGEBIRGISCH
Paul Gerstenberger/Walter Sauer, *Dr arzgebirgische Struwelpetr. Lustiche Gschichtle un bussierliche Bildr.* Erstveröffentlichung in diesem Band.

NEUSS – RIPUARISCH
Sophie Tremblau, *De Nüsser Strubbelpitter. Lösteje Stöckskes on drolleje Bilder op Nüsser Platt översetz.* Neuss: Bücherstube Schulz, 1984.

SAARBRÜCKEN – RHEINFRÄNKISCH/WESTPFÄLZISCH
Edith Braun, *De Saarbrigger Schdruwwelpeeder. Em Dogder Hoffmann sei Geschischtscher in Saarbrigger Bladd verdsählt vun Braune Eedidd.* Saarbrükken: Michael Buchhandlung, 1984; Saarlouis: Buchhandlung Wagner Nachf., 1984. Stark veränderte Neufassung erstmals veröffentlicht in diesem Band.

TRIER – MOSELFRÄNKISCH
Die Freilein vom ›Hol iewer‹ [Pseud. für Maria-Anna Müller], *Dä Sdruwelpidder. Öm Dogder Hoffmann sein Verzeelscher, nao'verzeelt ön där Tri'rer barbelser Spraoch; fir gru's Lei't on hir Könner.* Trier: Raab-Druck, o.J. [1982]. Neuausgabe (*Dä Tri'rer Sdruwelpidder*) Trier: Akademische Buchhandlung Interbook, 1984. ISBN 3-88915-017-9.

WACHTL (MÄHREN/SPRACHINSEL SCHÖNHENGSTGAU) – OSTFRÄNKISCH
Reinhold Huttarsch, *De Strupplpeter off Wåchtlerisch. Lustiga Sticklich un gspaaßiga Pildlich.* Erstveröffentlichung in diesem Band.

WALDSEE (PFALZ) – RHEINFRÄNKISCH/OSTPFÄLZISCH
Franz Schlosser, *De Struwwelpeder. Klore Gschichdle un bombische Bilder.* Erstveröffentlichung in diesem Band.

Niederdeutsch

BERLIN – BERLINISCH
Walter & Nadine Sauer/Uwe & Doris Rieck, *Der Berliner Struppelpeter. Dolle Jeschichten und ulkje Bilder für Berliner Jörn von drei bis neunundneunzig Jahre.* Berlin: Berlin Verlag Arno Spitz, 1995. ISBN 3-87061-455-2. Wieder abgedruckt in diesem Band.

EINBECK – OSTFÄLISCH
Friedrich Wille, *De Struwwelpeter up ostfälisch Plattduitsch. Kregele Stippstörekens un nuidliche Bilder.* Erstveröffentlichung in diesem Band.

EMDEN – OSTFRIESISCH
Luise Peters [Pseud.: de Lupe], *De Struvel-Peter. Pläseerelk Geschichten un nümige Biller.* Erstveröffentlichung in diesem Band.

ESSEN – WESTFÄLISCH
Jott Wolf, *Der revierdeutsche Strubbelpedder. Knuffige Schoten und drollige Bilder nach Heinrich Hoffmann.* Essen: Henselowsky Boschmann, 1995. ISBN 3-922750-25-7.

HAMBURG – NORDNIEDERSÄCHSISCH
Arnd Immo Richter, *De Hamborger Strubbelpeeter. Vergneugte Dööntjes un drollige Biller.* Erstveröffentlichung in diesem Band.

HOLSTEIN – HOLSTEINISCH
Armin Mandel, *De Struwwelpeter op Platt. Lustige Geschichten un drollige Biller.* Husum: Husum Druck- und Verlagsgesellschaft, 1984. ISBN 3-88042-229-X. Rostock: Hinstorff, 1990. ISBN 3-356-00358-5.

MOERS – NIEDERRHEINISCH
Irma Ternes, *Dä Struwwelpitter för Groot on Klein. Dr. Heinrich Hoffmann sinn Stöckskes nohr vertällt opp Grafschafter Platt.* Audio-Kassette (MC 9411): O.O. [Moers], Selbstverlag, o.J. [1994]. Erstveröffentlichung (leicht revidierte Fassung) in diesem Band.

MÜNSTER – WESTFÄLISCH
Rainer Schepper, *De Struwwelpeter oder lustige Geschichten un drollige Beller för Kinner von 3 bis 6 Jaohr … in mönsterlänner Platt sett't.* Frankfurt: Sinemis, 1995. ISBN 3-921345-07-3. Leicht revidierte Fassung als *De Struwwelpeter in mönsterlänner Platt. Wunnerlicke Geschichten un pössige Beller* abgedruckt in diesem Band.

ROSTOCK – MECKLENBURGISCH
Heinz Pantzier, *De Struwwelpeter up Mäkelborger Platt. Vergnäuglich Riemels un schnaaksche Billers.* Erstveröffentlichung in diesem Band.

SOLINGEN – NIEDERFRÄNKISCH/RIPUARISCH
Manfred Müller, *Der Strubbelspitter udder löstege Stöcksker on seilen Belder für Kenger van 3 bes 6 Johren vam Dr. Heinrich Hoffmann üöwerdragen en Solinger Platt.* Solingen: Privatdruck (Bartsch & Sendler), o.J. [1986]. Revidierte Fassung abgedruckt in diesem Band.

XANTEN – NIEDERFRÄNKISCH
Ernst Heien, *Den Santesse Struwwelpitt. Pläsierliche Geschichte on amüsante Belder.* Erstveröffentlichung in diesem Band.

SAUER, WALTER

De Pälzer Struwwelpeder

Em Heinrich Hoffmann soin „Struwwelpeter" ins Pälzische iwwersetzt vum Walter Sauer

Neuausgabe 1994. 32 Seiten.
Gebunden
DM 14,–, ATS 102,–, SFr 13,50
ISBN 3-8253-7070-4

SAUER, WALTER

De Pälzer Max un Moritz

Em Willem Busch soi siwwe Lausbuwegschischde ins Pälzische iwwersetzt vum Walter Sauer

Neuausgabe 1994. 63 Seiten.
Gebunden
DM 16,–, ATS 117,–, SFr 15,–
ISBN 3-8253-7078-X

SAUER, WALTER

Grimms Märchen uf pälzisch

Zwölf Märchen der „Brüder Grimm" ins Pfälzische übersetzt

1995. 96 Seiten, 21 Abbildungen.
Kartoniert
DM 18,–, ATS 131,–, SFr 17,–
ISBN 3-8253-7087-9